BONNE CONTINUATION

BONNE CONTINUATION
Approfondissement à l'écrit et à l'oral

Second Edition

Nina M. Furry

Hannelore Jarausch

University of North Carolina at Chapel Hill

PEARSON
Prentice Hall

worLd
Languages

Upper Saddle River, New Jersey 07458

Library of Congress Cataloging-in-Publication Data

Furry, Nina M.
  Bonne continuation : approfondissement à l'écrit et à l'oral / Nina M. Furry, Hannelore
Jarausch.—2nd ed.
     p. cm.
  Includes index.
  ISBN 978-0-13-159720-4
  1. French language—Textbooks for foreign speakers—English. I. Jarausch, Hannelore.
II. Title.
  PC2129.E5F87 2007
  448.2'421—dc22

2007037949

Acquisitions Editor: *Rachel McCoy*
Publisher: *Phil Miller*
Editorial Assistant: *Alexei Soma*
Director of Marketing: *Kristine Suárez*
Senior Marketing Manager: *Denise Miller*
Marketing Coordinator: *Bill Bliss*
Senior Managing Editor (Production): *Mary Rottino*
Associate Managing Editor (Production): *Janice Stangel*
Senior Production Editor: *Nancy Stevenson*
Senior Operations Supervisor: *Brian Mackey*
Operations Specialist: *Cathleen Petersen*
Cover Art Director: *Jayne Conte*
Cover Design: *Bruce Kenselaar*
Cover Photo: *Jean-Philippe Arles/Corbis/Reuters America LLC*

Interior Design: *ICC Macmillan Inc.*
Illustrator: *Eileen Hine, ICC Macmillan Inc.*
Director, Image Resource Center: *Melinda Reo*
Manager, Rights and Permissions: *Zina Arabia*
Manager, Visual Research: *Beth Brenzel*
Manager, Cover Visual Research & Permissions: *Karen Sanatar*
Image Permission Coordinator: *Kathy Gavilanes*
Photo Researcher: *Francelle Carapetyan*
Composition/Full-Service Project Management: *Michael Ryder,*
ICC Macmillan Inc.
Printer/Binder: *RR Donnelley.*
Cover Printer: *Phoenix Color Corp.*
Typeface: *10/12 Janson*

Credits and acknowledgments borrowed from other sources and reproduced, with
permission, in this textbook appear on pages 284–285.

ISBN: 0-13-159720-5/978-0-13-159720-4

TABLE DES MATIÈRES

Préface ix

UNITÉ PRÉLIMINAIRE En route

Les Français 3

Pour enrichir votre vocabulaire 7

Formes et structures utiles 14
    Le présent 14
    La négation 15

UNITÉ 1 Les beaux-arts

Introduction 19

Champ lexical 20

Parlons un peu 22

Lectures et activités 23
    La cathédrale :
        Nouvelle d'André Maurois 23
        Une lettre de Vincent Van Gogh 30
    Pour faire le portrait d'un oiseau :
        Poème de Jacques Prévert 35
    Calligrammes :
        Poèmes de Guillaume Apollinaire 39
    Le portrait :
        Nouvelle d'Yves Thériault 42
    Les peintres impressionnistes :
        Critique de Théodore Duret 50
    Expositions 57

Formes et structures utiles 60
    Le passé 60
    Rendre + adjectif 62

Le participe présent 64

La voix passive 66

Devoir + infinitif 66

UNITÉ 2 Héritages collectifs

Introduction 69

Champ lexical 70

Parlons un peu 72

Lectures et activités 74

Le paysan et le diable :
    Conte traditionnel 74

La Belle et la Bête :
    Conte de Madame Leprince de Beaumont 78

Dis-moi, lune d'argent :
    Chanson de Mecano 95

L'enfant terrible :
    Conte ivoirien de Bernard Dadié 100

Raconte-moi :
    Poème de Véronique Tadjo 109

Formes et structures utiles 112

La comparaison. 112

Le futur 113

Le conditionnel. 114

Les phrases de condition 115

Les questions 116

UNITÉ 3 Amitiés et amours

Introduction 119

Champ lexical 120

Parlons un peu 122

Lectures et activités 123

Enfance :
    Extrait de Nathalie Sarraute. 123

Ma grand-mère toute-puissante :
    Nouvelle de Gabrielle Roy 128

Colloque sentimental :
    Poème de Paul Verlaine 142

L'amour au Val-Fourré :
    Interview avec Faudel du Nouvel Observateur **145**

Mère Awa :
    Poème de Malick Fall **152**

Quand il gagne moins qu'elle :
    Article de l'Express **156**

Formes et structures utiles **164**

Les pronoms **164**

Les articles **168**

Le subjonctif **169**

Les adverbes **174**

UNITÉ 4 Le passé dans le présent

Introduction **176**

Champ lexical **178**

Parlons un peu **180**

Lectures et activités **181**

Le patrimoine :
    Extraits d'un livret Autrement **181**

La langue de chez nous :
    Chanson d'Yves Duteil **186**

Jeanne d'Arc :
    Texte historique de Colette Dubois Brichant **189**

La fuite de la main habile :
    Nouvelle d'Henri Lopès **198**

Le dénuement des enfants sans papiers :
    Appel du collectif Éducation sans frontières **209**

La Marseillaise :
    Hymne national **218**

Formes et structures utiles **224**

Les pronoms relatifs **224**

Faire causatif **226**

Les adjectifs démonstratifs **227**

Les pronoms démonstratifs **227**

Le style ou discours indirect **228**

Appendice : Verbes **232**

Lexique français-anglais **260**

Credits **284**

Indice : Structures **286**

AUDIO PROGRAM CONTENTS

Track	Title
01	Lettre de Van Gogh (Unité 1)
02	pour faire le portrait d'un oiseau (Unité 1)
03	Des musées à Paris (Student Activities Manual, Unité 1)
04	Dis-moi, lune d'argent (Unité 2)
05	Tour jusqu'à la lune (Student Activities Manual, Unité 2)
06	Tom Pouce (Student Activities Manual, Unité 2)
07	Raconte-moi (Unité 2)
08	Qu'est-ce que l'amitié ? (Student Activities Manual, Unité 3)
09	Mes grands-parents ; anecdotes sur Mami (Student Activities Manual, Unité 3)
10	Colloque sentimental (Unité 3)
11	Mère Awa (Unité 3)
12	La langue de chez nous (Unité 4)
13	L'histoire et le poids du passé (Student Activities Manual, Unité 4)
14	Des problèmes de papiers (Student Activities Manual, Unité 4)

PRÉFACE

To the Student

Bonne continuation will be your guide as you continue your journey from the intermediate to the more advanced levels of French. The focus is on content through which linguistic skills can be practiced. Its organization, reading selections, and activities are designed to improve your reading comprehension, acquaint you with a variety of text types, increase your vocabulary, and reinforce your ability to use the structures of French appropriately as you explore aspects of the culture. By encouraging you to talk and write about the themes of units, the activities give you repeated opportunities to apply your knowledge of the language and build confidence in your ability to express meaning.

Learning a language is both a solitary and a communal activity, as you know from your past experience. The organization of *Bonne continuation* will make it easier for you to be an independent learner, reviewing structures in the reference grammar sections, practicing vocabulary, or preparing yourself for a reading with activities in the Student Activities Manual (SAM). You will, however, also be part of the classroom community with directed reading, comprehension, and interpretation activities in which you share knowledge with your classmates to help each other in this discovery and exploration of meaning.

Organization

A short introductory unit on how the French see themselves and are seen by others opens *Bonne continuation*. Four main units follow, each organized around one broad theme, which provides both unity and variety. In each part, five to seven French and Francophone short stories, poems, songs, and expository selections such as newspaper articles, art reviews, historical discussions, calls to political action, or letters, offer different perspectives from which to view the central topic. **Unité 1, Les beaux-arts**, presents texts incorporating the visual arts, from creation to appreciation. **Unité 2, Héritages collectifs**, offers folklore as well as literary treatments of European and West African traditions, ranging from a medieval story to a contemporary musical version of a legend. **Unité 3, Amitiés et amours**, treats human relationships, from youthful friendships to love between grandparents and children, as well as challenges in adult relationships. The final unit, **Le passé dans le présent**, illustrates the presence of the past in the contemporary world through issues such as protecting cultural artifacts, Francophonie, the role of Jeanne d'Arc, challenges of immigration, and the French national anthem, whose words French schoolchildren must once again learn.

Each unit opens with an introduction to the theme, followed by the **Champ lexical**, which presents relevant vocabulary. The section **Parlons un peu** provides some activities for oral practice of the words and expressions before you begin the readings. At the end of each of the four units you will find the grammar, under the heading **Formes et structures utiles**. Between four and five grammatical structures, with explanations in French, appear in each of these sections, with examples drawn from or related to the readings.

The authors would like to wish you enjoyment and success as you continue your adventure toward the mastery of French. The salutation that they chose as the title for this book is defined as follows in the *Petit Robert* dictionary: « Bonne continuation ! : souhait adressé à quelqu'un qui semble se plaire à ce qu'il fait, dans sa situation. »

To the Instructor

The National Standards for Foreign Language Learning[1]

The approaches and philosophy behind *Bonne continuation* closely reflect the five goal areas for foreign language learning. A new **Présentations** section in the second edition, as well as additional questions in existing sections, further enhance the achievement of these goals.

Communication

1. Interpersonal: **Réfléchissez et discutez ensemble** questions allow students to construct meaning from the readings by engaging them in conversation with their classmates, guiding each other in their understanding while exchanging information and opinions.

2. Interpretative: The readings, as well as the listening passages on the audio CD that accompanies *Bonne continuation*, require students to find meaning in a wide range of texts and to discuss them through the use of both general and specific comprehension questions. The role-plays proposed in **Jouez la scène** ask students to use French to negotiate and go beyond personal understanding of texts.

3. Presentational: In **Présentations** students will prepare short talks relating to a theme or topic developed in the readings after engaging in further research so they can bring additional material to their classmates.

Cultures

The texts in *Bonne continuation* represent a range of cultural products, in areas such as art, music, folk traditions, history, and literature. The practices of French and Francophone cultures are reflected in readings on human relationships and in responses to cultural products and patterns.

Connections

The focus on content in *Bonne continuation* reflects connections with other disciplines beyond the foreign language such as art, music, history, social issues, and so on. The distinctive viewpoints of French and Francophone cultures can be seen in expository readings from contemporary media as well as in more artistic renderings from the past and present. Creating **calligrammes (Unité 1)** demonstrates the interconnection of words and the visual arts. In **Unité 2** students can create their own legends to explain natural phenomena. **Unité 3** asks them to relate social transformations to personal interactions, and in **Unité 4** the presence of the past explores changing perspectives on historical events.

Comparisons

Through a discussion of the content of the readings, especially in the **Réfléchissez et discutez ensemble** section, students will compare aspects of their own culture

---

[1] *National Standards in Foreign Language Education*, American Council on the Teaching of Foreign Languages, 1999.

with those of the Francophone world. The **Activités grammaticales** sections, specifically the translation exercises, allow them to demonstrate understanding of the nature of language when they compare how to express certain ideas in French with how they would be said in their native language.

Communities
Although the use of French may be limited to the classroom in most settings where this textbook is used, research for the **Présentations** will take students to the Internet where sources in French expand their contact with Francophone cultures. The presence of native speakers can, of course, make language learning more meaningful for all, and the presentation topics are easily adapted for use in personal interviews and interaction.

Developing Skills
In upper-intermediate or bridge courses, there continues to be an emphasis on improving students' skills in all areas. *Bonne continuation* offers a flexible approach allowing instructors to emphasize those areas they consider the most important for their particular class.

Reading
Whether the goal of subsequent courses is analyzing literature, exploring aspects of culture, or formulating informed opinions for discussions, comprehension of written texts is a first step. Brief introductions and **Pré-lecture** questions draw attention to the context and features of each reading. **Lecture dirigée** questions focus on main ideas and help readers distinguish pertinent details from less important ones. The follow-up **Questions de compréhension** serve to summarize the essential points of the reading and thus to confirm comprehension of the text as a whole. Successfully reading for meaning requires students to be actively engaged in problem solving throughout the process, reconciling the content already constructed with what follows by drawing on information from the text and background knowledge. Although linguistically accessible, the readings in this book vary in length and difficulty and each should present some challenge. Longer pieces can be read with less attention to every detail, whereas shorter ones, particularly poems and songs, require a closer reading.

Vocabulary
Students often express frustration at how much vocabulary they do not know and see it as a major impediment to comprehension. Glosses within each text highlight terms that are important to the understanding of that specific reading but are not necessarily generalizable. A list of expressions (**Champ lexical**) at the beginning of each **Unité** provides some words applicable to more than one text and useful to the discussion of related themes. A brief definition appropriate to the context and an abbreviation for grammatical function, as it would appear in a dictionary, are given for each word. The lists of cognates (**Mots apparentés**) are intended to sensitize students to look for similarities. Material in the **Unité préliminaire** and exercises in the Student Activities Manual encourage further development of dictionary skills.

Speaking

At this level of French, students are eager to discuss ideas and feelings, considering questions similar to those that are meaningful to them in their native language and culture. The topics of the readings (and associated vocabulary and grammar) serve as starting points, sources of information, and illustrations of language for class discussions. **Questions de compréhension**, which can be prepared in small groups or with the whole class, deal with identifiable content. More interpretative activities (**Réfléchissez et discutez ensemble**) require analysis and comparisons. Role-plays (**Jouez la scène**) add a personal, creative element to speaking, whereas the **Présentations** call for research and organization.

Listening

Listening skills are developed in all interactive oral activities. For more structured practice, the accompanying audio program and activities in the Student Activities Manual, with material thematically related to the units of *Bonne continuation*, can be used in or out of class. The CD includes both formal readings of some of the texts from the book as well as unscripted, authentic conversations among native speakers.

Writing

Expressing in writing comprehension of and reaction to the reading selections is a logical follow-up to the oral activities. Many of the shorter assignments (**À l'écrit**) have a creative aspect, such as writing a letter, a diary entry, and so forth, from the perspective of one of the characters in the reading. The point of departure is the text, but students' imagination expands the theme in more personal directions. At the end of most readings, a concluding **Synthèse** activity pulls together the major themes in a longer, guided-writing assignment.

Grammar

A presentation of grammar structures (**Formes et structures utiles**) follows each unit for easy reference. The explanations are intentionally brief, since the authors feel that at this level too much detail with too many exceptions can be counterproductive. They have chosen to focus on those aspects of the structures which are both frequent and useful in developing students' ability to read fluently and express themselves correctly, both orally and in writing. **Applications grammaticales**, accompanying most readings, allow practice of these structures in the context of the readings. Translation is used occasionally to highlight structural differences in order to help avoid the pitfalls of transposing ideas word for word from English to French.

At this level of language study, students have a wide range of backgrounds and varying needs when it comes to grammar review. Instructors can encourage their students to be responsible for their own learning, identifying which structures they feel confident about, going through those quickly, while spending more time on the more challenging ones. Additional exercises are included in the Student Activities Manual.

New to this Edition

In addition to a careful review, updating and revision of existing texts and accompanying activities, the following items are new in *Bonne continuation*, Second Edition.

- **Readings**
  There are seven new readings:

  « *Les peintres impressionnistes* » (nineteenth-century criticism by Théodore Duret)

  « L'enfant terrible » (tale from the Ivory Coast by Bernard Dadié)

  Enfance (excerpts from an autobiographical work of Nathalie Sarraute)

  « Quand il gagne moins qu'elle » (article from *L'Express*)

  C'est quoi, le patrimoine ? (excerpts from a booklet by Dominique Irvoas-Dantec and Fabienne Morel)

  « Le dénuement des enfants sans papiers » (article from *Le Monde*)

  origin and lyrics of « La Marseillaise »

- **Reading comprehension activities**
  The **Questions de compréhension** are now divided into two parts:

  A. En général
  One question to focus on the gist of a reading

  B. En détail
  A series of questions checking for grasp of supporting information

- **Présentations**
  This new section contains suggestions for oral presentations involving the Internet and other research.

Teaching Support

Please go to the Prentice Hall's Instructor Resource Center (www.prenhall.com) for additional supporting material to facilitate your use of *Bonne continuation*. Documents to be found there include:

1. Script for listening passages on the audio program
2. Selected testing materials
3. Sample syllabi
4. Lesson plan suggestions
5. Suggestions for films and other realia

Acknowledgments

We would like to express our gratitude to those who helped and supported us in the creation of *Bonne continuation* :

Bonne Continuation, First Edition Reviewers

Joseph Allaire, *Florida State University*
Cynthia Fox, *State University of New York, Albany*
Beth Glessner, *Arizona State University*
Elizabeth M. Guthrie, *University of California, Irvine*
Kristen Halling, *Wright State University*
Hedwige Meyer, *University of Washington*
Lyle R. Polly, *Southern Missouri State University*
Mary Ellen Scullen, *University of Maryland, College Park*
Patricia Siegel, *State University of New York, Brockport*

Bonne Continuation, Second Edition Reviewers

Susan Baldwin, *North Virginia Community College*
Donna Clopton, *Cameron University*
Dianne Guenin-Lelle, *Albion College*
Janel Pettes Guikema, *Grand Valley State University*
Bérénice V. Le Marchand, *San Francisco State University*
Daniel E. O'Sullivan, *University of Mississippi*
Marcia G. Parker, *University of Wisconsin, Stevens Point*
Marina Peters-Newell, *University of New Mexico*
Lorie Sauble-Otto, *University of Northern Colorado*
Carmen Swoffer-Penna, *Binghamton University*

We dedicate this book to our many French friends as well as to the learners of French who have received it with enthusiasm. A special note of thanks goes to our graduate teaching fellows who have brought *Bonne continuation* to life in the classroom.

Nina Furry
Hannelore Jarausch

UNITÉ PRÉLIMINAIRE
En route

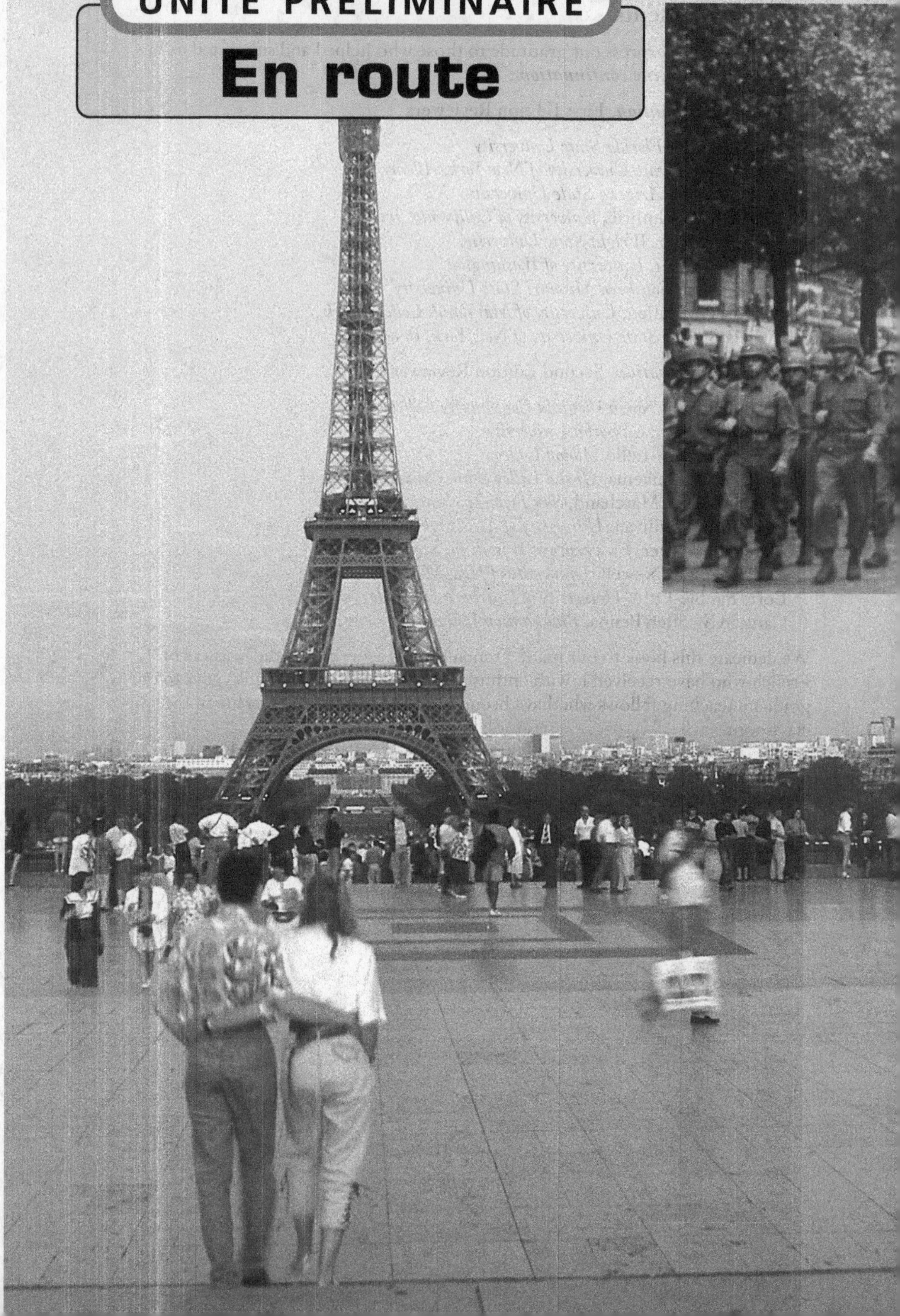

Les GI's sur les Champs-Élysées lors de la Libération—août 1944

Les Français vus d'ailleurs

Ce que nous pensons d'un autre peuple vient à la fois de notre propre culture et du contact que nous avons eu avec celui-là. En outre, les rapports historiques, aussi bien que les images transmises par les médias, contribuent à la manière dont nous percevons une culture étrangère. Réfléchissez un peu aux rapports entre la France et les États-Unis en vous servant des questions suivantes comme guide :

1. Que savez-vous des rapports historiques entre la France et les États-Unis ?

2. Quelles images les Américains ont-ils de la France ? Et les Français des Américains ?

3. Pour quelles raisons la France attire-t-elle tant de touristes ?

Du vin français !

Un Américain arrive à Paris

Dans *Les chroniques de l'ingénieur Norton : Confidences d'un Américain à Paris*, Christine Kerdellant présente, de façon comique, les Français vus par un étranger fictif. Norton, un ingénieur américain, est envoyé en France pour y travailler et dès son arrivée, il raconte, par courrier électronique, sa découverte des particularités françaises. En promenant son regard faussement naïf sur les travers de la société française, il fait aussi un commentaire sur des particularités américaines. Dans l'extrait qui suit, il décrit son arrivée à Paris et explique ce qu'il savait sur la France avant de s'y établir :

Nous sommes arrivés en France cinquante ans après les GI's sur les plages normandes. Je ne savais rien sur la France avant que la Compagnie ne rachète ma société, sinon ce que tous les Américains ayant fait des études en savent. C'est-à-dire :

5   1. Que la France est le pays de Sartre[1] et de Bardot[2], celui qui nous a donné l'existentialisme et les Gauloises[3] ;

  2. Que Paris est la capitale du bien-vivre et du bon goût, et qu'on y aperçoit la tour Eiffel dans un rayon de cinquante kilomètres bien qu'elle soit moins haute que l'Empire State Building ;

10   3. Que la France serait le plus beau pays du monde sans les Français, lesquels sont froids, arrogants, et aussi sûrs de leurs vins que de leurs philosophes ;

  4. Enfin, qu'ils sont des alliés imprévisibles° et ingrats : bien que nous leur ayons sauvé la mise° en 18 et en 44, ils ne cessent de nous mettre des bâtons dans les roues°.

15 Pour eux, l'Américain moyen est un cow-boy qui porte une cravate, mâche du chewing-gum et croit que Cézanne est un empereur romain.

Lorsque nous avons appris ma mutation°, quelques mois après la fusion, Ruth [la femme de Norton, d'origine allemande] a bien réagi. Nous autres, Américains, n'aimons pas quitter longtemps notre pays, qui est le plus grand et le plus beau

20 du monde, mais, s'il faut vraiment partir, la France est sans conteste le point de chute° le plus recherché. On y bénéficie de cinq semaines de congés payés, contre deux chez nous. Paris fait rêver : c'est la destination romantique par excellence, celle des voyages de noces, et des escapades sentimentales....

Ruth, elle, avait l'intention de vivre comme Dieu en France[4]. Elle allait mettre à

25 profit ce séjour pour percer° le secret de la « classe » française : savoir tenir un verre de vin par le pied, choisir un camembert du bout des doigts, confectionner une mousse au chocolat bien ferme ou, à tout le moins, faire la différence entre un Saint-Émilion et un Saint-Estèphe[5]...

Elle achèterait des tailleurs Saint-Laurent et des sacs Vuitton, moins chers à

30 Paris que dans les boutiques new-yorkaises. Du moins le croyait-elle.

---

[1]Jean-Paul Sartre, écrivain et philosophe (1905–1980)
[2]Brigitte Bardot, vedette de cinéma des années 1960, connue surtout pour sa beauté
[3]cigarettes françaises, au goût et parfum forts
[4]vieux dicton germanique
[5]vins rouges de Bordeaux

---

imprévisibles : *unpredictable*
sauvé la mise : *bailed out*
mettre les bâtons dans les roues : *put a monkey wrench in the works*

mutation : *transfer*

point de chute : endroit où on arrive

percer : découvrir

L'avenir lui a donné tort. Sauf sur un point : si, pour gagner de l'argent, il n'y a pas de meilleur endroit que les États-Unis, la France est imbattable° lorsqu'il s'agit de le dépenser.

imbattable : unbeatable

Christine Kerdellant, *Les chroniques de l'ingénieur Norton*, © Belfond, 1997

Questions de compréhension

1. Pourquoi Norton et sa famille s'établissent-ils en France ?

2. Pour quelles raisons les Américains n'aiment-ils pas quitter leur pays ?

3. Qu'est-ce qui rend le travail en France si agréable, selon Norton ?

4. Quels aspects de la vie en France intéressent sa femme Ruth ?

Réfléchissez et discutez ensemble

1. À quel événement historique Norton compare-t-il son arrivée en France ? À quels autres événements historiques fait-il allusion ?

2. Comparez les images de la France que vous avez trouvées en répondant à la question #2 tout à fait au début (p. 3) aux images présentées dans le texte. D'où viennent ces images, selon vous ?

3. Expliquez le dicton allemand : Vivre comme Dieu en France. Qu'est-ce que cela suggère ?

4. Trouvez-vous les commentaires de Norton amusants ? Pourquoi ou pourquoi pas ?

Jouez la scène

1. On part ? Norton vient d'apprendre qu'il doit quitter les États-Unis pour aller travailler en France. Sa femme, qui est allemande, trouve cela formidable mais lui n'est pas du tout sûr de vouloir partir. Imaginez leur conversation.

2. Des idées reçues. Les nouveaux collègues de Norton n'en savent que très peu sur les Américains et expriment leurs idées assez stéréotypées. Il les contredit.

La première destination mondiale

La France reste la première destination mondiale en nombre de visiteurs. L'enquête Maison de la France/Ipsos de 2004 dans douze pays du monde montre que la France bénéficie globalement d'une bonne image auprès de 75% d'entre eux (25% la jugent très bonne). Elle se caractérise principalement, aux
5 yeux du grand public, par sa richesse culturelle (88% des voyageurs), la qualité de sa nourriture (82%) et celle de l'environnement (75%). Mais l'accueil n'est jugé de bonne qualité que par 58% des voyageurs. Au total, 81% des personnes qui ont déjà visité la France sont susceptibles de la recommander à leurs proches.

G. Mermet, *Francoscopie 2005*, © Larousse, 2004

1. En quoi les faits cités dans ce résumé d'un sondage reflètent-ils les commentaires de Norton ?

2. À votre avis, qu'est-ce qu'on veut dire par « richesse culturelle » en parlant de la France ?

Et l'image des États-Unis ?

Faites un petit sondage dans votre classe sur les quatre caractéristiques mentionnées dans le paragraphe ci-dessus (richesse culturelle, qualité de la nourriture, qualité de l'environnement, accueil) pour les États-Unis. Les juge-t-on très bonnes, assez bonnes ou pas très bonnes dans ce pays ? Pourquoi ? Y a-t-il d'autres caractéristiques typiquement attribuées aux États-Unis qui seraient appréciées ou pas par des visiteurs étrangers ? Expliquez.

Les Français et la culture

Dans un sondage, publié dans *L'Express* le 27 janvier 2000, des Français ont répondu à quelques questions sur l'accès à la culture en France.

Pour accéder à la culture aujourd'hui	Plutôt un avantage %	Plutôt un inconvénient %	Ne se prononcent pas %
Les nouvelles technologies de l'information constituent	79	16	5
La répartition des équipements et des événements culturels entre Paris et Province constitue	61	34	5
Le temps passé devant la télévision représente	47	50	3
Le coût des produits culturels (disques, livres, etc...) représente	45	54	1

Ifop, 2000

1. En quoi consiste la « culture » selon vous ?

2. Quelles sont les nouvelles technologies de l'information et comment constituent-elles un avantage pour accéder à la culture ?

3. Les avis des Français sur l'utilité de la télévision pour accéder à la culture sont partagés. Qu'en pensez-vous ?

4. En quoi les disques et les livres sont-ils des « produits culturels » ?

À l'avenir les pouvoirs publics doivent avant tout	Ensemble %
Valoriser le patrimoine et la culture classique	57
Encourager la création artistique	41
Ne se prononcent pas	2

5. Qu'est-ce que « le patrimoine » et « la culture classique » ? Donnez quelques exemples pour la France.

6. À votre avis, les pouvoirs publics doivent-ils encourager la création artistique ? Si oui, comment ? Si non, pourquoi pas ?

POUR ENRICHIR VOTRE VOCABULAIRE

Au début de chaque unité, vous trouverez un champ lexical, avec des expressions utiles à votre compréhension des textes ainsi qu'à votre expression relative aux thèmes introduits.

Les mots apparentés [*cognates*]

Les mots apparentés dans ces listes ressemblent aux mots d'anglais et ont la même signification, mais leur orthographe est souvent différente. Ce vocabulaire peut faciliter votre compréhension et peut être incorporé rapidement dans votre expression.

- Il faut faire attention cependant aux faux amis, ces expressions en français qui ressemblent aux mots anglais mais qui ont une signification différente. Par exemple :

  faire des études = *to pursue a course of study, higher education*
  (*to do one's studies* = faire des devoirs)

  rester = *to stay, remain*
  (*to rest* = se reposer ; *to rest something on* = poser quelque chose sur...)

- Parfois la signification en français est différente de celle en anglais, selon le contexte particulier : Le mot **société** peut vouloir dire *society* en anglais, mais dans le contexte des affaires, **une société** = *a company*, comme IBM. De même, le mot **mutation** peut vouloir dire **transformation**, comme en anglais, mais dans le contexte des affaires, **une mutation** = *a transfer*.

Si vous hésitez sur la signification d'un de ces mots en français, ou si vous ne pouvez pas avoir une interprétation plausible d'après le contexte, il vaut mieux vérifier la définition dans un bon dictionnaire.

La partie du discours [*part of speech*]

La présentation du vocabulaire dans les champs lexicaux ressemble un peu à celle d'un dictionnaire. Pour vous habituer à l'usage de cette référence importante, toutes les expressions sont accompagnées d'abréviations indiquant la partie du discours :

n = nom	*v* = verbe
adj = adjectif	*adv* = adverbe
art = article	*prép* = préposition
pron = pronom	*conj* = conjonction

Le genre (masculin ou féminin)

Avec certaines catégories grammaticales, on indique d'autres distinctions importantes pour la forme ou l'usage. Par exemple, le genre est indiqué pour les noms (*nm* = nom masculin ; *nf* = nom féminin) puisque cela détermine la forme des articles et des adjectifs à employer :

endroit (*nm*) le meilleur endroit
plage (*nf*) les plages normandes
tour (*nf*) la tour... moins haute

Synthèse

Entraînez-vous

1. Encerclez tous les mots apparentés que vous pouvez trouver dans l'extrait de *Les chroniques de l'ingénieur Norton* et dans ceux de *Francoscopie* que vous venez de lire.

2. Voici une dizaine de mots de ces extraits. Donnez l'expression équivalente en anglais pour chacun et vérifiez-la dans un dictionnaire français-anglais :

philosophes	visiteurs
cessent	culturelle
empereur	qualité
bénéficie	environnement
ferme	recommander
nombre	

3. En vous servant d'un bon dictionnaire français ou français-anglais, trouvez le genre (masculin/féminin) pour les noms dans la liste ci-dessus. Identifiez aussi le genre de la forme de chaque adjectif donné, en vous référant au dictionnaire, puis trouvez son équivalent masculin/féminin. Exemple : **sophistiqué** = *m* ; **sophistiquée** = *f*.

Verbes transitifs ou intransitifs

Les verbes se distinguent également entre ceux qui sont transitifs, s'accompagnant toujours d'un objet direct (*vt* = verbe transitif), et ceux qui sont intransitifs, sans objet direct (*vi* = verbe intransitif). Un objet direct n'est jamais précédé d'une préposition.

> Christine Kerdellant **présente** les Français vus par un étranger.
> (**présenter** = verbe transitif ; son objet direct = **les Français**)

> L'image de prestige, de luxe et de tradition **reste** forte.
> (**rester** = verbe intransitif sans objet)

Il faut faire attention à cette distinction en français qui ne correspond pas toujours à l'usage des verbes équivalents en anglais :

> En anglais, *leave* = verbe transitif **et** intransitif.
> *Americans don't like **to leave their country** for long.*
> (usage transitif avec *their country* comme objet direct)

> *If they **have to leave**, France is the preferred destination.*
> (usage intransitif sans objet direct)

En français, il y a deux verbes différents :

> Nous, les Américains, n'aimons pas **quitter** longtemps notre pays.
> (**quitter** = verbe transitif ; l'objet direct = **notre pays**)

> S'il faut **partir**, la France est la destination la plus recherchée.
> (**partir** = verbe intransitif sans objet direct)

Les verbes qui semblent équivalents dans les deux langues n'ont pas toujours le même sens en anglais et en français :

> *elaborate* = verbe intransitif / **élaborer** = verbe transitif en français
> *I'm not sure what you mean. Can you **elaborate**? (= give more details)*

> Norton **a élaboré** une liste de ce que savent les Américains de la France.
> *Norton **developed** a list of what Americans know about France.*

Verbes pronominaux

Certains verbes transitifs ont une forme pronominale (*vpron*) s'accompagnant toujours d'un pronom objet qui correspond au sujet du verbe. Si on trouve cette forme dans le dictionnaire, on peut l'employer dans des contextes où l'on est obligé d'avoir une structure passive ou bien un verbe intransitif en anglais :

> Les Américains **s'étonnent** de l'ingratitude apparente des Français.
> *Americans **are surprised** by the apparent ingratitude of the French.*

> La famille Norton **s'est installée** dans un appartement.
> *The Norton family **settled** into an apartment.*

Faites attention à vérifier le sens du verbe qui peut être différent à la forme pronominale.

> **installer** (*vt*) [*to install, establish something*]   **s'installer** [*to move in, get settled*]
> **dépêcher** (*vt*) [*to dispatch, send something*]   **se dépêcher** [*to hurry*]

La France traditionnelle

Synthèse

Exercice de recherche de verbes à l'aide du dictionnaire

Cherchez l'équivalent français des verbes suivants dans un dictionnaire et indiquez s'ils sont transitifs, intransitifs ou les deux en français. Si le verbe est transitif, cherchez également une forme pronominale. Écrivez une phrase avec chacun de ces verbes français :

break	print
hide	tear
listen	

Définitions

En plus des informations sur la forme, l'orthographe et la partie du discours avec des précisions relatives à certaines catégories, les **champs lexicaux** vous donnent aussi les définitions relatives au contexte particulier des lectures de ce manuel. Toutefois, dans un bon dictionnaire, vous trouverez l'ensemble des définitions pour chaque contexte, suivi d'exemples d'usage. Ces exemples s'accompagnent parfois d'une abréviation indiquant un domaine spécialisé (*Méd* = médecine ; *Archit* = architecture). D'autres marques d'usage précisent la notion de temps (*vx* = vieux ou vieilli ; *mod* = moderne), de situation géographique (*Can* = Canada), de perception culturelle (*fam* = familier ; *vulg* = vulgaire) ou de fréquence (*rare*) pour vous aider à interpréter ou à utiliser l'expression de manière appropriée. Pour ces définitions, vous trouverez également des expressions synonymes et antonymes, que vous pouvez ajouter à votre vocabulaire.

Synthèse

Abréviations

Regardez les premières pages de votre propre dictionnaire français-anglais pour une liste des abréviations utilisées. Si vous trouvez les abréviations françaises suivantes sur cette liste, indiquez le mot correspondant en français et en anglais :

arg
ex
fig
littér
péj

Que veut dire… ?

Voici l'extrait du dictionnaire Harper-Collins-Robert pour le mot **patrimoine**. Examinez cet extrait pour répondre aux questions suivantes :

patrimoine [patRimwan] *nm* (gén) *inheritance*; (Jur) *patrimony*; (Fin : biens) *property*; (fig) *heritage*. ~ **national** *national heritage*

1. Que signifient les abréviations entre parenthèses ?
2. Quel synonyme français peut-on employer pour ce mot dans le domaine financier ?
3. Quelle est la signification de cette expression dans la phrase suivante : « L'histoire, le patrimoine et la culture sont les premiers attraits touristiques de la France ».
4. À part le genre et les définitions, quelle information donne-t-on sur ce mot ?

Et comment dit-on… ?

Voici les extraits du dictionnaire Collins Robert pour les mots *visit*/**visite**. Examinez ces extraits pour répondre aux questions suivantes :

Visit / 'vízít / **N** *(= call, tour: also Med)* visite *f;* *(= stay)* séjour m ➧ **to pay a ~ to** [+ *person*] rendre visite à ; [+ *place*] aller à ➧ **to pay a ~** * *(fig)* aller au petit coin* ➧ **to be on a ~ to** [+ *person*] être en visite chez ; [+ *place*] faire un séjour à ➧ **he went on a two-day ~ to Paris** il est allé passer deux jours à Paris ➧ **I'm going on a ~ to Glasgow next week** j'irai à Glasgow la semaine prochaine ➧ **on a private/an official ~** en visite privée/officielle ➧ **his ~ to Paris lasted three days** son séjour à Paris a duré trois jours
VT ① *(= go and see)* [+ *person*] aller voir, rendre visite à ; [+ *doctor, solicitor*] aller voir, aller chez ; [+ *sick person*] *(gen)* aller voir ; [*priest, doctor*] [+ *patient*] visiter ; [+ *town*] aller à, faire un petit tour à ; [+ *museum, zoo*] aller à, visiter ; [+ *theatre*] aller à
② *(= go and stay with)* [+ *person*] faire un séjour chez ; *(= go and stay in)* [+ *town, country*] faire un séjour à *(or* en*)*
③ *(= formally inspect)* [+ *place*] inspecter, faire une visite d'inspection à ; [+ *troops*] passer en revue ➧ **to ~ the scene of the crime** *(Jur)* se rendre sur les lieux du crime

visite / vizit / **NF** ① *(= fait de visiter)* visiting, going round ➧ **heures/jour de ~** *ou* **des ~ s** *(à la prison, l'hôpital)* visiting hours/day ➧ **la ~ du château a duré deux heures** it took two hours to visit *ou* go round *(Brit) ou* go through *(US)* the château ; → **droit**³
② *(= tournée, inspection)* visit ➧ **au programme il y a des ~s de musée** there are museum visits on the programme ➧ **~ accompagnée** *ou* **guidée** guided tour ➧ **ces ~s nocturnes au garde-manger** *(hum)* these nocturnal visits *ou* trips to the pantry
③ *(chez une connaissance)* visit ➧ **une courte ~** a short visit, a call ➧ **une ~ de politesse** a courtesy call *ou* visit ➧ **une ~ de remerciements** a thank-you visit ➧ **être en ~ chez qn** to be paying sb a visit, to be on a visit to sb ➧ **rendre ~ à qn** to pay sb a visit, to call on sb, to visit sb ➧ **je vais lui faire une petite ~** I'm going to pay him a (little) visit, I'm going to call on him ➧ **rendre à qn sa ~** to return sb's visit, to pay sb a return visit ➧ **avoir** *ou* **recevoir la ~ de qn** to have a visit from sb ➧ **vos ~s se font de plus en plus rares** you should come and visit more often ➧ **ses ~s étaient rares** he rarely visited ;

Collins Robert French Unabridged-Dictionary, 8th Edition, © HarperCollins, 2006

1. Le mot *visit* en anglais peut être un nom ou un verbe. Quelle est l'expression équivalente en français pour chacune de ces parties du discours ?

2. Trouvez deux expressions en français qui veulent dire *visit someone*.

3. Trouvez deux expressions en français qui veulent dire *visit a country*.

La France moderne

Familles de mots

Si vous reconnaissez des mots appartenant à la même famille, qui se ressemblent dans l'orthographe mais dont la catégorie grammaticale (nom, adjectif, verbe, adverbe) est différente, cela peut faciliter votre compréhension et élargir votre vocabulaire. Vous les trouverez souvent dans le dictionnaire, soit avec les définitions d'un mot, soit avant ou après ce mot :

bénéficier *v*	rêver (de) *v*	profiter *v*
bénéficiaire *n* = personne	rêve *nm*	profit *nm*
bénéfice *nm* = chose	rêvé *adj*	profitable *adj*
	rêveur *nm, adj*	

Unité préliminaire : En route
Formes et structures utiles

A. Le présent

En général, l'emploi du présent en français est le même qu'en anglais. On utilise le présent :

Pour travailler davantage ces structures, voir Student Activities Manual (SAM), Unité préliminaire

1. Pour exprimer une action qui se passe au moment où l'on parle :
   — Qu'est-ce que tu **fais** ?
   — Je **lis** un article sur les Français et les étrangers.

   NOTE : Pour insister sur le fait que l'action a lieu au moment où l'on parle, on peut employer l'expression **être en train de** + infinitif :

   Tu me déranges ! Je **suis en train de faire** mes valises.

   Cette expression n'est pas limitée au présent, mais peut s'employer aussi au futur et à l'imparfait :

   Ne me téléphone pas à minuit. Je **serai en train de dormir**.
   Quand nous sommes arrivés, ils **étaient en train de dîner**.

2. Pour exprimer une habitude :

   Avant de voyager dans une région que je ne **connais** pas, j'**achète** toujours un Guide Michelin.
   La plupart des Français **ont** cinq semaines de congés payés.

3. Pour exprimer un état général ou permanent :

   L'histoire, le patrimoine et la culture **sont** les premiers attraits touristiques de la France. Pour les Américains, la tour Eiffel **symbolise** toute la France.

4. Pour exprimer un passé tout récent par rapport au présent, souvent avec **venir de** + infinitif :

   COMPAREZ : Il **arrive** à l'instant de Bruxelles. / Mes amis allemands **viennent d'acheter** une maison en Provence.

5. Pour exprimer un futur proche par rapport au présent, souvent avec **aller** + infinitif :

   COMPAREZ : Attends-moi ! J'**arrive**. / Nous **allons visiter** le Louvre cet été.

6. Au lieu d'employer le futur, on utilise le présent après **si** dans une phrase de condition. [Voir Unité 2 : Formes et structures utiles, pour les phrases de condition.]

   Si tu **vas** en France cet été, mes amis t'inviteront.

7. Pour rendre l'action plus vivante dans une narration au passé (présent littéraire ou historique) :

> Selon les déclarations de Jeanne, Dieu l'a chargée de chasser les Anglais et de rendre au roi son royaume. Soutenue par les voix de saint Michel, de sainte Catherine et de sainte Marguerite, elle **quitte** sa famille en cachette. Elle **finit** par persuader un seigneur des environs de Domrémy de lui donner une petite escorte. Elle **arrive** à Chinon et **demande** à voir le Dauphin. (« Jeanne d'Arc », pp. 192–193)

8. On utilise le présent après **depuis**, pour indiquer qu'une action (ou un état) commencée dans le passé, continue dans le présent. (En anglais, on utilise souvent le *present perfect* dans ces cas-là.)

> **Depuis** combien de temps **apprenez**-vous le français ? (la durée dans le temps)
> (*How long have you been learning French?*)
> Je l'**apprends depuis** cinq ans.
> (*I've been learning it for five years.*)
> **Depuis** quand les Allemands **admirent**-ils le style de vie des Français ? (le commencement)
> (*How long have the Germans admired the lifestyle of the French?*)
> Ils l'**admirent depuis** le XVIIIᵉ siècle.
> (*They've admired it since the eighteenth century.*)

On peut aussi utiliser **Il y a ... que**, **Ça fait ... que**, **Voici/voilà ... que** + un verbe au présent pour indiquer la durée dans le temps :

> **Il y a** combien de temps **que** vous **habitez** en France ?
> (*How long have you been living/have you lived in France?*)
> **Ça fait** deux jours **que j'écris** cet article sur les Français.
> (*I've been writing this article on the French for two days.*)

Formation : voir l'Appendice pour des exemples de conjugaisons.

B. La négation
1. Formes (affirmations en gras)

adverbes	pronoms
ne ... pas	ne ... personne (**quelqu'un, tout le monde**) (objet)
ne ... pas du tout	
ne ... jamais (**toujours, souvent, quelquefois,** etc.)	personne ... ne (**quelqu'un, tout le monde**) (sujet)
ne ... pas encore (**déjà**)	ne ... rien (**quelque chose, tout**) (objet)
ne ... plus (**encore, toujours**)	rien ... ne (**quelque chose, tout**) (sujet)
ne ... que	
ne ... guère	

adjectifs/pronoms	conjonctions
ne ... aucun(e) (**quelques,** **quelques-un[e]s**) (objet) aucun(e) ... ne (**quelques,** **quelques-un[e]s**) (sujet)	ne ... ni ... ni (**et, ou**) (objet) ni ... ni ... ne (**et, ou**) (sujet)

2. Place de la négation

a. ne ... pas, ne ... jamais, ne ... pas encore, ne ... plus

- Aux temps simples (présent, imparfait, futur, conditionnel, subjonctif présent), **ne** (**n'** devant une voyelle ou un **h** muet) est placé devant le verbe, et l'autre partie de la négation (**pas, jamais, pas encore, plus,** etc.) est placée après le verbe.

  Les Français pensent que les Américains **ne** boivent **pas** de bon vin.
  La France **n'**est **plus** le pays du béret et de la baguette.

  NOTE : Dans la langue parlée familière, le **ne** a tendance à disparaître, mais dans la langue écrite, il est obligatoire.

- Aux temps composés (passé composé, plus-que-parfait, futur antérieur, conditionnel passé, passé du subjonctif), les règles s'appliquent à l'auxiliaire, c'est-à-dire, le **ne** (**n'**) se place devant l'auxiliaire et la deuxième partie de la négation après l'auxiliaire :

  Je **n'**ai **pas encore** visité le Sénégal.
  Nous **ne** sommes **jamais** descendus dans un hôtel de luxe.

Quand il y a des pronoms objets, le **ne** précède ces pronoms :

  Les Français **ne** se sont **plus** disputés avec les Allemands.
  Je **ne** leur ai **jamais** parlé de mes expériences en Belgique.

b. ne ... personne, ne ... rien

Ces pronoms négatifs peuvent être le sujet, l'objet direct ou l'objet d'une préposition, et leur place varie selon leur fonction dans la phrase. Le **ne** (**n'**) est toujours placé devant le verbe, comme pour les adverbes de négation :

  Personne n'aime les touristes arrogants. (sujet)
  Je **n'**ai parlé avec **personne**. (objet d'une préposition)
  Ils **n'**ont **rien** dit. (objet direct)

Aux temps composés, **personne** est placé après le participe passé.

  Il **n'**a trouvé **personne** à qui demander de l'aide. (objet direct)

NOTE : Quand **rien** ou **personne** sont suivis d'un adjectif, il faut ajouter **de**. L'adjectif est toujours au masculin singulier. C'est aussi le cas pour les expressions affirmatives correspondantes (**quelqu'un** et **quelque chose**).

Son mari **ne** lui a **rien** acheté **de** beau. Elle a trouvé **quelque chose de** joli au marché.

Nous **n'**avons vu **personne d'**intéressant. J'ai rencontré **quelqu'un d'intelligent.**

c. ne ... aucun(e)

L'adjectif modifie un nom singulier sujet, objet, objet d'une préposition. Il s'accorde (masculin ou féminin) avec le nom, comme tous les adjectifs.

Le **ne (n')** se trouve devant le verbe, comme pour les autres négations. Le pronom **aucun(e)** remplace un nom et doit s'accorder avec celui-ci ; comme le pronom **personne**, il suit le participe passé aux temps composés :

Je **n'**ai eu **aucune** carte de lui. Je **n'**en ai eu **aucune.**

NOTE : Le verbe avec **aucun(e)** comme sujet sera toujours au singulier :

Aucun touriste **ne** veut qu'on se moque de lui. **Aucun ne** le veut.

d. ne ... ni ... ni

Cette conjonction est l'opposé de **et** ou **ou** :

Ni les Anglais **ni** les Américains **ne** trouvent les Français hospitaliers.

Il **ne** veut voyager **ni** au Canada **ni** aux Antilles.

e. ne ... que, ne ... guère

Ces deux expressions indiquent la restriction plutôt que la négation :

- **ne ... que** est synonyme de l'adverbe **seulement**. Le **que** est placé devant le mot qui subit le sens restrictif :

  On **ne** peut connaître d'autres pays **qu'**en y travaillant.
  Elle **ne** m'a acheté **qu'**un tee-shirt à Paris.

- **ne ... guère** [*scarcely, hardly*] veut dire **pas beaucoup, peu de, presque pas** :

  Je **n'**ai **guère** eu le temps de lui parler.
  Les Américains **ne** parlent **guère** de langues étrangères.

! ATTENTION

Si remplace **oui** quand vous répondez affirmativement à une question négative ou à une phrase négative :

COMPAREZ : As-tu vu ces touristes ?
Oui, je les ai vus. Non, je ne les ai pas vus.

N'as-tu pas vu ces touristes ?
Si, je les ai vus.

Je n'ai pas mon passeport.
Si, tu l'as, dans ton portefeuille.

Unité préliminaire/En route **17**

Picasso dans son atelier

Degas « Petit rat », 14 ans, Sterling and Francine Clark Art Institute

Le Musée du Louvre

Introduction

Les beaux-arts (peinture, sculpture, dessin, architecture, etc.) se donnent pour but de reproduire, d'élaborer des formes en réalisant une conception de la beauté. Pendant longtemps, la France s'est considérée comme le centre des arts plastiques par excellence et ses musées (le Louvre, le Musée d'Orsay, le Centre Pompidou, le Musée Picasso, etc.) attirent encore aujourd'hui des millions de touristes venus du monde entier. Quels artistes français connaissez-vous ? Quelles écoles artistiques associez-vous avec la France ?

Les beaux-arts existent aussi en dehors des musées. Dans cette première unité, vous aborderez des textes qui traitent aussi bien d'artistes que de personnes très différentes, qui ont été confrontées à l'art dans leur vie. Devant la beauté éternelle d'un tableau, un écrivain s'interroge sur l'aspect éphémère de sa jeunesse. Un peintre passionné retrouve de l'inspiration sans pouvoir se sortir des soucis d'argent. Un poète offre une recette insolite pour la peinture, tandis qu'un autre crée des dessins à partir de mots. Une jeune fille est hantée par un vieux portrait qui cache des secrets familiaux. Un critique d'art présente les réactions de ses contemporains face aux débuts de l'impressionnisme.

Et vous ? L'art joue-t-il un rôle dans votre vie ?

CHAMP LEXICAL

Vocabulaire de départ : Ces expressions utiles vous aideront à mieux comprendre les textes que vous étudierez, et à parler ou à écrire au sujet des thèmes de cette unité. Lisez-les maintenant pour vous préparer aux activités de vocabulaire qui suivent.

Mots apparentés

abstraction (*nf*), abstrait, e (*adj*)
admirer (*vt*)
art (*nm*)
artiste (*n*)
collectionneur (*nm*)
couleur (*nf*)
création (*nf*), créer (*vt*)
cubiste (*n & adj*)
enthousiasme (*nm*), enthousiaste (*adj*)
expressionniste (*n & adj*)
image (*nf*)
impressionniste (*n & adj*)
inspiration (*nf*), inspirer (*vt*)

moderne (*adj*)
musée (*nm*)
palette (*nf*)
portrait (*nm*)
poser (*vi*)
proportion (*nf*)
réaliser (*vt*)
réaliste (*n & adj*)
sensation (*nf*)
studio (*nm*)
style (*nm*)
sujet (*nm*)
ton (*nm*)

Pour enrichir votre vocabulaire

aborder (*vt*)	to approach, address (*qqch, qqn*)
accrocher (*vt*)	to hang (*qqch*)
atelier (*nm*)	workshop, studio
amateur (d'art) (*nm*)	art lover, connoisseur
bouleverser (*vt*)	to overwhelm, to change completely
cadre (*nm*)	picture frame; setting
célèbre (*adj*)	famous
chef-d'œuvre (*nm*)	masterpiece
œuvre (*nf*)	work (*art ou littérature*)
connu, e/inconnu, e (*adj*)	known/unknown
coûter (*vt, vi*)	to cost
critique (*nf*)	criticism
critique (*nm*)	critic
critiquer (*vt*)	to criticize
dessin (*nm*)	drawing
dessiner (*vt & vi*)	to draw
don (*nm*)	talent, gift
émouvant, e (*adj*)	moving (emotionally)
ému, e (*de* émouvoir) (*adj*)	moved (emotionally)
esquisse (*nf*)	sketch
esquisser (*vt*)	to sketch
étude (*nf*)	study (art)
exposer (*vt*)	to exhibit

exposition (*nf*)	exhibit	
salle d'exposition (*nf*)	exhibit hall	
fermeture/ouverture (*nf*)	opening/closing	
génie (*nm*)	genius	
avoir du ~; homme, œuvre de ~		
goût (*nm*)	taste	
nature morte (*nf*)	still life	
oser (*vi*) + *infinitif*	to dare	
paysage (*nm*)	landscape	
peindre (*vt & vi; irrég : pp = peint*)	to paint	
peintre (*nm*)	painter	
peinture (*nf*)	paint, painting	
~ à l'huile, huile (*nf*)	oil painting	
aquarelle (*nf*)	watercolor	
coup (*nm*) de peinture, touche (*nf*)	brushstroke	
pendre (*vt*)	to hang	
pinceau (*nm*)	paintbrush	
prix (*nm*)	price	
rendre (*vt*)	to return something, to render	
rendre + *adj*	to make + *adj* (*voir p. 62 Formes et structures utiles*)	
réussi,e (*adj*)	well done, successful	
réussite (*nf*)	success	
salon (*nm*)	exhibition, show	
sombre (*adj*)	dark (color)	
tableau (*nm*)	painting	
teinte (*nf*)	shade (color)	
toile (*nf*)	canvas, painting	
valoir (*vi*)	to be worth	
valeur (*nf*)	value	
vif, vive (*adj*)	bright (color)	

Familles de mots

beau(x), bel, belle(s)	beauté (*nf*) beauty	embellir to make beautiful
jeune(s)	jeunesse (*nf*) youth	
joli(s), jolie(s)	pretty	
vieux, vieil, vieille(s)	vieillesse (*nf*) old age	vieillir to get old
bête(s)	bêtise (*nf*) something dumb	
fou(s), folle(s)	folie (*nf*) craziness	
mou(s), molle(s)	mollesse (*nf*) flabbiness, softness	amollir to make soft
sot(s), sotte(s)	sottise (*nf*) something silly	

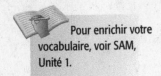
Pour enrichir votre vocabulaire, voir SAM, Unité 1.

PARLONS UN PEU

A. Un débat : L'art est-il essentiel à la vie ?

La classe se divise en deux groupes (pour et contre) et chacun prépare des arguments : le groupe « pour » doit justifier pourquoi on ne peut pas vivre sans art ; le groupe « contre » doit expliquer pourquoi l'art est superflu.

B. L'art et le travail

Avec un partenaire, préparez un dialogue à présenter à vos camarades de classe en utilisant des expressions du champ lexical. Suivez les étapes indiquées :

1. Travail à deux : choisissez une des catégories ci-dessous et décidez du personnage que vous allez jouer.

2. Travail individuel : faites une liste de mots et d'expressions tirés du champ lexical dont vous auriez besoin si vous vous trouviez dans la situation décrite.

3. Travail à deux : une interview ou une conversation entre les deux personnages. Le premier personnage doit montrer ses connaissances au deuxième.

   a. Un stagiaire dans un musée d'art moderne veut convaincre le directeur de l'embaucher en France.

   b. Un journaliste qui prépare un article sur une exposition d'art doit convaincre le rédacteur [*editor*], qui ne s'intéresse pas beaucoup à l'art, de le publier dans le journal.

   c. Un employé qui vient de découvrir un peintre inconnu essaie de convaincre son patron, un marchand de tableaux, de promouvoir cet artiste.

   d. Un peintre veut convaincre un galeriste [*gallery owner*] d'acheter une de ses œuvres.

   e. Un peintre débutant doit acheter ce qu'il lui faut et le vendeur lui explique ce dont il aura besoin comme matériel.

C. Vos goûts

Dans un groupe de trois étudiants, discutez de quelques-unes des questions suivantes. Un(e) étudiant(e) prend des notes pour résumer et présenter la discussion à la classe :

1. Si vous pouviez acheter une peinture, choisiriez-vous une œuvre réaliste, impressionniste ou cubiste ? Expliquez pourquoi. Où l'accrocheriez-vous ?

2. Quels adjectifs et quelles couleurs associez-vous à l'impressionnisme ? Au cubisme ? À l'art moderne ?

3. Quelle sorte de tableau préférez-vous : Les paysages ? Les natures mortes ? Les portraits ? Les abstractions ? Expliquez vos préférences.

4. Préférez-vous les aquarelles ou les huiles ? Donnez vos raisons.

5. Pour vous, quel aspect d'une peinture est le plus important, le sujet, le style, la couleur ou le prix ? Pourquoi ?

À la fin : Que peut-on dire sur les goûts de la classe ?

D. Que savons-nous sur l'art ?

Prenez quelques minutes pour réfléchir aux questions suivantes. Puis parlez-en avec vos camarades de classe :

1. Combien de peintres français pouvez-vous nommer ?

2. Avez-vous déjà visité un musée d'art ? Si oui, lequel et pourquoi ? Si non, avez-vous l'intention de le faire ? Expliquez.

3. Pourquoi les musées ont-ils tant de visiteurs de nos jours ? Comment peut-on expliquer la popularité des grandes expositions sur Van Gogh, l'impressionnisme, Picasso, etc. ?

La cathédrale

André Maurois (1885–1967)

André Maurois est né dans une famille d'industriels et a longtemps été chef d'industrie lui-même, mais il s'est toujours passionné pour la littérature. C'est après l'âge de quarante ans qu'il s'est surtout consacré à l'écriture. Son talent s'est exprimé dans plusieurs genres, des essais, des biographies, des contes et des romans où il traite des problèmes de couple. L'histoire que vous allez lire a été publiée en 1960 dans un recueil de contes intitulé *Pour un piano seul*.

La cathédrale de Notre-Dame de Chartres

Pour vous
préparer à la lecture, voir
SAM, Unité 1 : La
cathédrale

Pré-lecture

Fond

Avant de lire, considérez les questions suivantes pour anticiper le contenu de cette histoire :

1. Comment est la vie dans les grandes villes : chère ou pas chère ? Pourquoi ?

2. Quelles sont les difficultés rencontrées par un(e) étudiant(e) qui fait ses études dans une grande ville ?

3. Que font les étudiants quand ils ont besoin d'argent ?

Forme

En français, on indique les parties du dialogue par des tirets : —
Parcourez le texte et indiquez les lignes qui font partie du dialogue plutôt que de la narration.

Lecture dirigée

Parcourez les trois premiers paragraphes et répondez aux questions suivantes :

1. Où et quand cette histoire a-t-elle lieu ?

2. Qui est le personnage principal de l'histoire ?

3. Comment sait-on que le personnage principal est amateur d'art ? Citez le texte.

Lisez le reste du texte sans l'aide d'un dictionnaire. Devinez le sens des mots inconnus d'après la forme (ressemblent-ils à d'autres mots français ? à des mots anglais ?) et d'après le contexte. Consultez le champ lexical Unité 1 au besoin. Avant de consulter un dictionnaire, décidez s'il est nécessaire de connaître la définition exacte des mots pour comprendre l'essentiel du texte.

La cathédrale

En 18__ un étudiant s'arrêta, rue St-Honoré[1], devant la vitrine d'un marchand de tableaux. Dans cette vitrine était exposée une toile de Manet[2] : la Cathédrale de Chartres. Manet n'était alors admiré que par quelques amateurs, mais le passant avait le goût juste ; la beauté de cette peinture l'enchanta. Plusieurs
5   jours il revint pour la voir. Enfin, il osa entrer et en demanda le prix.

— Ma foi, dit le marchand, elle est ici depuis longtemps. Pour deux mille francs, je vous la céderai.

L'étudiant ne possédait pas cette somme, mais il appartenait à une famille provinciale qui n'était pas sans fortune. Un de ses oncles, quand il était parti
10   pour Paris, lui avait dit : « Je sais ce qu'est la vie d'un jeune homme. En cas de besoin urgent, écris-moi. » Il demanda au marchand de ne pas vendre la toile avant huit jours et il écrivit à son oncle.

---

[1]une rue à Paris
[2]peintre (1832–1883) considéré comme précurseur des impressionnistes

Manet : Au café

Ce jeune homme avait à Paris une maîtresse qui, mariée avec un homme plus âgé qu'elle, s'ennuyait. Elle était un peu vulgaire, assez sotte et fort jolie. Le
15 soir du jour où l'étudiant avait demandé le prix de la Cathédrale, cette femme lui dit :

— J'attends demain la visite d'une amie de pension qui arrive de Toulon[3] pour me voir. Mon mari n'a pas le temps de sortir avec nous ; je compte sur vous.

L'amie arriva le lendemain. Elle était elle-même accompagnée d'une autre.
20 L'étudiant dut, pendant plusieurs jours, promener ces trois femmes dans Paris. Comme il payait repas, fiacres° et spectacles, assez vite son mois° y passa. Il emprunta de l'argent à un camarade et commençait à être inquiet quand il reçut une lettre de son oncle. Elle contenait deux mille francs. Ce fut un grand soulagement°. Il paya ses dettes et fit un cadeau à sa maîtresse. Un
25 collectionneur acheta la Cathédrale et, beaucoup plus tard, légua° ses tableaux au Louvre.

Maintenant, l'étudiant est devenu un vieil et célèbre écrivain. Son cœur est resté jeune. Il s'arrête encore, tout ému, devant un paysage ou devant une femme. Souvent dans la rue, en sortant de chez lui, il rencontre une dame âgée qui
30 habite la maison voisine. Cette dame est son ancienne maîtresse.

Son visage est déformé par la graisse ; ses yeux, qui furent beaux, soulignés par des poches ; sa lèvre surmontée de poils gris. Elle marche avec difficulté et l'on

fiacre : voiture tirée par des chevaux ; **mois** : l'argent pour un mois

soulagement : *relief*
légua : donna par testament

_____
[3]une ville dans le sud de la France sur la Méditerranée

imagine ses jambes molles. L'écrivain la salue mais ne s'arrête pas, car il la sait méchante et il lui déplaît de penser qu'il l'a aimée.

35 Quelquefois il entre au Louvre et monte jusqu'à la salle où est exposée la Cathédrale. Il la regarde longtemps et soupire°.

André Maurois, *Pour un piano seul*, © Flammarion, 1960

soupire : *sighs*

Questions de compréhension

A. En général
Qu'est-ce que le personnage principal apprend sur la beauté au cours du récit ?

B. En détail
1. Le jeune homme dans cette histoire aimait beaucoup une certaine peinture. Quel était son problème au début ?

2. Comment a-t-il essayé de résoudre son problème ?

3. Qu'est-ce qu'il a fait en attendant cette solution et quelles ont été les conséquences ?

4. Qu'est-ce qui est arrivé au tableau ?

5. Qu'est-ce qui est arrivé depuis à l'étudiant ? Et à sa maîtresse ?

6. Sortent-ils encore ensemble ? Pourquoi ? (Citez quelques mots dans le texte qui vous donnent ces réponses.)

7. Qu'est-ce qui n'a pas changé à la fin de l'histoire ?

Réfléchissez et discutez ensemble
1. Pourquoi l'homme soupire-t-il à la fin ?

2. Pouvez-vous suggérer une moralité [*moral*] pour l'histoire en une phrase ?

3. Le narrateur a donné quelques détails descriptifs sur la maîtresse mais il n'a pas décrit l'homme. Pourquoi ? Est-ce juste ? Expliquez votre point de vue.

4. Que pensez-vous de la fin de l'histoire ? Auriez-vous fait les mêmes choix ?

Jouez la scène
1. Une explication. L'oncle arrive à Paris et veut savoir ce que son neveu, l'étudiant, a fait de l'argent qu'il lui avait envoyé.

2. Souvenirs de jeunesse. La maîtresse, maintenant vieille, vient de reconnaître son ancien amant dans la rue. En prenant le thé avec ses deux amies, elle parle de l'ancien amant, de la façon dont il a vieilli. Les amies lui posent des questions et se souviennent de leur visite à Paris.

3. Autrefois. Après avoir vu son ancienne maîtresse dans la rue, l'écrivain rencontre un ami, collectionneur de tableaux. Ils parlent de leur jeunesse, des choix qu'ils ont faits.

Présentations

1. Faites des recherches sur le peintre Édouard Manet et sur un de ses tableaux. Présentez le peintre et le tableau à la classe.

2. L'origine d'un musée : Faites des recherches sur l'histoire d'un grand musée (par exemple : le Louvre, le Musée d'Orsay, le Metropolitan Museum de New York, l'Art Institute de Chicago). Présentez vos résultats à vos camarades de classe.

Applications grammaticales

Le passé

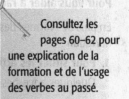

Consultez les pages 60–62 pour une explication de la formation et de l'usage des verbes au passé.

1. Donnez la forme du passé composé pour tous les verbes au passé simple dans le texte. Attention au choix de l'auxiliaire et à la forme du participe passé !

2. Justifiez l'emploi du passé simple, de l'imparfait et du plus-que-parfait des verbes dans le texte.

3. À la fin de cette histoire, le narrateur parle au présent, mais tout ce qu'il raconte est maintenant au passé. Remplacez **Maintenant** par **Après** dans la première phrase de l'avant-dernier paragraphe, et finissez l'histoire en mettant tous les verbes au passé à la forme qui convient.

   (Ces verbes doivent-ils être surtout au passé composé ou à l'imparfait ? Pourquoi ? Les actions sont-elles accomplies et précisées dans le temps ou s'agit-il de descriptions et d'habitudes ?)

À l'écrit

1. Un autre portrait. Deux étudiants travaillent ensemble. L'un fait deux listes d'adjectifs pour décrire

   a. l'homme au début de l'histoire. **b.** l'homme à la fin.

   L'autre fait deux listes de verbes (à l'infinitif) qui pourraient décrire la vie quotidienne, les habitudes, de

   a. l'homme au début. **b.** l'homme à la fin.

   Puis, en vous basant sur ces deux listes, faites un portrait, au passé, de l'homme.

2. La lettre. Imaginez que vous êtes l'étudiant. Écrivez la lettre à votre oncle dans laquelle vous lui demandez de vous envoyer de l'argent. Commencez d'abord par écrire la date précédée de la ville : **Paris, le 4 septembre 18___** (jour, mois, année), en faisant attention au contexte de l'histoire pour l'année, suivi de : **Mon cher oncle.** Employez la forme **tu** pour vous adresser à votre oncle. Réfléchissez au contenu de la lettre avant de l'écrire. Comment convaincre votre oncle qu'il s'agit d'un « besoin urgent » ? Racontez les circonstances données au début de l'histoire et ajoutez des détails inventés pour être persuasif. Souvenez-vous que votre maîtresse ne vous a pas encore demandé de sortir et que vous ne vous êtes pas encore endetté au moment d'écrire la lettre. Vous devez donc parler surtout de la peinture de Manet et de votre situation financière en tant qu'étudiant à Paris. N'oubliez pas la salutation à la fin : **ton neveu (_____).**

3. Imaginez que vous êtes la maîtresse. Racontez ce qui s'est passé de son point de vue et décrivez sa réaction/ses sentiments devant le comportement [*behavior*] de l'écrivain à la fin.

Les articulations du discours

Pour vous aider à raconter une histoire ou pour décrire au passé :

En plus des formes des verbes, quelques adverbes, prépositions et conjonctions jouent un rôle important dans la narration :

1. Pour situer les actions dans le temps...

Quelques adverbes à mettre en tête de phrase ou après le verbe :

d'abord	D'abord, l'artiste a cherché un sujet qui l'inspirait.
ensuite	Ensuite, il a choisi ses pinceaux et ses couleurs.
alors	Alors, il a peint son chef-d'œuvre.
puis	Puis*, il l'a exposé. (*seulement en tête d'une phrase)
plus tard	Plus tard, un collectionneur a admiré le tableau à l'exposition.

2. Pour varier la structure des phrases...

Il faut respecter la distinction entre les prépositions et les conjonctions :

Prépositions (+ nom ou infinitif)

à cause de + nom

L'étudiant ne pouvait pas acheter la peinture **à cause de** sa situation financière.

Après + infinitif passé
(même sujet)

Après avoir regardé la toile, l'amateur voulait l'acheter.

Avant de + infinitif
(même sujet)

Avant de peindre, l'artiste a choisi ses pinceaux.

Conjonctions (+ sujet + verbe)

parce que + sujet + verbe

L'étudiant ne pouvait pas acheter la peinture **parce qu'**il n'avait pas assez d'argent.

Après que + sujet + verbe
(2 sujets différents)

Après que l'amateur a demandé le prix, l'artiste a dit que la toile n'était pas à vendre.

Avant que + sujet + verbe (subjonctif)
(2 sujets différents)

Les critiques avaient parlé du tableau **avant que le collectionneur *ne* l'achète.**[4]

3. Pour marquer un contraste ou une explication...

mais (*conj*)	Je ne connais pas le peintre **mais** j'aime bien cette toile.
cependant (*adv*)	Je ne suis pas riche. **Cependant**, je veux acheter la toile.
pourtant (*adv*)	Ce paysage est beau. **Pourtant**, je préfère les natures mortes.
puisque (*conj*)	**Puisque** la toile coûte trop cher, je ne vais pas l'acheter.
parce que (*conj*)	On n'aime pas ce tableau **parce que** le sujet est bizarre.
à cause de (*prép*)	On n'aime pas ce tableau **à cause de** son sujet.
d'ailleurs (*adv*)	Je n'aime pas aller au musée. **D'ailleurs**, c'est trop cher.
en plus (*adv*)	**En plus**, il n'y a pas d'expositions intéressantes en ce moment.

---

[4]Après certaines conjonctions (**avant que, à moins que**) on met **ne** devant le verbe pour des raisons stylistiques—cela n'indique pas la négation.

Synthèse

Écrivez un résumé [*summary*] de « La cathédrale » au passé (passé composé, imparfait, plus-que-parfait) à l'aide des articulations du discours et en suivant les indications ci-dessous pour l'exercice collaboratif.

Quand on écrit un résumé, on doit garder en tête ces caractéristiques :

- Un résumé est plus court que le texte d'origine (environ 20%).

- Il représente l'essentiel du texte sans tous les détails (par exemple, le prix exact de la toile).

- Le contenu est donné directement, on n'écrit pas : **l'auteur/le narrateur a dit que...**

- Il garde le ton de l'original, on n'exprime pas ses propres réactions au contenu.

- Il n'y a pas de citations, de dialogue.

1. Faites une liste des événements importants de l'histoire que vous venez de lire. Mettez-vous à trois pour comparer vos listes et en faire une seule sur laquelle vous êtes d'accord. Laissez de la place entre les phrases de votre liste commune.

2. Faites un paragraphe de votre liste en ajoutant des détails, des explications ou des expressions nécessaires pour marquer la transition entre les phrases. Le contenu représente-t-il l'histoire originale ?

3. Votre paragraphe respecte-t-il les caractéristiques d'un résumé ?

4. Enfin, vérifiez la forme dans votre expression : Avez-vous employé les différentes formes du passé (imparfait/passé composé/plus-que-parfait) correctement ? Les terminaisons des verbes correspondent-elles aux sujets ? La forme des adjectifs va-t-elle avec les noms qu'ils accompagnent ?

Une lettre

Vincent Van Gogh (1853–1890)

Van Gogh : Autoportrait

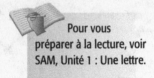

Pour vous préparer à la lecture, voir SAM, Unité 1 : Une lettre.

auparavant : plus tôt

diapositives : *slides*

Pré-lecture

1. Qu'est-ce que vous savez sur Vincent Van Gogh ? D'où était-il ? Qu'est-ce qu'il faisait dans le sud de la France ?

2. Connaissez-vous quelques-uns de ses tableaux ? Lesquels ? Comment décririez-vous son style ?

Le Musée d'Orsay détient pratiquement toute la collection de Van Gogh en France[5]. Il n'y a aucun tableau de Van Gogh en Provence, malgré le temps qu'il a passé à Arles de 1888 en 1889. Mais depuis 1989 il y a le Centre d'Art Présence Van Gogh à Saint-Rémy-de-Provence où il a peint de nombreux chefs-d'œuvre pendant son séjour, cent ans auparavant°. Pour rendre hommage à Van Gogh, ce centre organise chaque année un certain nombre d'expositions d'art contemporain, et un montage audiovisuel sur un aspect du travail de Van Gogh lui-même. On essaie, avec des reproductions, avec des projections de diapositives°, de montrer ce qu'il y a de fondamental dans l'œuvre picturale de Van Gogh, pourquoi c'est un révolutionnaire, pourquoi il a vraiment changé la manière de voir la peinture, pourquoi il a introduit finalement tout l'art du XXe siècle (puisque Picasso, lorsqu'il

---

[5]La plus grande collection du monde est celle du Musée Van Gogh à Amsterdam.

tenait entre ses mains un tableau de Van Gogh, pleurait en disant : « vraiment cet homme nous a ouvert la voie ! »). En arrivant en Provence, Van Gogh a découvert que la couleur pouvait provoquer des sentiments et il est arrivé à utiliser des couleurs « arbitraires » en fonction de l'émotion qu'il voulait créer. Pour lui, mélanger du vert et du rouge, c'était la couleur des passions violentes, voire° du crime ; et quand il mettait cette fameuse note jaune, qui était pour lui presque le soleil qui arrivait, c'était la chaleur, la fournaise°, le Japon de son art provençal. À sa mort en 1890, à l'âge de 37 ans, Van Gogh a laissé 879 peintures, dont il n'avait vendu qu'une seule. En plus de cette œuvre, il a laissé sa correspondance qui nous est parvenue presque intacte. D'août 1872 à sa mort, Vincent a écrit plus de 800 lettres ; 668 de celles-ci sont adressées à Théo son frère, son confident, son complice, son double. Voici un extrait d'une de ses lettres, écrite en 1888 et envoyée de Provence.

voire : et même

fournaise : feu ardent

Lecture dirigée

Lisez les deux premiers paragraphes de la lettre.

1. Décrivez l'état d'esprit de Vincent au commencement de cette lettre. Que venait-il de faire avant de l'écrire ?

2. De quoi parle-t-il surtout dans le deuxième paragraphe ?

3. Comment peint-il ?

Lisez le reste de la lettre en essayant d'imaginer les couleurs et les scènes décrites par Vincent.

Une lettre

Piste 1

Mon cher Théo,

Ce matin de bonne heure je t'ai déjà écrit, puis je suis allé continuer un tableau de jardin ensoleillé. Puis je l'ai rentré — et suis ressorti avec une toile blanche et celle-là aussi est faite. Et maintenant j'ai encore envie de t'écrire encore une
5 fois.

Parce que jamais j'ai eu une telle chance, ici la nature est extraordinairement belle. Tout et partout la coupole du ciel est d'un bleu admirable, le soleil a un rayonnement de soufre pâle et c'est doux et charmant comme la combinaison des bleus célestes et des jaunes dans les Vermeer de Delft[6]. Je ne peux pas
10 peindre aussi beau que cela, mais m'absorbe tant que je me laisse aller sans penser à aucune règle°.

règle : *rule*

Cela me fait trois tableaux des jardins en face de ma maison. Puis les deux cafés, puis les tournesols°. Puis le portrait de Boch[7] et le mien. Puis le soleil rouge sur l'usine et les déchargeurs de sable, le vieux moulin°. Laissant les
15 autres études de côté, tu vois qu'il y a de la besogne de faite°. Mais ma couleur, ma toile, ma bourse° est épuisée aujourd'hui complètement. Le dernier tableau, fait avec les derniers tubes sur la dernière toile, un jardin naturellement vert, est

tournesols : *sunflowers*
moulin : *windmill*
besogne de faite : travail accompli
bourse : argent

---

[6]peintre hollandais (1632–1675)
[7]peintre impressionniste belge (1855–1941)

peint dans [*sic*] vert proprement dit, rien qu'avec du bleu de Prusse et du jaune
de chrome. Je commence à me sentir tout autre chose que ce que j'étais en
20 venant ici, je ne doute plus, je n'hésite plus pour attaquer une chose, et cela
pourrait bien encore croître. Mais quelle nature ! C'est un jardin public où je
suis, tout près de la rue des bonnes petites femmes[8], mais de l'autre côté il y
en a trois (jardins). Ce côté-là du jardin est d'ailleurs pour la même raison de
chasteté ou de morale, dégarni d'arbustes en fleurs tels que le laurier-rose.
25 C'est des platanes communs°, des sapins en buissons° raides, un arbre
pleureur et de l'herbe verte. Mais c'est d'une intimité. Il y a des jardins de
Manet comme cela.

Tant que tu puisses supporter le poids de toute la couleur, de toile, d'argent que
je suis forcé de dépenser, envoie-moi toujours. Car ce que je prépare sera mieux
30 que le dernier envoi, et je crois que nous y gagnerons au lieu de perdre…

platanes communs : espèce
d'arbre ; **buissons** : *hedges*

Village en Provence

---

[8]les religieuses qui habitent le couvent près du jardin

Questions de compréhension

A. En général

D'après l'introduction et la lettre, d'où venait l'inspiration pour les tableaux que Van Gogh a peints en Provence ?

B. En détail

1. Quels sont les différents sujets inclus dans ses tableaux dont il parle au début ?

2. De quoi Vincent avait-il encore besoin selon cette lettre adressée à son frère ? Qu'est-ce cela indique sur la vie que Vincent menait et sur son succès ?

3. Comment l'attitude de Vincent avait-elle changé suite à son arrivée en Provence ?

4. Quel sentiment exprime-t-il dans sa dernière phrase ?

Réfléchissez et discutez ensemble

1. Trouvez toutes les couleurs mentionnées dans la lettre. Qu'est-ce que vous associez à ces couleurs ? Pensez aux objets et aux émotions.

2. Comment les tableaux peints en plein air sont-ils différents de ceux peints dans un atelier ? Les différences sont-elles toujours évidentes ? Expliquez.

3. À votre avis, pour quelles raisons un artiste a-t-il souvent besoin d'argent ? À qui pourrait-il s'adresser aujourd'hui pour le soutenir ?

Jouez la scène

1. Un peintre talentueux. Imaginez que vous êtes Théo, le frère de Vincent qui s'occupe de la vente de ses tableaux. Répondez à ses critiques en essayant de persuader un amateur d'art qu'il devrait acheter une peinture de votre frère.

2. Le doute chez l'artiste. Vincent ne comprend pas pourquoi il n'arrive pas à vendre ses tableaux et s'en plaint à son frère Théo qui essaie de le rassurer, en disant qu'il sera un des artistes les plus appréciés dans l'avenir. Vincent ne le croit pas.

Présentations

1. Faites des recherches sur la vie de Vincent Van Gogh. Présentez un résumé de ce que vous avez trouvé.

2. Une visite virtuelle. Faites une visite (sur Internet) d'un musée avec une collection importante d'œuvres de Van Gogh. Présentez ce musée (le bâtiment, le site, les heures, les collections, etc.) à vos camarades de classe.

Applications grammaticales

A. Les adjectifs

1. Trouvez cinq adjectifs dans la lettre de Vincent et expliquez leur forme en identifiant le genre et le nombre des noms qu'ils accompagnent.

> Consultez les pages 62–64 pour une explication de l'usage du verbe **rendre** + adjectif.

2. La plupart des adjectifs en français sont placés après les noms qu'ils accompagnent mais certains les précèdent. Quels sont les adjectifs placés devant le nom dans cette lettre ?

B. Rendre quelque chose ou quelqu'un + adjectif

Traduisez les phrases suivantes en français en employant le verbe **rendre**. Attention à la forme des adjectifs et au temps des verbes !

1. The success of other artists used to make Van Gogh jealous.

2. Van Gogh's paintings have made the irises of Provence famous.

3. The light and color of the South of France make those canvases very bright.

4. Talent will not always make you rich.

À l'écrit

1. Mon tableau préféré. Trouvez une reproduction en couleur d'un tableau de Van Gogh. Décrivez-le, puis parlez des émotions que vous éprouvez en le regardant.

2. La réponse. Imaginez que vous êtes Théo. Vous devez répondre à la lettre de Vincent pour lui dire que vous ne pouvez plus lui envoyer l'argent dont il a besoin. Expliquez-lui la situation.

Synthèse

Vous avez assisté à l'ouverture du centre Van Gogh à Saint-Rémy en mai 1989. Écrivez au passé une lettre à votre famille pour raconter votre visite et vos impressions. N'oubliez pas les détails pour la forme : la date, l'appellatif devant le contenu et les salutations à la fin (voir la page 27 de « La cathédrale »). Pour l'appellatif de cette lettre, vous pouvez choisir entre **Ma chère famille** et **Mes chers parents** ou, si vous préférez, vous pouvez écrire à une seule personne : **Chère maman** ou **Cher/Chère** + prénom. Puisqu'il s'agit de votre famille, employez **tu** pour parler à une seule personne. Pour la salutation de la fin, vous pouvez choisir entre **je vous/t'embrasse** ou **grosses bises**. Quant au contenu de la lettre, faites attention à la distinction entre les formes du passé: imparfait/passé composé/plus-que-parfait (voir les pages 60–62 pour l'explication de l'usage de ces formes).

pour faire le portrait d'un oiseau

Jacques Prévert (1900–1977)

Jacques Prévert est un des poètes modernes les plus connus de France. Dans toute son œuvre on remarque une sensibilité extrême à tout ce qui, dans la vie quotidienne, contient un ferment de liberté. À l'aide d'images tendres, ses poèmes témoignent de la générosité, la solidarité envers les faibles et les exclus. Le langage de « tout le monde » fait entrer dans un univers merveilleux, mais issu du réel, celui que vous trouvez dans le poème ci-dessous, tiré de son recueil *Paroles* (1946).

Pré-lecture

Titre

Regardez le titre du poème. Selon vous, que fait un peintre qui veut faire le portrait d'un oiseau ? De quoi a-t-il besoin ? Où peint-il ? En quoi consiste sa méthode ?

Vocabulaire

Pour bien comprendre un poème, à la différence de la prose, il faut connaître la plupart des mots. Parcourez [*skim*] le poème et soulignez les mots que vous ne connaissez pas. Regardez la forme de ces mots. Connaissez-vous des mots en français ou en anglais qui ressemblent à ces mots inconnus ? Quels sont les mots que vous devez chercher dans un dictionnaire ? Avant de relire le poème plus lentement, regardez les questions de compréhension.

Pour vous préparer à la lecture, voir SAM, Unité 1 : pour faire le portrait d'un oiseau.

pour faire le portrait d'un oiseau

Peindre d'abord une cage
avec une porte ouverte
peindre ensuite
quelque chose de joli
5 quelque chose de simple
quelque chose de beau
quelque chose d'utile
pour l'oiseau
placer ensuite la toile contre un arbre
10 dans un jardin
dans un bois
ou dans une forêt
se cacher derrière l'arbre
sans rien dire
15 sans bouger...

Parfois l'oiseau arrive vite
mais il peut aussi bien mettre de longues années
avant de se décider
Ne pas se décourager
20 attendre
attendre s'il le faut pendant des années
la vitesse ou la lenteur de l'arrivée de l'oiseau
n'ayant aucun rapport
avec la réussite du tableau

25 Quand l'oiseau arrive
s'il arrive
observer le plus profond silence
attendre que l'oiseau entre dans la cage
et quand il est entré
30 fermer doucement la porte avec le pinceau
puis
effacer un à un tous les barreaux
en ayant soin de ne toucher aucune des plumes de l'oiseau
Faire ensuite le portrait de l'arbre

35 en choisissant la plus belle de ses branches
pour l'oiseau
peindre aussi le vert feuillage et la fraîcheur du vent
la poussière du soleil
et le bruit des bêtes de l'herbe dans la chaleur de l'été
40 et puis attendre que l'oiseau se décide de chanter
Si l'oiseau ne chante pas
c'est mauvais signe
signe que le tableau est mauvais
mais s'il chante c'est bon signe
45 signe que vous pouvez signer
Alors vous arrachez tout doucement
une des plumes de l'oiseau
et vous écrivez votre nom dans un coin du tableau.

Jacques Prévert, *Paroles*, © Éditions Gallimard Jeunesse (Folio junior), 1998

Questions de compréhension

A. En général

Que faut-il faire pour peindre un oiseau selon le poète ?

B. En détail

1. Où et comment le peintre doit-il commencer ?

2. Pourquoi doit-il être patient ?

3. De quelle saison parle le poète ? Comment le savez-vous ?

4. Comment peut-on savoir si le tableau est bon ou mauvais ?

5. Quelle est la dernière chose faite par l'artiste ? Quand et avec quoi ?

Réfléchissez et discutez ensemble

1. Ce poème ressemble-t-il à une leçon ordinaire sur la peinture ? Quelles sont les différences que vous remarquez ?

2. Les conseils du poète, sont-ils plutôt réalistes ou fantaisistes ? Justifiez votre réponse en faisant référence au texte.

3. Le poète parle-t-il uniquement de peinture dans ce poème ? Y a-t-il des ressemblances entre l'art de peindre et les autres beaux-arts ? De quoi tous les artistes, peintres ou autres, ont-ils besoin en général ?

4. Le sujet de ce tableau est un oiseau. Peut-il symboliser autre chose ? Par exemple ? Pourquoi le poète a-t-il choisi un oiseau au lieu d'un autre animal ou d'un autre objet ?

Jouez la scène

1. Des méthodes différentes. Deux peintres dont les idées sont très différentes sur la manière de peindre parlent de leur art. Le premier suit les conseils du poème, le deuxième préfère travailler dans son atelier pour peindre des natures mortes.

2. Des critiques. À quatre, choisissez un tableau. Deux d'entre vous le trouvent formidable, les deux autres ne l'aiment pas du tout. Présentez votre critique à la classe.

3. Comment faire ? Vous êtes parent d'un enfant très curieux qui pose constamment des questions. Il vous demande comment faire quelque chose, et vous le lui expliquez. Mais il vous interrompt tout le temps parce qu'il veut des précisions.

Présentations

1. Trouvez un autre poème de Prévert et récitez-le à la classe. Puis donnez votre interprétation de ce poème.

2. Faites des recherches sur Jacques Prévert et présentez le poète à vos camarades de classe.

Consultez les pages 64–65 pour une explication de la formation et de l'usage du participe présent et de l'infinitif.

Applications grammaticales

Participe présent/infinitif

Traduisez en anglais ces phrases tirées des textes que vous avez déjà lus.

1. En arrivant en Provence, Van Gogh a découvert que la couleur pouvait provoquer des sentiments.

2. L'oiseau peut mettre des années avant de se décider.

3. Effacer les barreaux en ayant soin de ne toucher aucune des plumes.

Traduisez en français ces phrases en utilisant l'impératif pour les ordres.

1. Paint a cage before placing the canvas against a tree.

2. Hide behind a tree without moving, without saying anything.

3. After closing the door of the cage, erase the bars.

4. Make the tree's portrait by choosing the most beautiful branches.

À l'écrit

1. Un courriel. Vous vous promeniez dans le parc au moment où le peintre du poème faisait son tableau. Vous avez trouvé cet événement si extraordinaire que vous décidez d'envoyer un message par courrier électronique à un(e) ami(e) pour lui raconter ce que vous avez vu. Référez-vous aux expressions à la page 28 pour situer l'action dans le temps, marquer une transition, etc.

2. Un résumé. Écrivez un résumé de l'essentiel du poème, expliquant ce qu'il faut faire pour peindre le portrait d'un oiseau, mais employez la forme impérative (tu) au lieu de l'infinitif pour les ordres.

3. Une explication. Écrivez un paragraphe pour expliquer comment faire quelque chose, par exemple écrire une rédaction pour un cours de français, chercher un livre à la bibliothèque, préparer un repas pour des amis, etc. Employez l'impératif, **avant de** + *infinitif*, **après** + *infinitif passé* pour parler de chaque chose qu'il faut faire dans l'ordre nécessaire. Employez le participe présent pour les choses faites en même temps ou pour expliquer comment une chose doit être faite.

« *La peinture est une poésie qui se voit au lieu de se sentir et la poésie est une peinture qui se sent au lieu de se voir.* »

— Léonard de Vinci

1. **Imitation :** En suivant le modèle du poème que vous venez de lire, écrivez votre propre poème fantaisiste pour expliquer comment faire quelque chose.

   Exemples : un dessert que vous aimez bien : Acheter d'abord du
   chocolat...
   un sport que vous pratiquez : Chercher d'abord un
   ballon...
   écrire un poème : Prendre d'abord un crayon, etc.

2. **Création :** Écrivez un petit poème sur un art, la musique, la danse, la poésie, le cinéma, le théâtre, etc., en suivant le modèle :

   premier vers : un nom (votre sujet)
   deuxième vers : deux adjectifs (qui décrivent votre sujet)
   troisième vers : trois infinitifs (associés à votre sujet)
   quatrième vers : une phrase (une réaction à votre sujet)
   cinquième vers : un mot (qui résume votre sujet)

   Exemple : la musique
   mélodieuse et harmonieuse
   chanter, jouer, écouter
   qu'elle est ravissante
   la paix
   — Toby Osofsky (UNC-CH 1999)

Calligrammes

Guillaume Apollinaire (1880–1918)

Guillaume Apollinaire, poète du monde moderne, a participé à tous les mouvements d'avant-garde de sa génération. Ami des peintres tels que Picasso, Vlaminck et Le Douanier Rousseau, il assiste avec eux à la naissance du cubisme. Ses deux principaux recueils poétiques, *Alcools* (1913) et *Calligrammes* (1918), témoignent de son audace, mais aussi de sa ferveur lyrique. Dans *Calligrammes* il explore les possibilités picturales de la poésie : « Et moi aussi je suis peintre », déclare-t-il.

Qu'est-ce qu'un calligramme ? Un poème qui suggère par une disposition typographique originale, l'objet ou le thème qui l'inspire. Le mot a été créé par Apollinaire, mais d'autres poètes s'étaient servis de cette technique avant lui.

Pré-lecture

Sans regarder les textes qui suivent, dessinez la pluie, une cravate et une montre. Comparez vos dessins avec ceux de deux camarades de classe, en les décrivant. Puis comparez vos dessins à ceux du poète.

Pour vous préparer à la lecture, voir SAM, Unité 1 : Calligrammes.

Lecture dirigée

À trois, lisez les calligrammes et essayez de déchiffrer les mots.

Il Pleut

Il pleut des voix de femmes comme si elles étaient mortes même dans le souvenir

c'est vous aussi qu'il pleut merveilleuses rencontres de ma vie ô gouttelettes

et ces nuages cabrés se prennent à hennir tout un univers de villes auriculaires

écoute s'il pleut tandis que le regret et le dédain pleurent une ancienne musique

écoute tomber les liens qui te retiennent en haut et en bas

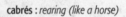

cabrés : *rearing (like a horse)*

hennir : *to whinny*
retenir : *hold back*

gouttelettes : *droplets*

auriculaire : ce qu'on entend

La cravate et la montre

LA
CRAVATE
DOU
LOU
REUSE°
QUE TU
PORTES
ET QUI T'
ORNE Ô CI
VILISÉ
ÔTE-° TU VEUX
LA BIEN
SI RESPI
RER°

COMME L'ON
S'AMUSE
BI
EN

les   la
heures

et le   beau
vers   Mon
dantesque   Coeur   té
luisant et
cadavérique   de

le bel   les   la
inconnu   yeux   vie
                Il   Et
               est   tout   pas
                —   se
                5   ra   se
              en   fi
les Muses   fin   ni
aux portes de
ton corps   l'enfant la

                                          dou

l'infini   leur
redressé
par un fou   Agla°   de
de philosophe

                                          mou

                               rir

semaine   la main

Tircis°

douloureuse : ce qui fait mal
(n. douleur)

ôte : enlève

respirer : to breathe

Agla : une des trois Grâces,
déesses de beauté

Tircis : nom d'un berger

Réfléchissez et discutez ensemble

1. Il pleut

   a. Quelles sont les images dont se sert Apollinaire pour évoquer la pluie ?

   b. Quel aspect de la pluie Apollinaire choisit-il d'accentuer ?

2. La cravate et la montre

   a. Qu'est-ce qu'une cravate semble représenter dans ce poème ?

   b. Trouvez des images qui évoquent le temps dans la partie qui représente la montre.

   c. Quelle heure est-il, selon vous ?

   d. Voyez-vous un rapport entre ces deux parties du même calligramme ? Expliquez.

3. Quel calligramme préférez-vous ? Expliquez votre choix. Si vous ne les aimez pas du tout, dites pourquoi.

Présentations

1. Faites des recherches sur le poète Apollinaire et présentez-le à la classe.

2. Trouvez un autre poème d'Apollinaire (qui n'est pas un calligramme). Récitez-le et interprétez-le.

À l'écrit

Créez maintenant votre propre calligramme. Choisissez d'abord une idée ou une image que vous voulez dépeindre, puis cherchez des mots pour la représenter. Finalement, arrangez-les sur la page pour créer votre tableau.

> « *T*out portrait se situe au confluent d'un rêve et d'une réalité. »
>
> — GEORGES PEREC

Le portrait

Yves Thériault (1915–1983)

Yves Thériault a écrit une œuvre considérable et variée. Né à Québec, issu d'un milieu modeste, il se voit contraint d'abandonner ses études à l'âge de quinze ans. Il exerce d'abord divers métiers : trappeur, camionneur, vendeur, annonceur pour différents postes de radio du Québec. Très tôt, il choisit de vivre pour écrire et d'écrire pour vivre. De 1944 à sa mort, il produit près d'une quarantaine de romans et récits et de nombreux recueils de contes. Pendant les années soixante et soixante-dix, c'était un des auteurs les plus lus au Québec. L'histoire que vous allez lire a été publiée en 1968 dans un recueil de contes intitulé *L'île introuvable*.

Une ferme en automne

Pré-lecture

Titre

Tout le corps du sujet est-il toujours représenté dans un portrait ? Sinon, sur quelles parties du corps insiste-t-on d'habitude ?

Retour en arrière essentiel

Il se passe des choses assez étranges dans la nouvelle que vous allez lire et l'auteur se réfère à certains événements qui se sont passés bien avant la découverte du portrait au début. Il faut que le lecteur devine certains faits pour bien comprendre ; d'autres faits resteront inconnus. Réfléchissez aux questions suivantes avant et pendant votre lecture :

1. L'oncle dont il s'agit dans l'histoire avait écrit un testament, mais il n'avait pas de fortune. Qu'est-ce qu'on met dans un testament si on ne possède rien ? Pourquoi en écrit-on un si on n'a rien à laisser après sa mort ?

2. Normalement, essaie-t-on de respecter les vœux [désirs] de la personne qui a écrit un testament ? Qu'est-ce qui peut arriver si on ne les respecte pas ?

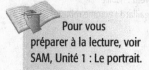

Pour vous préparer à la lecture, voir SAM, Unité 1 : Le portrait.

Lecture dirigée

Lisez jusqu'à la ligne 50 pour trouver des réponses aux questions suivantes. Puis continuez votre lecture jusqu'à la fin.

1. Comment était le portrait qu'Hélène a trouvé dans le grenier ? Et le sujet du portrait ?

2. Comment la mère a-t-elle réagi quand elle a vu le portrait ?

3. Qu'est-ce qu'Hélène ne savait pas ?

4. Quels conseils la mère a-t-elle donnés à Hélène ?

5. Selon vous, pour quelles raisons mettrait-on un portrait dans un grenier ?

Le portrait

J'ai trouvé le portrait dans le grenier, un matin de juin. J'y étais à chercher des pots pour les confitures de fraises, puisque nous étions au temps de l'année pour ces choses.

bahut : *chest* ; **dorure** : d'or ;
Fanée : *tarnished*

Le portrait était derrière un bahut°. J'ai vu la dorure° du cadre. Fanée° noircie.
5 J'ai tiré à moi, et voilà que c'était le portrait.

Celui d'un homme jeune, aux cheveux bruns, à la bouche agréable, et des yeux qui me regardaient. De grands yeux noirs, vivants…

J'ai descendu le portrait dans la cuisine.

— Voilà, mère, c'était au grenier.

10 Elle regarda le portrait d'un air surpris.

— Nous avions donc ça ici, ma fille ? Tiens, tiens…

J'ai demandé :

vêtu : habillé
gaillard : homme robuste

— Qui est l'homme ? Parce que c'est un bel homme. Il est vêtu° à la mode ancienne, mais c'est un magnifique gaillard°.

15 — Ton oncle, dit-elle, le frère de ton père. Le portrait a été peint alors qu'il était jeune.

— Quel oncle ?

dolente : triste
s'évanouir : *faint*

Je ne connaissais qu'une vague tante, pâle, anémique, dolente° qui vivait à la ville et venait s'évanouir° chez nous une fois l'an. Elle arrivait, portait un
20 mouchoir à son nez, murmurait quelques mots au sujet des odeurs de la campagne, puis s'évanouissait. Au bout de la troisième fois, elle repartait pour la ville. C'était, à ma connaissance, la seule parente de mon père.

Je l'ai dit à ma mère.

— Je ne connais point d'oncle…

25 — C'était le plus jeune frère de ton père. Ils étaient quatre. Trois garçons, une fille. Il ne reste que ton père et ta tante Valérienne.

— Les autres sont morts ?

Elle fit oui de la tête.

— Même celui-là ? dis-je, même ce bel oncle-là ?

30　Cela n'était pas honnête°, d'être si beau et d'être mort. Il me venait des bouffées de colère. On ne fait pas mourir du beau monde comme ça, on attend un peu.

— N'empêche que° j'avais un bel oncle… Dommage qu'il soit mort.

Ma mère me regardait curieusement.

35　— Hélène, tu dis de drôles de choses…

Mais je n'écoutais pas ma mère. Je regardais le portrait. Maintenant, à la lumière plus crue° de la cuisine, le portrait me paraissait encore plus beau, encore mieux fait… Et j'aimais bien les couleurs.

— Je le pends dans ma chambre, dis-je…

40　— Comme tu voudras, dit ma mère, aujourd'hui, ça n'a plus d'importance.

La remarque n'était pas bien claire, et j'ai voulu savoir.

— Vous ne trouvez pas que c'est d'en dire beaucoup, et bien peu, mère ?

— Peut-être. De celui-là, mieux vaut en dire le moins possible.

— Comment s'appelait-il ?

45　— Tout simplement, Jean…

— Et qu'est-ce qu'il faisait, demandai-je, qu'est-ce qu'il faisait dans la vie ?

Mais ma mère secoua la tête.

— Pends, dit-elle, ce portrait où tu voudras… Ça n'a plus d'importance, mais si tu veux un bon conseil, ne dis rien, ne cherche à rien savoir. Et surtout, ne parle
50　de rien à ton père.

Au fond, ça m'importait peu. J'aimais sa façon de tracer, de poser la couleur, j'aimais les teintes chaudes… Je trouvais l'oncle bien beau, et bien jeune… Mais ça n'était pas si important que je doive encourir° d'inutiles colères. Et quelque chose me disait, quelque chose dans le ton de la voix de ma mère,
55　dans la détermination de son visage, que mon père n'aimerait pas du tout que j'aborde le sujet° de son frère, Jean.

J'ai pendu le portrait au mur de ma chambre.

Je l'ai regardé chaque matin en me réveillant et chaque soir avant de souffler° la lampe.

60　Et puis, au bout de deux semaines, une nuit, j'ai senti que quelqu'un me touchait l'épaule.

Je me suis réveillée en sursaut, j'ai allumé ma lampe de chevet. J'avais des sueurs° froides le long du corps… Mais il n'y avait personne dans ma chambre.

Machinalement, j'ai regardé le portrait, et en le voyant j'ai crié, je crois, pas fort,
65　mais assez tout de même, et je me suis enfoui la tête sous l'oreiller.

Dans le portrait, l'oncle Jean, très habilement rendu, regardait droit devant lui… Mais lorsque je me suis réveillée, j'ai vu qu'à cette heure-là de la nuit, il se permettait de regarder ailleurs. En fait il regardait vers la fenêtre. Il regardait dehors…

honnête : juste

N'empêche que : *it's still the case that*

crue : ici, brillante

encourir : ici, m'exposer à

j'aborde le sujet : je parle

souffler : éteindre

sueurs : *sweats*

70 Le matin, je n'ai rien dit. Rien dit non plus les jours suivants, même si, chaque nuit, quelqu'un... ou quelque chose me réveillait en me touchant l'épaule. Et même si chaque nuit, l'oncle Jean regardait par la fenêtre...

Naturellement, je me demandais bien ce que ça voulait dire. Plusieurs fois je me suis pincée, très fort, pour être bien sûre que je ne dormais pas.

75 Chose certaine, j'étais bien réveillée.

Et quelque chose se passait... Mais quoi ?

Au sixième matin... vous voyez comme je suis patiente... j'ai voulu tout savoir de maman.

— L'oncle Jean, qui est-il ? Qu'est-ce qu'il faisait ? Pourquoi ne faut-il pas en
80 parler devant papa, de cet oncle ?

— Tu as toujours le portrait dans ta chambre ? dit ma mère.

— Oui.

vaquer à : s'appliquer à

Elle continua à vaquer à° ses occupations pendant quelques minutes, puis elle vint s'asseoir devant moi, à la table.

85 — Ma fille, me dit-elle, il y a des choses qui sont difficiles à dire. Moi, ton oncle Jean, je l'aimais bien, je le trouvais charmant. Et ça mettait ton père dans tous les états° quand j'osais dire de telles choses.

dans tous les états : en colère

Je lui ai demandé :

— Mais pourquoi, mère ?

90 — Parce que ton oncle Jean, c'était une sorte de mouton noir dans la famille... Il a eu des aventures, je t'épargne les détails°. Surtout, il avait la bougeotte°. Il s'est enfui jeune de la maison, on ne l'a revu que plus tard... Puis il est reparti. Un jour, ton père a reçu une lettre. Ton oncle s'était fait tuer, stupidement, dans un accident aux États-Unis. On a fait transporter sa dépouille° ici, pour être
95 enterrée dans le lot familial au cimetière. Il n'aurait pas dû... mais...

je t'épargne les détails : je ne te dis pas les détails ; **bougeotte** : l'envie de voyager continuellement

dépouille : corps mort

— Pourquoi? ai-je demandé, pourquoi n'aurait-il pas dû ?

— Parce que, dans un testament déniché par la suite dans les effets de Jean, celui-ci exigeait d'être enterré n'importe où, mais pas dans le lot familial... Il disait dans cet écrit qu'il n'avait aucunement le désir de reposer aux côtes de la
100 paisible et sédentaire famille. Il avait un autre mot pour eux... pas très gentil.

Moi, je croyais comprendre, maintenant.

— Est-ce que papa l'a fait transporter ailleurs ?

— Euh... non... question des dépenses que ça signifiait. Jean n'a rien laissé, il est mort pauvre.

105 Ce soir-là, j'ai mieux dormi. J'ai été réveillée vers quatre heures, et toute la scène d'habitude s'est répétée.

— Soit, ai-je déclaré au portrait de l'oncle Jean... Demain, je vais y voir.

Et le lendemain matin, j'ai pris le portrait, et je l'ai porté dehors, derrière la remise°. Je l'ai appuyé là, face au soleil levant.

remise : *shed*

110 Plusieurs fois dans la journée, je suis allée voir. L'oncle Jean regardait en face, mais j'ai cru voir comme une lueur° amusée dans ses yeux. Je me suis dit que je n'avais pas remarqué ce sourire auparavant...

lueur : lumière faible

Au crépuscule, le portrait était encore là...

Durant la nuit, je fus réveillée de nouveau. Seulement, au lieu d'une main
115 discrète sur mon épaule, ce fut un très gentil baiser sur la joue qui me réveilla.

Et je vous jure que pendant les quatre ou cinq secondes entre le sommeil
profond et l'éveil complet, durant cette espèce de douce transition j'ai fort bien
senti des lèvres tièdes sur ma joue.

N'allez pas croire surtout qu'une jeune fille va se méprendre° là-dessus. À force   **méprendre** : se tromper
120 d'en rêver aux lèvres tièdes, on vient tout de même à en reconnaître le toucher !

Je me suis rendormie paisiblement. J'avais comme une sensation de bien-être.

Au matin, le portrait n'était plus à sa place.

J'ai demandé à papa s'il l'avait pris, et il m'a dit que non. Maman n'y avait pas
touché. Mes petits frères non plus.

125 Le portrait avait disparu. Et moi j'étais convaincue que sa disparition coïncidait   **reconnaissance** : *gratitude*
avec le baiser de reconnaissance° si bien donné au cours de la nuit.

Vous voulez une explication ? Je n'en ai pas. La chose est arrivée. Elle s'est
passée comme ça. Ça peut être une suite de rêves. Freud aurait une explication,
je suppose... N'empêche que les faits sont là. Un portrait est disparu, et l'oncle
130 Jean regardait. Pour un homme qui avait toujours eu la bougeotte, c'était tout de
même assez significatif...

« Le portrait » dans *L'île introuvable*, Montréal, Éditions du Jour, 1968 (édition originale);
Montréal, Bibliothèque québécoise, 1996 (édition de poche), pp. 153–58. Reproduction
autorisée par la Succession Yves Thériault.

Questions de compréhension

A. En général
Le portrait de Jean était-il un tableau ordinaire ou plutôt extraordinaire ?
Expliquez.

B. En détail

1. Après avoir trouvé le portrait d'un homme, Hélène a posé des questions sur la
   vie de celui-ci. Quels étaient les trois faits que sa mère acceptait de révéler au
   début ?

2. Quand Hélène a pendu le portrait dans sa chambre, qu'est-ce qui s'est passé ?
   Quelle a été la réaction d'Hélène ? Qu'est-ce qu'elle a enfin fait ?

3. La mère d'Hélène lui a donné plus de détails sur la vie de son oncle. Lesquels ?
   Selon la mère, que pensait la famille de Jean ? Jean aimait-il sa famille ?
   Qu'est-ce qui reste mystérieux ? Où Jean était-il enterré ? Citez le texte pour
   justifier votre réponse.

4. Qu'est-ce que la fille a fait du portrait après avoir appris ces faits sur son oncle ?
   Qu'est-ce qu'elle a cru voir dans le portrait après ?

5. Qu'est-ce qui s'est passé dans la chambre d'Hélène cette nuit-là ?

6. Qu'est-ce qui est arrivé au portrait le lendemain ?

Réfléchissez et discutez ensemble

1. Pourquoi le portrait de l'oncle Jean était-il dans le grenier au début de l'histoire ? (Pourquoi n'était-il pas accroché au mur dans la maison ?)

2. Qu'est-ce que la mère d'Hélène pensait de son beau-frère Jean ?

3. Pourquoi la mère a-t-elle dit à Hélène de ne pas parler de Jean à son père ?

4. Les événements dans la chambre d'Hélène sont-ils vraiment arrivés ou les a-t-elle imaginés/rêvés ? Justifiez votre réponse.

5. À deux ou trois, cherchez tous les aspects mystérieux dans cette histoire. Chaque personne propose une explication pour ce qui se passe. Ensuite, vous les comparez. Choisissez l'explication qui vous semble la plus intéressante, et révisez-la ensemble pour la présenter à la classe.

Jouez la scène

1. Le départ. Jean, quand il est encore jeune, décide de quitter sa famille. Son frère et ses parents ne veulent pas accepter cette décision.

2. Un amour impossible. La mère d'Hélène et l'oncle Jean s'aimaient pendant leur jeunesse et c'est la raison pour laquelle Jean a décidé de partir. Leur scène d'adieu est très triste.

3. Le passé et le présent. Un(e) ami(e) canadien(ne) rend visite à Jean aux États-Unis. Ils parlent de la famille de Jean au Canada et de sa nouvelle vie.

Présentations

1. Faites des recherches sur le Québec, surtout sur la question de la langue française dans cette province du Canada. Présentez vos résultats.

2. Trouvez un portrait que vous aimez et « inventez » la vie de la personne qui est peinte. Apportez-le en classe et racontez cette vie.

Applications grammaticales

A. La voix passive

Consultez la page 66 pour une explication de la formation et de l'usage de la voix passive.

Traduisez ces phrases en employant la voix passive en français.

1. The portrait was painted when he was young.

2. Her mother told her that Jean had been killed in an accident.

3. Jean didn't want to be buried with his family.

4. Hélène was awakened at four in the morning.

Récrivez ces phrases à la voix active en employant **on** comme sujet.

1. Le portrait avait été caché dans le grenier.

2. La plupart du temps les vœux d'un mort sont respectés.

3. Le corps de Jean a été transporté au Canada.

4. Il a été enterré dans le lot familial.

5. Cette histoire sera souvent racontée.

B. Le verbe devoir

Révisez les phrases suivantes en substituant une forme du verbe **devoir** au temps convenable pour l'expression verbale donnée. Faites tous les changements nécessaires.

Consultez les pages 66–67 pour une explication du verbe **devoir**.

Modèle : **C'était une mauvaise idée** de quitter sa famille. →
Il **n'aurait pas dû** quitter sa famille.

1. Il ne fallait pas qu'Hélène parle de Jean à son père. *Elle n'aurait pas dû parler de Jean…*

2. On avait tort d'enterrer Jean avec sa famille. *On n'avait pas dû enterrer Jean…*

3. Hélène a été obligée de mettre le portrait dehors. *Elle aurait dû mettre le portrait dehors.*

4. Il est probable que quelqu'un a pris le tableau. *Quelqu'un aurait dû prendre le tableau.*

À l'écrit

1. **Des secrets.** Racontez cette histoire au passé du point de vue de la mère d'Hélène, en donnant quelques détails qu'elle n'avait pas osé révéler à sa fille.

2. **La vérité.** Expliquez ce qui est arrivé au portrait à la fin en vous servant des faits de l'histoire qu'Hélène a racontée.

3. **La cousine.** Deux ans après, Hélène apprend que l'oncle Jean avait eu une fille aux États-Unis. Alors elle lui écrit pour lui raconter ce qui s'est passé quand elle a trouvé le portrait de son père.

Pour commencer votre lettre : **Ma chère cousine,**
Pour la terminer : **Je t'embrasse, ta cousine Hélène**

Synthèse

1. Écrivez un résumé de cette histoire au passé (voir la page 29 pour les caractéristiques d'un résumé). N'incorporez pas tous les détails mais n'oubliez pas ceux qui sont importants. Ne citez pas directement du texte. Référez-vous à la page 28 pour les expressions qui jouent un rôle important pour raconter et décrire au passé. Attention aux formes du passé : passé composé, imparfait, plus-que-parfait.

2. Imaginez que vous aviez connu Jean aux États-Unis avant sa mort. Expliquez pourquoi il avait quitté la maison de sa famille au Canada. Pourquoi n'aimait-il pas sa famille ? Qu'est-ce qui était arrivé entre lui et son frère ? Parlez aussi des circonstances de sa mort. Écrivez votre histoire au passé.

L'impressionnisme

Giverny – La maison de Monet

Pour vous préparer à la lecture, voir SAM, Unité 1 : L'impressionnisme.

Théodore Duret (1838–1927), journaliste et critique d'art, était un des premiers défenseurs de la nouvelle peinture qu'on appelait « impressionnisme », d'après le tableau de Monet, *Impression, soleil levant*. En 1865, à Madrid, il rencontre Manet. Son premier article sur celui-ci est défavorable, mais il change rapidement d'opinion, et une grande amitié les unira. Sa brochure de trente-six pages, *Les peintres impressionnistes* (1878), marque une date dans l'histoire de la critique du mouvement.

I. Les peintres impressionnistes

Pré-lecture

Dans cet extrait de la préface de Duret, il explique d'abord la réaction du public et des critiques lors de la troisième exposition de tableaux impressionnistes, puis il justifie sa propre admiration pour ces peintres. Selon vous, pourquoi un nouveau mouvement artistique a-t-il souvent du mal à se faire apprécier ou comprendre ?

Lecture dirigée

Lisez le premier paragraphe. Quelle était la réaction des critiques et du public au moment de la troisième exposition de tableaux « impressionnistes » ? Relevez quelques expressions dans le texte qui expriment cette réaction. Puis continuez votre lecture.

Préface : Contenant quelques bonnes petites vérités à l'adresse du public

Lorsque les impressionnistes firent en 1877, rue Le Pelletier[9] l'exposition de tableaux qui attira sur eux l'attention du grand public, les critiques, pour la plupart, les raillèrent° ou leur jetèrent de grossières injures°. La pensée de la majorité des visiteurs fut que les artistes qui exposaient n'étaient peut-être pas
5 dénués de° talent, et qu'ils eussent peut-être pu[10] faire de bons tableaux, s'ils eussent voulu peindre comme tout le monde, mais qu'avant tout ils cherchaient tapage° pour ameuter° la foule. En somme les impressionnistes acquirent à leur exposition la réputation des gens dévoyés°, et les plaisanteries que la critique, la caricature, le théâtre continuent à déverser sur eux prouvent que cette opinion
10 persiste.

Que si on se hasarde à dire : « Vous savez ! il est pourtant des amateurs qui les apprécient », alors l'étonnement grandit. Ce ne peuvent être, répond-on, que des excentriques. La candeur m'oblige à déclarer que cette épithète me revient au premier chef°. Oui, j'aime et j'admire l'art des impressionnistes, et j'ai
15 justement pris la plume pour expliquer les raisons de mon goût.

Cependant, que le lecteur n'aille point croire que je sois un enthousiaste isolé. Je ne suis point seul. Nous avons d'abord formé une petite secte, nous constituons aujourd'hui une église, notre nombre s'accroît, nous faisons des prosélytes. Et même je vous assure qu'on se trouve en fort bonne compagnie
20 dans notre société. [...] Car — ici il faut que le public qui rit si fort en regardant les impressionnistes s'étonne encore davantage ! — cette peinture s'achète. Il est vrai qu'elle n'enrichit point ses auteurs suffisamment pour leur permettre de se construire des hôtels°, mais enfin elle s'achète. [...]

On a discuté longuement pour savoir jusqu'à quel point le public était capable de
25 juger par lui-même les œuvres d'art. On peut concéder qu'il est apte à sentir et à goûter lorsqu'il est en présence de formes acceptées et de procédés traditionnels. Le déchiffrement° est fait, tout le monde peut lire et comprendre. Mais s'il s'agit d'idées nouvelles, de manières de sentir originales, si la forme dont s'enveloppent les idées, si le moule° que prennent les œuvres sont
30 également neufs et personnels, alors l'inaptitude du public à comprendre et à saisir d'emblée° est certaine et absolue.

---

[9] rue où se trouvait la maison qu'avaient louée les artistes pour leur exposition. Il s'agit de la troisième exposition impressionniste, comprenant 241 tableaux.
[10] plus-que-parfait du subjonctif, forme alternative du conditionnel passé

raillèrent : se moquèrent de ;
injures : mots offensants

dénués de : sans

tapage : ici, scandale ; **ameuter** : *to incite, rouse*

dévoyés : corrompus

au premier chef : au plus haut point

hôtels : à l'époque, de grandes maisons

déchiffrement : *deciphering*

moule : *shape*

d'emblée : immédiatement

LE PEINTRE IMPRESSIONNISTE.

— Madame, pour votre portrait il manque quelques tons sur votre figure. Ne pourriez-vous avant passer quelques jours au fond d'une rivière ?

Le Charivari, 22 avril 1877

Lecture dirigée

Après avoir expliqué les origines de ce mouvement dans la peinture naturaliste française (peintres tels que Corot, Courbet et Manet), et l'influence japonaise, Duret décrit la façon de peindre chez les impressionnistes. Lisez d'abord la dernière phrase de chaque paragraphe. Comment réagit le public ? En lisant, cherchez les raisons de cette réaction. Quel rôle y joue le choix des couleurs ?

Chapitre : Où l'on établit le point de départ et la raison d'être des impressionnistes

L'impressionniste s'assied sur le bord d'une rivière : selon l'état du ciel, l'angle de la vision, l'heure du jour, le calme ou l'agitation de l'atmosphère, l'eau prend tous les tons, il peint sans hésitation sur la toile de l'eau qui a tous les tons. Le ciel est couvert, le temps pluvieux, il peint de l'eau glauque°,
5 lourde, opaque ; le ciel est découvert, le soleil brillant, il peint de l'eau scintillante, argentée, azurée ; il fait du vent, il peint les reflets que laisse voir le clapotis° ; le soleil se couche et darde° ses rayons dans l'eau, l'impressionniste, pour fixer ces effets, plaque sur sa toile du jaune et du rouge. Alors le public commence à rire.

glauque : bleu-vert

clapotis : mouvement des vagues ; **darde** : *strikes*

10 L'hiver est venu, l'impressionniste peint de la neige. Il voit qu'au soleil les ombres portées sur la neige sont bleues, il peint sans hésiter des ombres bleues. Alors le public rit tout à fait.

Certains terrains argileux° des campagnes revêtent des apparences lilas, l'impressionniste peint des paysages lilas. Alors le public commence à
15 s'indigner.

Par le soleil d'été, aux reflets du feuillage vert, la peau et les vêtements prennent une teinte violette, l'impressionniste peint des personnages sous bois violets. Alors le public se déchaîne° absolument, les critiques montrent le poing, traitent le peintre de « communard »[11] et de scélérat°.

20 Le malheureux impressionniste a beau protester° de sa parfaite sincérité, déclarer qu'il ne reproduit que ce qu'il voit, qu'il reste fidèle à la nature, le public et les critiques le condamnent. Ils n'ont cure° de savoir si ce qu'ils découvrent sur la toile correspond à ce que le peintre a réellement observé dans la nature. Pour eux il n'y a qu'une chose : ce que les impressionnistes mettent sur leurs
25 toiles ne correspond pas à ce qui se trouve sur les toiles des peintres antérieurs. C'est autre, donc c'est mauvais. […]

argileux : *like clay*

se déchaîne : *loses all control*
scélérat : *criminel*

a beau protester : *protests in vain*

n'ont cure : *don't care*

Questions de compréhension

A. En général

Quel contraste Duret établit-il entre le grand public et certains amateurs d'art ? Que fait chacun des deux groupes en ce qui concerne les impressionnistes ? Pourquoi ?

B. En détail

1. Selon le public à cette exposition, les peintres impressionnistes avaient-ils du talent ? Pourquoi peignaient-ils de cette façon, selon ceux qui ont visité l'exposition ?

2. Comment Duret démontre-t-il le succès croissant des tableaux impressionnistes ? De quelles expressions se sert-il pour illustrer ce phénomène ?

3. Selon Duret, quelle sorte d'art le public apprécie-t-il normalement ? Pourquoi a-t-on tant de difficulté à accepter ce qu'il y a de nouveau ?

4. Relevez les expressions dans la dernière phrase du quatrième paragraphe qui suggèrent la nouveauté.

5. Où les peintres impressionnistes préfèrent-ils peindre ?

6. Comment un tableau impressionniste est-il « fidèle à la nature » ?

7. Selon Duret, pourquoi le public n'apprécie-t-il pas les peintres impressionnistes ?

---

[11]nom donné aux partisans de la Commune de Paris en 1871, par leurs adversaires. À l'heure actuelle on les appellerait communistes.

II. Berthe Morisot
(1841–1895)

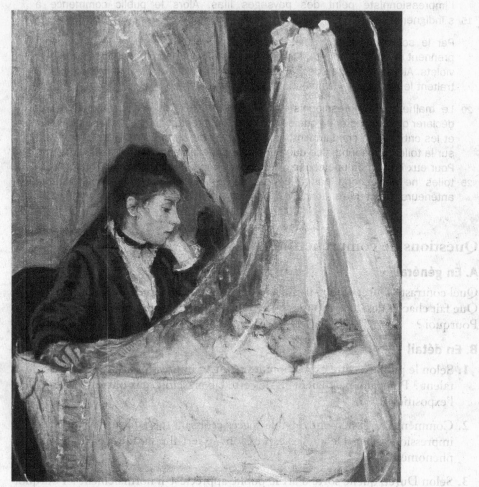

Berthe Morisot : Le berceau, Musée d'Orsay
Erich Lessing/Art Resource, NY

Morisot est une des deux femmes peintres associées à l'impressionnisme, l'autre étant l'Américaine, Mary Cassat. Elle a exposé à trois expositions des impressionnistes. Voici le commentaire de Duret à son sujet.

Berthe Morisot

La peinture de Mme Morisot est bien de la peinture de femme, mais sans la sécheresse et la timidité qu'on reproche généralement aux œuvres des artistes de son sexe.

5 Les couleurs, sur les toiles de Mme Morisot, prennent une délicatesse, un velouté, une morbidesse° singuliers. Le blanc se nuance de reflets qui le conduisent à la nuance rose thé ou gris cendré, le carmin° passe

morbidesse : grâce, délicatesse
carmin : rouge éclatant

insensiblement au ton pêche, le vert du feuillage prend tous les accents et toutes les pâleurs. L'artiste termine ses toiles en donnant de-ci de-là, par-dessus les fonds, de légers coups de pinceau, c'est comme si elle effeuillait°
10 des fleurs.

Pour les « bourgeois », ses tableaux ne sont guère que des esquisses, ils ne sont pas finis. Mais si vous les embrassez du regard et en saisissez l'ensemble, vous les trouverez pleins d'air, vous verrez les plans s'espacer et les personnages se modeler. Les êtres que Mme Morisot met dans ses paysages
15 ou ses intérieurs sont distingués et sympathiques, quelquefois un peu frêles° et comme fatigués de se tenir debout.

Questions de compréhension

A. En général

Qu'est-ce que Duret admire chez Morisot ?

B. En détail

1. Qu'est-ce qu'on critique souvent chez les femmes peintres, selon Duret ?

2. Dans le deuxième paragraphe, relevez les expressions qui ont un rapport avec la couleur et les différences délicates entre elles.

3. À quelle action Duret compare-t-il la façon de peindre de Morisot ? Commentez la justesse de cette comparaison.

4. Afin d'apprécier les tableaux de Berthe Morisot, comment doit-on les regarder, selon le critique ?

Réfléchissez et discutez ensemble

1. De nos jours, les peintures impressionnistes se vendent à des prix exorbitants, des milliers de touristes visitent Giverny, la maison de Monet, tous les ans, et quand il y a une exposition impressionniste, il faut réserver bien à l'avance si on veut la voir. Comment peut-on expliquer la popularité actuelle de ce mouvement artistique ?

2. Comment la peinture impressionniste a-t-elle changé notre façon de regarder la nature et notre perception des couleurs ?

3. Selon vous, le public actuel a-t-il encore autant de difficulté à apprécier ce qu'il y a « de nouveau » dans l'art que le public à l'époque des impressionnistes ? Expliquez.

4. Peut-on distinguer entre la peinture de femme et la peinture d'homme ? Expliquez les différences, si vous croyez qu'il en existe. Si vous ne le pensez pas, justifiez votre réponse.

Jouez la scène

1. Une dispute. Un peintre impressionniste et un peintre « réaliste » se disputent au sujet des couleurs que celui-là choisit pour dépeindre un paysage en hiver.

2. La folie. Vous venez d'acheter un tableau d'un jeune peintre que vous trouvez génial. Vos amis vous croient fou d'avoir tant dépensé pour l'œuvre d'un inconnu. Vous défendez « votre » peintre.

3. Vive l'art « traditionnel ». Vous trouvez la plupart de l'art contemporain ridicule mais d'autres étudiants le défendent.

Présentations

1. Mon peintre préféré. Faites des recherches (sur Internet, dans des livres d'art) sur un artiste dont vous aimeriez avoir un tableau. Présentez le peintre et les raisons de votre choix.

2. Mon tableau préféré. Choisissez un tableau que vous aimez bien. Faites des recherches sur ses origines, l'artiste, etc., et présentez vos résultats à la classe. Parlez aussi des techniques utilisées.

Applications grammaticales

Berthe Morisot

Complétez le paragraphe suivant en mettant les adjectifs entre parenthèses à la forme correcte et à la place qui convient. Consultez les pages 63–64 sur la forme des adjectifs au besoin.

Née dans une famille (bourgeois), Berthe Morisot a étudié le dessin et la peinture (classique). Comme d'autres étudiants des beaux-arts, elle allait souvent au Louvre pour imiter les artistes (grand). Plus tard, elle a abandonné la peinture (conventionnel) et a fréquenté le cercle des impressionnistes. Après avoir été invitée à exposer ses œuvres lors de l'exposition (premier) de ceux-ci, Berthe a continué à le faire régulièrement. Puisqu'elle n'avait pas d'atelier où travailler comme les hommes, elle peignait dans le salon de sa maison (parisien). Berthe représentait des scènes (quotidien), surtout de femmes et d'enfants, (esquissé) sur fond de jardin ou d'intérieurs (intime). Sa fille Julie était un de ses sujets (préféré). Berthe Morisot aimait voyager et elle partait avec son mari à la recherche de paysages (nouveau) à peindre, comme par exemple dans le sud de la France : elle a visité la ville de Nice plusieurs fois, rapportant des toiles (lumineux). Avec leurs couleurs (délicat) et leurs coups de pinceau (léger), ses pastels et ses aquarelles avaient une qualité (transparent).

À l'écrit

1. Une critique. Faites une visite (virtuelle ou réelle) d'une galerie ou d'un musée d'art contemporain et faites-en une critique pour le journal de votre université (école).

2. Mon œuvre préférée. Pensez à une peinture, une sculpture, un poème ou un morceau de musique qui vous plaît beaucoup. Écrivez un paragraphe pour décrire l'œuvre brièvement et pour expliquer pourquoi vous l'aimez tant. Essayez de convaincre vos lecteurs de la qualité de cette œuvre.

expositions

EXPOSITIONS ARTISTIQUES

Cézanne et Pissarro. - Musée d'Orsay, 1, rue de la Légion d'Honneur (7ᵉ). Mᵒ Solférino. 01 40 49 48 14. Tlj (sf lun) de 9h30 à 18h, noct. jeu jusqu'à 21h45. Ent. 9€, TR. et dim 7€. *Jusqu'au 28 mai. Noct. du 23 au 27 mai de 18h à 21h.*

Gaston Chaissac, Homme de Lettres. - Musée de la Poste, 34, bd de Vaugirard (15ᵉ). Mᵒ Montparnasse. 01 42 79 24 24. Tlj (sf dim et fériés) de 10h à 18h, noct. les 24 avril, 22 mai et 26 juin jusqu'à 21h. Ent. 5€, TR. 3,50€. *Jusqu'au 22 juillet.*

Le Cheval à Paris. - Architecture, sculpture, art équestre. Musée de l'Armée, Corridor de Perpignan, 129, rue de Grenelle (7ᵉ). Mᵒ Latour-Maubourg. De 10h à 18h. Ent. 7,50€, TR. 5,50€. *Jusqu'au 18 juin.*

Les Très Riches Heures de la Cour de Chine - chefs-d'œuvres de la peinture impériale des Qing. - Musée Guimet, 6, pl. d'Iéna (16ᵉ). Mᵒ Iéna. 01 56 52 53 00. Tlj (sf mar) de 10h à 18h. Ent. 6,50€, TR. et dim 4,50€. *Jusqu'au 24 juillet.*

Entre Cobra et l'Abstraction. - Centre Wallonie-Bruxelles, 127, rue St-Martin (4ᵉ). Mᵒ Châtelet. 01 53 01 96 96. Tlj (sf lun et fériés) de 11h à 19h. Ent. 3€, TR. 2€. *Jusqu'au 16 septembre.*

De Cordoue à Samarcande. - Chefs-d'œuvre du nouveau Musée d'Art islamique de Doha au Qatar. Musée du Louvre, Mᵒ Palais-Royal. 01 40 20 53 17. Tlj (sf mar) de 9h à 17h30, noct. mer et ven jusqu'à 21h30. Ent. 8,50€, TR. 6€. *Jusqu'au 26 juin.*

Critiques d'art et collectionneurs - Roger Marx et Claude Roger-Marx 1859-1977. - Institut national d'Histoire de l'art, 6, rue des Petits-Champs (2ᵉ). Mᵒ Bourse. Du lun au sam de 13h à 18h. Ent. libre. *Jusqu'au 9 juillet.*

* Dessins de Millet. - Musée d'Orsay, 1, rue de la Légion d'Honneur (7ᵉ). Mᵒ Solférino. 01 40 49 48 14. Tlj (sf lun) de 9h30 à 18h, noct. jeu jusqu'à 21h45. Ent. 7,50€, TR. et dim 5,50€. *Du 30 mai au 3 septembre.*

Le Douanier Rousseau, Jungles à Paris. - Grand Palais, Mᵒ Champs-Elysées Clémenceau. Tlj (sf mar) de 10h à 20h, noct. mer jusqu'à 22h. Ent. 10€, TR. 8€ (avec résa. ent. 11,30€, TR. 9,30€). *Jusqu'au 19 juin.*

L'Envolée Lyrique, Paris 1945-1956. - Un élan pictural autour de l'Abstraction. Musée du Luxembourg, 19, rue de Vaugirard (6ᵉ). Mᵒ St-Sulpice. 01 45 44 12 90. Du lun au ven de 11h à 19h, noct. le ven jusqu'à 22h, sam et dim de 9h à 19h. Ent. 10€, TR. 8€. *Jusqu'au 6 août.*

Los Angeles 1955-1985, naissance d'une capitale artistique. - Centre Pompidou, Pl. Georges Pompidou, côté rue Saint-Martin, galerie 1A, niv. 6. Mᵒ Rambuteau. 01 44 78 12 33. Tlj (sf mar) de 11h à 21h, noct. jeu jusqu'à 23h. Ent. 10€, TR. 8€. *Jusqu'au 17 juillet.*

Magritte tout en papier. - Musée Maillol, 61, rue de Grenelle (7ᵉ). Mᵒ Rue du Bac. 01 42 22 59 58. Tlj (sf mar) de 10h à 18h. Ent. 8€, TR. 6€. *Jusqu'au 19 juin.*

Œuvres nouvelles 1995-2005. - Musée du Moyen-Âge, 6, pl. Paul Painlevé (5ᵉ). Mᵒ Cluny. Tlj (sf mar) de 9h15 à 17h45. Ent. 6,50€, TR. 4,50€. *Jusqu'au 25 septembre.*

Picasso - Piero Crommelynck : dialogues d'atelier. - Musée de la Vie Romantique, 16, rue Chaptal (9ᵉ). Mᵒ Pigalle. 01 55 31 95 67. Tlj (sf lun et fériés) de 10h à 18h. Ent. 7€, TR. 5,50€ et 3,50€. *Jusqu'au 11 juin.*

Plastic Fantastic. - Design en plastique. Maison du Danemark, 142, av. des Champs-Elysées (8ᵉ). Mᵒ George V. 01 44 31 21 21. Tlj (sf lun) de 13h à 19h, sam et dim de 13h à 18h. Ent. libre. *Jusqu'au 7 mai.*

Rembrandt et son école / Rembrandt et le paysage / Into Drawing. - Dessins de l'ancienne collection royale de Dresde et gravures de la collection Frits Lugt. Institut Néerlandais, 121, rue de Lille (7ᵉ). Mᵒ Assemblée Nationale. 01 47 05 75 19. Tlj (sf lun) de 13h à 19h. Ent. 6€, TR. 4€ (R. et son école), TU. 2€ (R. et le paysage), Ent. 4€, TR. 2€ (Into Drawing). *Jusqu'au 21 mai.*

De Renoir à Utrillo... le 12, rue Cortot, une cité d'artistes. - Musée de Montmartre, 12, rue Cortot (18ᵉ). Mᵒ Abbesses. 01 49 25 89 44. Tlj de 10h à 18h (sf lun). Ent. 5,50€, TR. 3,50€. *Jusqu'au 14 mai.*

Rodin, la main révèle l'homme. - Présentation sur le thème de la main. Musée Rodin, 79, rue de Varenne (7ᵉ). Mᵒ Varenne. 01 44 18 61 10. Tlj (sf lun) de 9h30 à 16h45. Ent. 7€, TR. 5€. *Jusqu'au 28 mai.*

Tête à tête. - Dialogue entre les œuvres du Musée du Louvre et du Centre Pompidou pour les enfants de 5 à 12 ans. Centre Pompidou, Pl. Georges Pompidou, côté rue Saint-Martin, Espace enfants. Mᵒ Rambuteau. 01 44 78 12 33. Tlj (sf mar) de 11h à 21h. Ent. 10€, TR. 8€. *Jusqu'au 4 septembre.*

Toulouse-Lautrec. - Dessins et lithographies. Musée Maxim's - La Collection 1900, 3, rue Royale (1ᵉʳ). Mᵒ Concorde. 01 42 65 30 47. De 10h à 17h. Ent. 8€. *Jusqu'au 25 juin.*

Avec l'aimable autorisation de l'OFFICIEL DES SPECTACLES, guide de l'actualité des spectacles et des loisirs parisiens

Expositions

Voici un extrait du guide de Paris *l'Officiel des spectacles*. Vous êtes de passage à Paris un lundi et vous désirez voir quelques expositions artistiques.

1. Indiquez les musées, les heures d'ouverture et le prix d'entrée pour des expositions où vous pourriez voir les œuvres suivantes.

	musée	ouverture	prix
a. des abstractions			
b. des dessins			
c. des sculptures			

2. Pourriez-vous voir l'exposition de Cézanne et Pissarro ? Expliquez.

3. Où iriez-vous pour voir des œuvres du Douanier Rousseau ?

4. À quelle exposition avez-vous envie d'aller ? Pourquoi ?

En Afrique occidentale

Introduction

Un héritage peut être matériel, c'est-à-dire, le patrimoine (les biens) que laisse une personne à son décès. Ce sont aussi les traditions transmises par les générations précédentes. Dans le monde actuel, les traditions les plus diverses façonnent nos idées. Nous héritons notre manière de voir et de penser, à travers des cultures ayant existé bien au-delà de celles de nos ancêtres immédiats. Dans notre monde multiculturel, les héritages deviennent collectifs.

Cette deuxième unité vous offre un petit échantillon de l'héritage européen, français et africain. Vous découvrirez ce qu'il y a d'universel aussi bien que de particulier dans les contes, légendes, poèmes et chansons présentés. Un paysan malin fait un marché avec le diable. Une belle jeune fille se sacrifie pour son père et apprend ce qu'est la vraie beauté. La lune répond aux prières d'une femme mais exige une dure récompense. Un petit garçon change à tout jamais les rapports entre les hommes et les animaux. Un poète franco-ivoirien chante la richesse de la tradition.

Et vous ? Quel rôle l'héritage de votre famille, de votre ethnie, de votre communauté joue-t-il dans votre vie ?

Carcassonne

CHAMP LEXICAL

Vocabulaire de départ : Ces expressions utiles vous aideront à mieux comprendre les textes que vous étudierez, et à parler ou à écrire au sujet des thèmes de cette unité. Lisez-les maintenant pour vous préparer aux activités de vocabulaire qui suivent.

Mots apparentés

chagrin (*nm*)
charme (*nm*), **charmer** (*vt*)
cultiver (*vt*)
dispute (*nf*), **se disputer** (*vpron*)
juge (*nm*), **juger** (*vt*), **jugement** (*nm*)
mariage (*nm*), **se marier** (*vpron*)
  (deux personnes se marient ; on se
  marie avec *qqn*)

noble (*adj, n*), **noblesse** (*nf*)
palais (*nm*)
promesse (*nf*),
  promettre (*vt*), **tenir sa promesse**
se quereller (*vpron*)
royal, e (*adj*)
trésor (*nm*)
vertu (*nf*)

Pour enrichir votre vocabulaire

aîné, e (*adj, nm/f*)	elder
âme (*nf*)	soul
amoureux, euse (*adj, nm/f*)	in love, lover
tomber/être amoureux (de) (*vi*)	to fall/be in love (with)
argent (*nm*)	silver
bête (*adj, nf*)	stupid; beast
bien (*nm*)	property; good (*vs* evil)
bonheur (*nm*)	happiness
bonté (*nf*)	goodness
brûler (*vi & vt*)	to burn
cadet, ette (*adj, nm/f*)	younger
campagne (*nf*)	country
champ (*nm*)	field
comportement (*nm*)	behavior
se comporter (*vpron*)	to behave
conte (*nm*)	tale
coupable (*adj*)	guilty
cour (*nf*)	courtyard; royal court
couronne (*nf*), **couronner** (*vt*)	crown; to crown
diable (*nm*)	devil
(s') embrasser (*vt*)	to kiss
(deux personnes s'embrassent ;	
on embrasse *qqn*)	
empêcher (*vt*)	to prevent
enceinte (*adj*)	pregnant
grossesse (*nf*)	pregnancy
ennuyer (*vt*)	to bother,
s'ennuyer (*vpron*)	to be bored

époux, ouse (*nm/f*)	spouse *syn. mari/femme*
épouser (*vt*)	to marry someone
événement (*nm*)	event
éviter (*vt*)	to avoid
fée (*nf*)	fairy
fidèle (*adj*)	faithful
génie (*nm*)	spirit, genie
griot (*nm*)	African bard
héritage (*nm*)	inheritance
jurer (*vt*)	to swear
mal (*nm*)	evil
malheur (*nm*)	unhappiness, misfortune
malin, maligne (*adj*)	very clever
marchand (*nm*)	merchant
marchandise (*nf*)	merchandise
méchant, e (*adj*)	mean, evil
méchanceté (*nf*)	meanness
mériter (*vt*)	to deserve
moqueur, euse (*adj, nm/f*)	mocking
se moquer de (*vpron*)	to make fun of
mort (*nf; nm*)	death; a dead man
morte (*nf*)	a dead woman
mort, e (*adj*)	dead
or (*nm*)	gold
orgueil (*nm*)	conceit
orgueilleux, euse (*adj*)	proud, conceited
paysan, anne (*nm/f*)	peasant
périr (*vi*)	to perish
s'y prendre (*vpron*)	to handle oneself, to act
procès (*nm*)	trial, lawsuit
puissant, e (*adj*)	powerful
puissance (*nf*)	power
punir (*vt*)	to punish
punition (*nf*)	punishment
récolte (*nf*)	harvest
récolter (*vt*)	to harvest
récompense (*nf*)	reward
redoutable (*adj*)	dreaded
redouter (*vt*)	to dread
règne (*nm*)	reign
régner (*vi*)	to reign, to rule
roi/reine (*nm/nf*)	king/queen
royaume (*nm*)	realm
royauté (*nf*)	royalty
seigneur (*nm*)	lord
songe (*nm*)	dream *syn. rêve*
songer (*vi*)	to dream *syn. rêver*; to think *syn. penser*

sorcier, ère (*nm/f*)	witch
sorcellerie (*nf*)	witchcraft
sort (*nm*)	fate, lot
supporter (*vt*)	to put up with, to stand *syn.* *tolérer*
trahison (*nf*)	treason, betrayal
trahir (*vt*)	to betray
traître (*nm*)	traitor
tromper (*vt*)	to deceive, cheat on
se tromper (*vpron*)	to be mistaken
tromperie (*nf*)	deception
trompeur, euse (*adj*)	deceptive

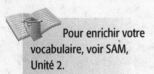

Pour enrichir votre vocabulaire, voir SAM, Unité 2.

PARLONS UN PEU

A. Comment sont les personnages ?

1. Cherchez les noms de personnages de contes traditionnels et de légendes dans le champ lexical et décrivez-les.

2. Avec un partenaire, comparez vos listes et choisissez les deux personnages que vous trouvez les plus intéressants.

3. Quels adjectifs (au moins trois par personnage) associez-vous à vos deux personnages ? Quels verbes (au moins deux) ? (Vous pouvez commencer par le champ lexical mais ne vous limitez pas à ce que vous y trouvez.)

4. Avec votre partenaire, présentez vos personnages à la classe. Quels personnages semblent intéresser la plupart des étudiants ? Pourquoi ?

B. Un conte fantastique

Avec deux ou trois camarades de classe, créez un conte fantastique (ou ridicule, ou romantique, comme vous voulez) d'au moins cinq phrases en utilisant autant d'expressions du champ lexical que possible. Présentez votre conte à la classe. Quel groupe a inventé le meilleur conte ?

NOTE : En français, les contes traditionnels commencent toujours par :

Il était une fois + le nom (ou le titre) d'un des personnages.

C. Votre passé

Dans un groupe de trois personnes discutez de quelques-unes des questions suivantes. Un(e) étudiant(e) prend des notes pour pouvoir résumer la discussion et la présenter à la classe.

1. Aimez-vous regarder les albums de photos de votre famille ? Pourquoi ou pourquoi pas ?

2. Quand vous étiez jeune, vos parents vous lisaient-ils ou vous racontaient-ils des contes ? Pour quelles raisons le faisaient-ils ou ne le faisaient-ils pas ? Lirez-vous des histoires à vos enfants quand vous en aurez ? Pourquoi ou pourquoi pas ?

3. De quels contes et de quelles légendes vous souvenez-vous ?

4. Y a-t-il des traditions dans votre famille, par exemple pour fêter Thanksgiving, Hanoukka, Noël, Pâque [*Passover*], Pâques [*Easter*] ou les anniversaires de famille ? Expliquez-en quelques-unes.

5. Quelles anecdotes raconte-t-on dans votre famille sur votre enfance, sur vos parents, sur vos grands-parents, etc. ? Quand est-ce qu'on les raconte ?

D. La tradition vit encore

Prenez quelques minutes pour réfléchir aux questions suivantes, puis parlez-en avec vos camarades de classe.

1. Comment peut-on expliquer la popularité de tant de dessins animés basés sur des histoires traditionnelles, par exemple *Aladin*, *La Belle et la Bête*, *La Petite Sirène* [*The Little Mermaid*], *Le Roi Lion*, etc. ? Quels aspects de ces histoires continuent à nous attirer, à nous intéresser ?

2. En Amérique, nous avons adopté les traditions et les coutumes d'ethnies très diverses. Alors, comment peut-on définir ce qui est « américain » ? Si vous deviez expliquer des coutumes « typiquement américaines » à un étranger, que diriez-vous ? Que savez-vous sur l'origine de ces coutumes ?

Le paysan et le diable

Le paysan et le diable est une vieille légende européenne. Des histoires dans lesquelles un homme est confronté à un diable existent dans beaucoup de pays. Guy de Maupassant (1850–1893) s'est inspiré de ce conte pour écrire *La légende du Mont Saint-Michel*.

Pré-lecture

Le titre

Comment imaginez-vous les personnages de ce titre ? Pensez à des adjectifs pour les décrire. Que font-ils d'habitude ? Où habitent-ils ? Comparez-les.

Pour vous préparer à la lecture, voir SAM, Unité 2 : Le paysan et le diable.

Lecture dirigée

Lisez jusqu'à la ligne 21, sans vous arrêter sur les mots que vous ne connaissez pas. Ensuite, avec un partenaire, racontez ce qui s'est passé dans cette partie. Puis continuez à lire jusqu'à la fin.

Le paysan et le diable

Il était une fois un paysan aussi malin que le diable lui-même. Un beau jour de printemps, ce paysan venait de semer des graines° et il avait juste fini lorsque le soleil se coucha. Content de lui, il voulait rentrer et il se retourna encore une fois pour regarder son travail. Il vit au milieu du champ un tas de charbons rouges et
5 brûlants.

— Mais qu'est-ce que c'est ? se demanda-t-il, et il alla y voir d'un peu plus près. Il fut encore bien plus étonné en s'approchant. Au milieu des braises, il y avait le diable en personne ! Le paysan savait comment on s'y prend° avec le diable. Il demanda :

10 — Sais-tu que tu es assis sur un trésor ?

— Parfaitement, répondit le diable. Je suis assis sur un trésor et un trésor plus grand et plus riche que tu ne peux l'imaginer !

Le paysan réfléchit un moment et répliqua :

— Si ce trésor se trouve dans mon champ, il m'appartient. Allez, décampe !

15 — Oh ! dit le diable, il faut s'y prendre autrement avec moi. Je vais faire un marché° avec toi. Tu auras le trésor, si tu me donnes pendant deux années de suite, la moitié de la récolte de ton champ.

C'était bien dur pour ce paysan, car il ne possédait que ce seul et unique champ. Il réfléchit encore un moment puis répondit :

20 — C'est d'accord, mais pour qu'il n'y ait pas de dispute entre nous, je te donnerai ce qui pousse° sur le sol et moi je prendrai ce qui est sous la terre.

Cette proposition plut au diable qui pensait à part :

— Ce paysan est bien bête !

Mais en fait, il était bien plus malin que le diable, car ce jour-là il venait de semer
25 des betteraves°.

Lorsque vint le temps de la récolte, le diable vint chercher sa part. Il ne trouva qu'un grand tas de feuilles fanées, et le paysan, lui, chargeait dans sa charrette de grosses et belles betteraves.

semer des graines : *to sow seeds*

s'y prendre : agir

faire un marché : faire un accord, un échange

pousse : *grow*

betteraves : légumes rouges qui poussent sous la terre

Le diable trépigna° de rage :

30 — On n'agit pas ainsi avec le diable ! criait-il. Tu m'as roulé ! Cela ne se passera plus comme ça ! L'an prochain je veux ce qui pousse sous la terre, et toi tu auras ce qui pousse dessus !

— D'accord, dit tranquillement le paysan.

Au printemps il sema du blé°. Lorsque le diable arriva au champ l'été suivant, le
35 paysan était justement en train de récolter le beau blé mûr. Il ne restait au diable que les racines° sèches sous la terre.

Cette fois le diable resta muet de rage. Il cracha° par terre et trépigna si fort que le sol s'ouvrit et l'engloutit.

— C'est ainsi qu'on doit s'y prendre avec le diable, dit le paysan satisfait.

40 Et il alla déterrer le trésor.

Questions de compréhension

A. En général

Pour lequel des deux personnages le marché était-il avantageux ? Expliquez.

B. En détail

1. Au début, à qui appartenait le trésor selon le paysan ? Comment a-t-il justifié son raisonnement ?

2. Quel était le marché que le diable a accepté ?

3. Pourquoi le diable n'était-il pas content après la récolte de la première année ?

4. Qu'est-ce qui s'est passé la deuxième année ?

5. Qu'est-ce qui est arrivé au diable à la fin ?

6. Qui était le plus malin, le paysan ou le diable ? Expliquez.

Réfléchissez et discutez ensemble

1. Imaginez le trésor que le paysan déterre à la fin. En quoi consiste-t-il ? Y a-t-il plusieurs interprétations possibles de ce trésor ? Expliquez.

2. Comment peut-on expliquer le fait qu'un paysan réussisse à tromper le diable ?

3. La plupart du temps, dans les marchés avec le diable, celui-ci gagne, tandis que l'homme perd son âme et est damné à tout jamais. Pourquoi, selon vous, la version que vous venez de lire se termine-t-elle de façon heureuse ?

4. Pour quel public (lecteurs, auditeurs) raconte-t-on cette légende ? Justifiez votre réponse.

Jouez la scène

1. Une explication. Le paysan explique à sa femme comment il a eu ce trésor. Celle-ci a du mal à croire ce que son mari lui raconte.

2. **Les voisins.** Les voisins du paysan, réunis le soir à l'auberge, discutent de sa bonne fortune et se demandent ce qu'il a pu faire pour devenir si riche tout d'un coup.

Présentations

1. Trouvez une autre histoire ou un autre conte dans lequel il s'agit d'un marché avec le diable. Racontez cette histoire à la classe.

2. Comparez la représentation du diable dans deux cultures ou deux traditions différentes.

Applications grammaticales

A. Les comparaisons

Écrivez trois ou quatre phrases au passé pour comparer le diable et le paysan, en utilisant tout le vocabulaire indiqué et des expressions de comparaison différentes :

Les adjectifs : riche / intelligent / travailleur / menaçant

Les noms : intelligence / méchanceté / récoltes

Les verbes : connaître des plantes / se fâcher / réfléchir

Consultez les pages 112–13 pour une explication des expressions de comparaison.

Consultez les pages 113–14 pour une explication des formes et de l'usage du futur.

B. Le futur

Imaginez ce que fera le paysan après avoir déterré son trésor. Complétez le paragraphe au futur, à l'aide des verbes à l'infinitif entre parenthèses, puis terminez l'histoire comme vous voulez au futur.

Le paysan _____ (aller) voir sa femme et lui _____ (raconter) qu'ils _____ (pouvoir) maintenant travailler moins dur. Mais il ne lui _____ (dire) pas comment il a trouvé ce trésor ! Pour cette raison, sa femme _____ (être) très curieuse et lui _____ (poser) des questions : « Est-ce que la police _____ (venir) te chercher ? _____ -nous (partir) d'ici ? » Il la _____ (rassurer) en disant : « Tu _____ (avoir) de nouvelles robes, nous _____ (faire) un beau voyage, et nous _____ (ne plus jamais avoir) faim. » *À vous de continuer. La fin sera-t-elle heureuse ou triste ?*

À l'écrit

1. **Dans l'avenir.** Imaginez la vie du paysan après qu'il aura déterré le trésor. Sera-t-elle tout à fait différente ? Décrivez cette vie future en détail.

2. **Des regrets.** Le diable décide de se repentir. Il fait une liste de tout ce qu'il ne fera plus et de tout ce qu'il promet de faire à l'avenir. Écrivez votre version de cette liste.

La Belle et la Bête

Jeanne-Marie Leprince de Beaumont (1711–1780)

Jeanne-Marie Leprince de Beaumont passa une jeunesse studieuse à Rouen. Après un mariage malheureux, elle se sépara de son mari et se rendit en Angleterre en 1745. Elle y passa quinze ans, devenant institutrice des jeunes filles nobles pour gagner sa vie. C'était à Londres qu'elle publia pour la première fois, dans les journaux, des contes pour la jeunesse. En 1757, elle les réunit dans un recueil : *Le Magasin des enfants*. Rentrée en France, elle continua d'écrire un grand nombre d'ouvrages sur des domaines très divers. À sa mort, elle ne laissa pas moins de soixante-dix volumes.

L'œuvre « La Belle et la Bête » figure parmi les contes du *Magasin des enfants*. L'écrivain français Jean Cocteau s'en est inspiré pour créer un film très personnel, superbe et poétique, qui restera dans les annales du cinéma français.

Pré-lecture

Fond

Selon vous, qu'est-ce que la beauté ? Qu'est-ce qui rend une personne « belle » ?

Titre

Si vous connaissez déjà cette histoire, décrivez l'apparence des personnages du titre. Si vous ne la connaissez pas, comment les imaginez-vous ? Donnez beaucoup

Pour vous préparer à la lecture, voir SAM, Unité 2 : La Belle et la Bête.

de détails. Puis regardez la photo à la page 84. Comparez cette représentation des personnages principaux, faite par Cocteau dans son film, à la description que vous avez imaginée.

Lecture dirigée : Première partie

Lisez les deux premiers paragraphes en cherchant les réponses aux questions ci-dessous :

1. Pourquoi les sœurs aînées étaient-elles jalouses de leur cadette ? Comparez les aînées et la cadette.

2. Quels détails indiquent la bonté de la Belle ?

3. Comment était la vie que menait cette famille ?

Puis lisez le troisième paragraphe.

1. Qu'est-ce qui a changé ?

2. En quoi ce changement bouleverserait-il la vie de cette famille ?

Après avoir répondu à ces questions, continuez la lecture.

La Belle et la Bête : Première partie

esprit : intelligence

Il y avait une fois un marchand qui était extrêmement riche. Il avait six enfants, trois garçons et trois filles, et, comme ce marchand était un homme d'esprit°, il n'épargna rien pour l'éducation de ses enfants, et leur donna toutes sortes de maîtres. Ses filles étaient très belles ; mais la cadette surtout se faisait

5 admirer, et l'on ne l'appelait, quand elle était petite, que la Belle Enfant ; en sorte que le nom lui en resta : ce qui donna beaucoup de jalousie à ses sœurs. Cette cadette, qui était plus belle que ses sœurs, était aussi meilleure qu'elles. Les deux aînées avaient beaucoup d'orgueil, parce qu'elles étaient riches ; elles faisaient les dames, et ne voulaient pas recevoir des visites des autres filles de

10 marchands; il leur fallait des gens de qualité pour leur compagnie. Elles allaient tous les jours au bal, à la comédie, à la promenade, et se moquaient de leur cadette, qui employait la plus grande partie de son temps à lire de bons livres.

Comme on savait que ces filles étaient fort riches, plusieurs gros marchands les demandèrent en mariage ; mais les deux aînées répondirent qu'elles ne se

15 marieraient jamais, à moins qu'elles ne trouvassent un duc, ou tout au moins un comte. La Belle (car je vous ai dit que c'était le nom de la plus jeune), la Belle, dis-je, remercia bien honnêtement ceux qui voulaient l'épouser ; mais elle leur dit qu'elle était trop jeune et qu'elle souhaitait tenir compagnie à son père pendant quelques années.

20 Tout d'un coup, le marchand perdit son bien, et il ne lui resta qu'une petite maison de campagne, bien loin de la ville. Il dit en pleurant à ses enfants qu'il fallait aller demeurer dans cette maison, et qu'en travaillant comme des paysans ils pourraient y vivre. Ses deux filles aînées répondirent qu'elles ne voulaient pas quitter la ville, et qu'elles avaient plusieurs amants qui seraient

25 trop heureux de les épouser, quoiqu'elles n'eussent pas de fortune.

Ces demoiselles se trompaient ; leurs amants ne voulurent plus les regarder quand elles furent pauvres. Comme personne ne les aimait, à cause de leur fierté, on disait :

méritent : *deserve* ; plaigne :
montre de la compassion

« Elles ne méritent° pas qu'on les plaigne° ; nous sommes bien aises de voir

30 leur orgueil abaissé ; qu'elles aillent faire les dames en gardant les moutons. »

Mais, en même temps, tout le monde disait :

« Pour la Belle, nous sommes bien fâchés de son malheur : c'est une si bonne fille ! Elle parlait aux pauvres gens avec tant de bonté ; elle était si douce, si honnête ! »

35 Il y eut même plusieurs gentilshommes qui voulurent l'épouser, quoiqu'elle n'eût pas un sou ; mais elle leur dit qu'elle ne pouvait se résoudre à abandonner son pauvre père dans son malheur et qu'elle le suivrait à la campagne pour le consoler et l'aider à travailler. La pauvre Belle avait été bien affligée d'abord de perdre sa fortune, mais elle s'était dit à elle-même :

40 « Quand je pleurerai bien fort, cela ne me rendra pas mon bien ; il faut tâcher d'être heureuse sans fortune. »

Quand ils furent arrivés à leur maison de campagne, le marchand et ses trois filles s'occupèrent à labourer la terre. La Belle se levait à quatre heures du matin, et se dépêchait de nettoyer la maison, d'apprêter à dîner pour la famille.

45 Elle eut d'abord beaucoup de peine, car elle n'était pas accoutumée à travailler comme une servante ; mais au bout de deux mois elle devint plus forte, et la fatigue lui donna une santé parfaite. Quand elle avait fait son ouvrage, elle lisait, elle jouait du clavecin, ou bien elle chantait en filant°.

filant : *spinning yarn*

Ses deux sœurs au contraire s'ennuyaient à la mort ; elles se levaient à dix heures du matin, se promenaient toute la journée et s'amusaient à regretter leurs beaux habits et les compagnies.

« Voyez notre cadette, disaient-elles entre elles ; elle a l'âme basse, et est si stupide qu'elle est contente de sa malheureuse situation. »

Le bon marchand ne pensait pas comme ses filles. Il savait que la Belle était plus propre que ses sœurs à briller dans les compagnies. Il admirait la vertu de cette jeune fille, et surtout sa patience ; car ses sœurs, non contentes de lui laisser faire tout l'ouvrage de la maison, l'insultaient à tout moment.

Il y avait un an que cette famille vivait dans la solitude lorsque le marchand reçut une lettre par laquelle on lui mandait qu'un vaisseau°, sur lequel il avait des marchandises, venait d'arriver. Cette nouvelle tourna la tête aux aînées, qui croyaient qu'à la fin elles pourraient quitter cette campagne, où elles s'ennuyaient tant ; et, quand elles virent leur père prêt à partir, elles le prièrent de leur apporter des robes, des palatines, des coiffures et toutes sortes de bagatelles. La Belle ne lui demandait rien ; car elle pensait en elle-même que tout l'argent des marchandises ne suffirait pas pour acheter ce que ses sœurs souhaitaient.

« Tu ne me pries pas de t'acheter quelque chose, lui dit son père.

— Puisque vous avez la bonté de penser à moi, lui dit-elle, je vous prie de m'apporter une rose, car on n'en trouve point ici. »

Ce n'est pas que la Belle se souciât d'une rose, mais elle ne voulait pas condamner, par son exemple, la conduite de ses sœurs, qui auraient dit que c'était pour se distinguer qu'elle ne demandait rien.

Le bonhomme partit. Mais, quand il fut arrivé, on lui fit un procès° pour ses marchandises. Et, après avoir eu beaucoup de peine, il revint aussi pauvre qu'il était auparavant. Il n'avait plus que trente milles à parcourir pour arriver à sa maison et il se réjouissait déjà du plaisir de voir ses enfants. Mais, comme il fallait passer un grand bois avant de trouver sa maison, il se perdit. Il neigeait horriblement ; le vent était si grand, qu'il le jeta deux fois à bas de son cheval. La nuit étant venue, il pensa qu'il mourrait de faim ou de froid, ou qu'il serait mangé par les loups, qu'il entendait hurler autour de lui.

Tout d'un coup, en regardant au bout d'une longue allée d'arbres, il vit une grande lumière, mais qui paraissait bien éloignée. Il marcha de ce côté, et vit que cette lumière venait d'un grand palais, qui était tout illuminé. Le marchand remercia Dieu du secours qu'il lui envoyait et se hâta° d'arriver à ce château ; mais il fut bien surpris de ne trouver personne dans les cours. Son cheval qui le suivait, voyant une grande écurie ouverte, entra dedans ; ayant trouvé du foin et de l'avoine, le pauvre animal, qui mourait de faim, se jeta dessus avec beaucoup d'avidité. Le marchand l'attacha dans l'écurie et marcha vers la maison, où il ne trouva personne ; mais étant entré dans une grande salle, il y trouva un bon feu, et une table chargée de viandes, où il n'y avait qu'un couvert.

Comme la pluie et la neige l'avaient mouillé jusqu'aux os, il s'approcha du feu pour se sécher, et disait en lui-même : « Le maître de la maison ou ses domestiques me pardonneront la liberté que j'ai prise, et sans doute ils viendront bientôt. » Il attendit pendant un temps considérable ; mais onze heures ayant sonné sans qu'il vît personne, il ne put résister à la faim, et prit un poulet, qu'il mangea en deux bouchées et en tremblant. Il but aussi quelques coups de vin, et, devenu plus hardi, il sortit de la salle et traversa plusieurs grands appartements, magnifiquement meublés. À la fin, il trouva une chambre

vaisseau : bateau

procès : *lawsuit*

se hâta : se dépêcha

où il y avait un bon lit, et, comme il était minuit passé et qu'il était las, il prit le
100 parti de fermer la porte et de se coucher.

Il était dix heures du matin quand il se leva le lendemain, et il fut bien surpris de
trouver un habit° fort propre à la place du sien, qui était tout gâté. « Assurément,
pensa-t-il, ce palais appartient à quelque bonne fée, qui a eu pitié de ma
situation. » Il regarda par la fenêtre, et ne vit plus de neige, mais des berceaux°
105 de fleurs qui enchantaient la vue. Il rentra dans la grande salle où il avait soupé
la veille, et vit une petite table où il y avait du chocolat.

« Je vous remercie, madame la fée, dit-il tout haut, d'avoir eu la bonté de penser
à mon déjeuner. »

Le bonhomme, après avoir pris son chocolat, sortit pour aller chercher son
110 cheval, et, comme il passait sous un berceau de roses, il se souvint que la Belle
lui en avait demandé, et cueillit une branche où il y en avait plusieurs.

À cet instant, il entendit un grand bruit, et vit venir à lui une bête si horrible qu'il
fut tout près de s'évanouir.

« Vous êtes bien ingrat ! lui dit la bête d'une voix terrible ; je vous ai sauvé la vie
115 en vous recevant dans mon château, et, pour ma peine, vous me volez mes roses,
que j'aime mieux que toute chose au monde ! Il faut mourir pour réparer cette
faute ; je ne vous donne qu'un quart d'heure pour demander pardon à Dieu. »

Le marchand se jeta à genoux, et dit à la bête, en joignant les mains :
« Monseigneur, pardonnez-moi, je ne croyais pas vous offenser en cueillant une
120 rose pour une de mes filles qui m'en avait demandé.

— Je ne m'appelle point Monseigneur, répondit le monstre, mais la Bête. Je
n'aime pas les compliments, moi, je veux qu'on dise ce que l'on pense : ainsi ne

habit : vêtement

berceaux : *arbors*

croyez pas me toucher par vos flatteries. Mais vous m'avez dit que vous aviez
des filles ; je veux bien vous pardonner, à condition qu'une de vos filles vienne
125 volontairement pour mourir à votre place. Ne discutez pas ; partez ! Et si vos
filles refusent de mourir pour vous, jurez° que vous reviendrez dans trois mois. »

jurez : *swear (an oath)*

Le bonhomme n'avait pas dessein de sacrifier une de ses filles à ce vilain
monstre ; mais il pensa : « Au moins, j'aurai le plaisir de les embrasser encore
une fois. » Il jura donc de revenir, et la Bête lui dit qu'il pourrait partir quand il
130 voudrait. « Mais, ajouta-t-elle, je ne veux pas que tu t'en ailles les mains vides.
Retourne dans la chambre où tu as couché, tu y trouveras un grand coffre vide ;
tu peux y mettre tout ce qui te plaira, je le ferai porter chez toi. »

En même temps la Bête se retira, et le bonhomme dit en lui-même :

« S'il faut que je meure, j'aurai la consolation de laisser du pain à mes pauvres
135 enfants. »

Il retourna dans la chambre où il avait couché ; y ayant trouvé une grande
quantité de pièces d'or, il remplit le grand coffre dont la Bête lui avait parlé, le
ferma, et ayant repris son cheval qu'il retrouva dans l'écurie, il sortit de ce
palais avec une tristesse égale à la joie qu'il avait lorsqu'il y était entré. Son
140 cheval prit de lui-même une des routes de la forêt, et en peu d'heures le
bonhomme arriva dans sa petite maison. Ses enfants se rassemblèrent autour
de lui ; mais, au lieu d'être sensible° à leurs caresses, le marchand se mit à
pleurer en les regardant. Il tenait à la main la branche de roses qu'il apportait à
la Belle ; il la lui donna et lui dit : « La Belle, prenez ces roses ! Elles coûteront
145 bien cher à votre malheureux père. » Et tout de suite, il raconta à sa famille la
funeste aventure qui lui était arrivée.

sensible : *responsive*

À ce récit, ses deux aînées jetèrent de grands cris et dirent des injures à la
Belle, qui ne pleurait point.

« Voyez ce que produit l'orgueil de cette petite créature, disaient-elles. Que ne
150 demandait-elle des robes comme nous ; mais non, mademoiselle voulait se
distinguer ! Elle va causer la mort de notre père, et elle ne pleure pas.

— Cela serait fort inutile, reprit la Belle ; pourquoi pleurerais-je la mort de mon
père ? Il ne périra° point. Puisque le monstre veut bien accepter une de ses
filles, je veux me livrer° à toute sa furie et je me trouve fort heureuse puisqu'en
155 mourant, j'aurai la joie de sauver mon père et de lui prouver ma tendresse.

périra : mourra
me livrer : *to give myself up*

— Non, ma sœur, lui dirent ses trois frères, vous ne mourrez pas ; nous irons
trouver ce monstre, et nous périrons sous ses coups, si nous ne pouvons le
tuer.

— Ne l'espérez pas, mes enfants, leur dit le marchand. La puissance de la Bête
160 est si grande qu'il ne me reste aucune espérance de la faire périr. Je suis
charmé du bon cœur de la Belle ; mais je ne veux pas l'exposer à la mort. Je
suis vieux, il ne me reste que peu de temps à vivre ; ainsi, je ne perdrai que
quelques années de vie que je ne regrette qu'à cause de vous, mes chers
enfants.

165 — Je vous assure, mon père, lui dit la Belle, que vous n'irez pas à ce palais
sans moi ; vous ne pouvez m'empêcher de vous suivre. Quoique je sois jeune, je
ne suis pas fort attachée à la vie, et j'aime mieux être dévorée par ce monstre
que de mourir du chagrin que me donnerait votre perte. »

On eut beau dire°, la Belle voulut absolument partir pour le beau palais, et ses
170 sœurs en étaient charmées parce que les vertus de cette cadette leur avaient

On eut beau dire : *no matter
what they said*

inspiré beaucoup de jalousie. Le marchand était si occupé de la douleur° de perdre sa fille qu'il ne pensait pas au coffre qu'il avait rempli d'or ; mais, aussitôt qu'il se fut enfermé dans sa chambre pour se coucher, il fut bien étonné de le trouver au pied de son lit. Il résolut de ne point dire à ses enfants
175 qu'il était devenu si riche, parce que ses filles auraient voulu retourner à la ville, et qu'il était résolu de mourir dans cette campagne ; mais il confia ce secret à la Belle qui lui apprit qu'il était venu quelques gentilshommes pendant son absence, et qu'il y en avait deux qui aimaient ses sœurs. Elle pria son père de les marier ; car la Belle était si bonne qu'elle les aimait et leur pardonnait de
180 tout son cœur le mal qu'elles lui avaient fait.

Ces deux méchantes filles se frottèrent les yeux avec un oignon pour pleurer lorsque la Belle partit avec son père ; mais ses frères pleuraient tout de bon aussi bien que le marchand : il n'y avait que la Belle qui ne pleurait point, parce qu'elle ne voulait pas augmenter leur douleur. Le cheval prit la route du
185 palais, et sur le soir, ils l'aperçurent illuminé comme la première fois. Le cheval s'en fut tout seul à l'écurie, et le bonhomme entra avec sa fille dans la grande salle où ils trouvèrent une table magnifiquement servie, avec deux couverts. Le marchand n'avait pas le cœur de manger, mais la Belle s'efforçant de paraître tranquille se mit à table et le servit ; puis elle disait en
190 elle-même : « La Bête veut m'engraisser avant de me manger puisqu'elle me fait si bonne chère°. »

Quand ils eurent soupé, ils entendirent un grand bruit, et le marchand dit adieu à sa pauvre fille en pleurant, car il pensait que c'était la Bête. La Belle ne put s'empêcher de frémir° en voyant cette horrible figure : mais elle se rassura de
195 son mieux et, le monstre lui ayant demandé si c'était de bon cœur qu'elle était venue, elle lui dit en tremblant que oui.

    « Vous êtes bien bonne, dit la Bête, et je vous suis bien obligé. Bonhomme, partez demain matin, et ne vous avisez jamais de revenir ici. Adieu, la Belle !

    — Adieu, la Bête » répondit-elle et tout de suite le monstre se retira.

200   « Ah ! ma fille, dit le marchand en embrassant la Belle, je suis à demi mort de frayeur°. Croyez-moi, laissez-moi ici.

    — Non, mon père, lui dit la Belle avec fermeté, vous partirez demain matin, et vous m'abandonnerez au secours° du Ciel ; peut-être aura-t-il pitié de moi. »

    Ils allèrent se coucher et croyaient ne pas dormir de toute la nuit ; mais à peine°
205 furent-ils dans leurs lits que leurs yeux se fermèrent. Pendant son sommeil la Belle vit une dame qui lui dit :

    « Je suis contente de votre bon cœur, la Belle. La bonne action que vous faites, en donnant votre vie pour sauver celle de votre père, ne demeurera° point sans récompense.»

210   La Belle, en s'éveillant, raconta ce songe° à son père ; et, quoiqu'elle le consolât un peu, cela ne l'empêcha pas de jeter de grands cris quand il fallut se séparer de sa chère fille.

frémir : trembler	
frayeur : peur	
secours : aide	
à peine : *hardly*	
demeurera : restera	
songe : rêve	

Questions de compréhension : Première partie

A. En général

Comment la Belle a-t-elle montré la vraie bonté de son cœur ?

B. En détail

1. Pour quelles raisons le marchand est-il parti ? Qu'est-ce que ses filles voulaient qu'il leur ramène ?

2. Le marchand a-t-il eu ce qu'il était parti chercher avant de rentrer? Citez le texte pour justifier votre réponse.

3. Qu'est-ce qui est arrivé au marchand sur le chemin du retour ?

4. Qu'a-t-il trouvé dans le bois ? Qu'a-t-il fait ? (Précisez.) Tout semblait-il normal dans cet endroit ? Expliquez.

5. Qu'a fait le marchand avant de partir le lendemain et quel en était le résultat ?

6. À quelle condition la Bête voulait-elle bien pardonner le marchand ? Qu'est-ce qu'elle lui a donné en plus ?

7. Quelle a été la réaction de ses enfants (des sœurs aînées, des frères, de la Belle) quand le père leur a raconté ce qui était arrivé ?

8. Décrivez le départ de la Belle.

9. Qu'est-ce que la Belle et son père ont fait en arrivant au château ? Quelle était leur attitude ?

10. Qu'est-ce qui s'est passé pendant la nuit avant le départ du marchand ?

Réfléchissez et discutez ensemble

Analysez le caractère du père dans cette histoire. Qu'est-ce qui montre qu'il se sacrifie depuis le début pour ses enfants ? Pour quelles raisons accepte-t-il de retourner chez la Bête ? Trouvez-vous son comportement « normal » pour un père ? Expliquez.

Applications grammaticales

Consultez les pages 114–16 pour une explication du conditionnel et des phrases avec **si**.

Mettez les verbes donnés à la forme qui convient dans ces phrases tirées du texte :

1. La Bête a dit au marchand : « Si une de vos filles _____ (venir) mourir à votre place, je veux bien vous pardonner. »

2. « Si vos filles refusent de mourir pour vous, vous _____ (revenir) dans trois mois. »

3. La Belle ne pleurait pas et elle a dit : « Si je pleurais, ce _____ (être) inutile. » Si le monstre _____ (vouloir) l'accepter, elle irait à la place de son père.

Prédictions : Deuxième partie

1. Quels détails à la fin de la première partie indiquent que cette histoire aura une fin heureuse ?

2. Qu'est-ce qui arrive dans les deux premiers paragraphes de la partie suivante, qui donne du courage à la Belle ?

La Belle et la Bête : Deuxième partie

Lorsqu'il fut parti, la Belle s'assit dans la grande salle et se mit à pleurer aussi. Mais comme elle avait beaucoup de courage, elle se recommanda à Dieu et
215 résolut de ne point se chagriner pour le peu de temps qu'elle avait à vivre, car elle croyait fermement que la Bête la mangerait le soir. Elle résolut de se promener en attendant et de visiter ce beau château. Elle ne pouvait s'empêcher d'en admirer la beauté. Mais elle fut bien surprise de trouver une porte sur laquelle il y avait écrit : Appartement de la Belle. Elle ouvrit cette porte
220 avec précipitation et fut éblouie de la magnificence qui y régnait ; mais ce qui frappa le plus sa vue, ce fut une grande bibliothèque, un clavecin, et plusieurs livres de musique.

« On ne veut pas que je m'ennuie » dit-elle tout bas ; elle pensa ensuite : « Si je n'avais qu'un jour à demeurer ici, on ne m'aurait pas fait une telle provision. »
225 Cette pensée ranima son courage. Elle ouvrit la bibliothèque, et vit un livre où il y avait écrit en lettres d'or : Souhaitez, commandez ; vous êtes ici la reine et la maîtresse.

« Hélas ! dit-elle en soupirant, je ne souhaite rien que de voir mon pauvre père, et de savoir ce qu'il fait à présent. » Elle avait dit cela en elle-même.

230 Quelle fut sa surprise, en jetant les yeux sur un grand miroir, d'y voir sa maison, où son père arrivait avec un visage extrêmement triste ! Ses sœurs venaient au-devant de lui, et, malgré les grimaces qu'elles faisaient pour paraître affligées, la joie qu'elles avaient de la perte de leur sœur paraissait sur leur visage. Un moment après, tout cela disparut, et la Belle ne put s'empêcher de penser que

235 la Bête était bien complaisante, et qu'elle n'avait rien à craindre d'elle. À midi,
elle trouva la table mise, et pendant son dîner elle entendit un excellent concert,
quoiqu'elle ne vît personne. Le soir, comme elle allait se mettre à table, elle
entendit le bruit que faisait la Bête, et ne put s'empêcher de frémir.

« La Belle, lui dit ce monstre, voulez-vous bien que je vous regarde souper ?

240 — Vous êtes le maître, répondit la Belle en tremblant.

— Non, répondit la Bête, il n'y a ici de maîtresse que vous. Vous n'avez qu'à me
dire de m'en aller, si je vous ennuie ; je sortirai tout de suite. Dites-moi, n'est-ce
pas que vous me trouvez bien laid ?

— Cela est vrai, dit la Belle, car je ne sais pas mentir ; mais je vois que vous
245 êtes fort bon.

— Vous avez raison, dit le monstre ; mais outre que je suis laid, je n'ai point
d'esprit : je sais bien que je ne suis qu'une Bête.

— On n'est pas bête, reprit la Belle, quand on croit n'avoir point d'esprit : un
sot° n'a jamais su cela.

250 — Mangez donc, la Belle, lui dit le monstre, et tâchez° de ne point vous ennuyer
dans votre maison car tout ceci est à vous, et j'aurais du chagrin si vous n'étiez
pas contente.

sot : personne stupide

tâchez : essayez

— Vous avez bien de la bonté, dit la Belle. Je vous assure que je suis bien contente de votre cœur. Quand j'y pense, vous ne me paraissez plus si laid.

255 — Oh ! dame, oui, répondit la Bête, j'ai le cœur bon ; mais je suis un monstre.

— Il y a bien des hommes qui sont plus monstres que vous, dit la Belle, et je vous aime mieux avec votre figure que ceux qui, avec la figure d'homme, cachent un cœur faux, corrompu, ingrat.

— Si j'avais de l'esprit, dit la Bête, je vous ferais un grand compliment pour vous
260 remercier ; mais je suis un stupide, et tout ce que je puis vous dire c'est que je vous suis bien obligé. »

La Belle soupa de bon appétit. Elle n'avait presque plus peur du monstre ; mais elle manqua° mourir de frayeur lorsqu'il lui dit : « La Belle, voulez-vous être ma femme ? »

manqua : (here) almost

265 Elle fut quelque temps sans répondre : elle avait peur d'exciter la colère du monstre en refusant sa proposition. Elle lui dit pourtant en tremblant :

« Non, la Bête. »

Dans le moment, ce pauvre monstre voulut soupirer, et il fit un sifflement si épouvantable que tout le palais en retentit ; mais la Belle fut bientôt rassurée
270 car la Bête, lui ayant dit tristement : « Adieu donc, la Belle, » sortit de la chambre, en se retournant de temps en temps pour la regarder encore. La Belle, se voyant seule, sentit une grande compassion pour cette pauvre Bête : « Hélas ! disait-elle, c'est bien dommage qu'elle soit si laide, elle est si bonne ! »

La Belle passa trois mois dans ce palais avec assez de tranquillité. Tous les
275 soirs la Bête lui rendait visite, l'entretenait pendant le souper avec assez de bon sens, mais jamais avec ce qu'on appelle esprit dans le monde. Chaque jour la Belle découvrait de nouvelles bontés de ce monstre : l'habitude de le voir l'avait accoutumée à sa laideur, et, loin de craindre le moment de sa visite, elle regardait souvent sa montre pour voir s'il était bientôt neuf heures, car la Bête
280 ne manquait jamais de venir à cette heure-là.

Il n'y avait qu'une chose qui faisait de la peine à la Belle, c'est que le monstre, avant de se coucher, lui demandait toujours si elle voulait être sa femme, et paraissait pénétré de douleur lorsqu'elle lui disait que non. Elle lui dit un jour :

« Vous me chagrinez, la Bête. Je voudrais pouvoir vous épouser, mais je suis
285 trop sincère pour vous faire croire que cela arrivera jamais : je serai toujours votre amie ; tâchez de vous contenter de cela.

— Il le faut bien, reprit la Bête ; je me rends justice. Je sais que je suis bien horrible, mais je vous aime beaucoup ; cependant je suis trop heureux de ce que vous voulez bien rester ici, promettez-moi que vous ne me quitterez jamais. »

290 La Belle rougit à ces paroles. Elle avait vu dans son miroir que son père était malade de chagrin de l'avoir perdue, et elle souhaitait le revoir.

« Je pourrais bien vous promettre, dit-elle à la Bête, de ne vous jamais quitter tout à fait ; mais j'ai tant d'envie de revoir mon père que je mourrai de douleur si vous me refusez ce plaisir.

295 — J'aime mieux mourir moi-même, dit ce monstre, que de vous donner du chagrin. Je vous enverrai chez votre père ; vous y resterez, et votre Bête en mourra de douleur.

— Non, lui dit la Belle en pleurant, je vous aime trop pour vouloir causer votre mort. Je vous promets de revenir dans huit jours. Vous m'avez fait voir que mes

300 sœurs sont mariées et que mes frères sont partis pour l'armée. Mon père est tout seul ; acceptez que je reste chez lui une semaine.

— Vous y serez demain au matin, dit la Bête ; mais souvenez-vous de votre promesse. Vous n'aurez qu'à mettre votre bague° sur une table en vous couchant quand vous voudrez revenir. Adieu, la Belle. »

bague : *ring*

305 La Bête soupira, selon sa coutume, en disant ces mots, et la Belle se coucha toute triste de l'avoir affligée. Quand elle se réveilla le matin, elle se trouva dans la maison de son père ; et, ayant sonné une clochette qui était à côté de son lit, elle vit venir la servante, qui poussa un grand cri en la voyant. Le bonhomme accourut à ce cri, et manqua de mourir de joie en revoyant sa chère fille, et ils se
310 tinrent embrassés plus d'un quart d'heure.

La Belle, après les premiers transports, pensa qu'elle n'avait point d'habits pour se lever ; mais la servante lui dit qu'elle venait de trouver dans la chambre voisine un grand coffre plein de robes toutes d'or, garnies de diamants. La Belle remercia la bonne Bête de ses attentions ; elle prit la moins riche de ces robes,
315 et dit à la servante de serrer les autres, dont elle voulait faire présent à ses sœurs ; mais à peine eut-elle prononcé ces paroles que le coffre disparut. Son père lui dit que la Bête voulait qu'elle gardât tout cela pour elle, et aussitôt les robes et le coffre revinrent à la même place. .

La Belle s'habilla et, pendant ce temps, on fut avertir ses sœurs, qui
320 accoururent avec leurs maris. Elles étaient toutes deux fort malheureuses. L'aînée avait épousé un gentilhomme beau comme l'Amour ; mais il était si amoureux de sa propre figure, qu'il n'était occupé que de cela depuis le matin jusqu'au soir, et méprisait la beauté de sa femme. La seconde avait épousé un homme qui avait beaucoup d'esprit ; mais il ne s'en servait que pour faire
325 enrager tout le monde, à commencer par sa femme. Les sœurs de la Belle manquèrent de mourir de douleur quand elles la virent habillée comme une princesse, et plus belle que le jour. Rien ne put étouffer leur jalousie, qui augmenta lorsque la Belle leur eut conté combien elle était heureuse. Ces deux jalouses descendirent dans le jardin, pour y pleurer tout à leur aise, et elles se
330 disaient :

« Pourquoi cette petite créature est-elle plus heureuse que nous ? Ne sommes-nous pas plus aimables qu'elle ?

— Ma sœur, dit l'aînée, il me vient une pensée : tâchons de l'arrêter ici plus de huit jours; sa sotte Bête se mettra en colère de ce qu'elle lui aura manqué de
335 parole, et peut-être qu'elle la dévorera.

— Vous avez raison, ma sœur, répondit l'autre. Pour cela, il lui faut faire de grandes caresses. »

Et ayant pris cette résolution, elles remontèrent et firent tant d'amitiés à leur sœur, que la Belle en pleura de joie.

340 Quand les huit jours furent passés, les deux sœurs s'arrachèrent les cheveux et firent tant les affligées de son départ, qu'elle promit de rester encore huit jours.

Cependant la Belle se reprochait le chagrin qu'elle allait donner à sa pauvre Bête, qu'elle aimait de tout son cœur, et elle s'ennuyait de ne plus la voir. La dixième nuit qu'elle passa chez son père, elle rêva qu'elle était dans le jardin du
345 palais, et qu'elle voyait la Bête couchée sur l'herbe et prête à mourir, qui lui reprochait son ingratitude. La Belle se réveilla en sursaut et versa des larmes. « Ne suis-je pas bien méchante, disait-elle, de donner du chagrin à une bête qui a pour moi tant de complaisance° ? Est-ce sa faute si elle est si laide et si elle a si

complaisance : *gentillesse*

peu d'esprit ? Elle est bonne, cela vaut mieux que tout le reste. Pourquoi n'ai-je
350 pas voulu l'épouser ? Je serais plus heureuse avec elle que mes sœurs avec
leurs maris. Ce n'est ni la beauté ni l'esprit d'un mari qui rendent une femme
contente : c'est la bonté du caractère, la vertu, la complaisance ; et la Bête a
toutes ces bonnes qualités. Je n'ai point d'amour pour elle ; mais j'ai de
l'estime, de l'amitié et de la reconnaissance. Allons, il ne faut pas la rendre
355 malheureuse ; je me reprocherais toute ma vie mon ingratitude. »

À ces mots la Belle se leva, mit sa bague sur la table et revint se coucher. À
peine fut-elle dans son lit qu'elle s'endormit.

Quand elle se réveilla le matin, elle vit avec joie qu'elle était dans le palais de la
Bête. Elle s'habilla magnifiquement pour lui plaire, et s'ennuya à mourir toute la
360 journée, en attendant neuf heures du soir ; mais l'horloge eut beau sonner, la
Bête ne parut point. La Belle, alors, craignit d'avoir causé sa mort. Elle courut
tout le palais en jetant de grands cris ; elle était au désespoir. Après avoir
cherché partout, elle se souvint de son rêve, et courut dans le jardin vers le
canal, où elle l'avait vue en dormant.

365 Elle trouva la pauvre Bête étendue sans connaissance, et elle crut qu'elle était
morte. Elle se jeta sur son corps, sans avoir horreur de sa figure ; et sentant que
son cœur battait encore, elle prit de l'eau dans le canal, et lui en jeta sur la tête.
La Bête ouvrit les yeux et dit à la Belle :

« Vous avez oublié votre promesse ! Le chagrin de vous avoir perdue m'a fait
370 résoudre à me laisser mourir de faim ; mais je meurs content, puisque j'ai le
plaisir de vous revoir encore une fois.

— Non, ma chère Bête, vous ne mourrez point, lui dit la Belle ; vous vivrez pour devenir mon époux ; dès ce moment je vous donne ma main, et je jure que je ne serai qu'à vous. Hélas ! je croyais n'avoir que de l'amitié pour vous, mais la
375 douleur que je sens me fait voir que je ne pourrais vivre sans vous voir. »

À peine la Belle eut-elle prononcé ces paroles, qu'elle vit le château brillant de lumières. Les feux d'artifice, la musique, tout lui annonçait une fête ; mais toutes ces beautés n'arrêtèrent point sa vue. Elle se retourna vers sa chère Bête, dont le danger la faisait frémir. Quelle fut sa surprise ! La Bête avait
380 disparu et elle ne vit plus à ses pieds qu'un prince plus beau que l'Amour, qui la remerciait d'avoir rompu son enchantement.

Quoique ce prince méritât toute son attention, elle ne put s'empêcher de lui demander où était la Bête.

« Vous la voyez à vos pieds, lui dit le prince. Une méchante fée m'avait
385 condamné à rester sous cette figure jusqu'à ce qu'une belle fille consentît à m'épouser, et elle m'avait défendu de faire paraître mon esprit. Ainsi, il n'y avait que vous dans le monde assez bonne pour vous laisser toucher à la bonté de mon caractère ; et en vous offrant ma couronne, je ne puis m'acquitter des obligations que j'ai pour vous. »

390 La Belle, agréablement surprise, donna la main à ce beau prince pour le relever. Ils allèrent ensemble au château, et la Belle manqua de mourir de joie en trouvant dans la grande salle son père et toute sa famille, que la belle dame qui lui était apparue en songe, avait transportés au château.

« Belle, lui dit cette femme, qui était une grande fée, venez recevoir la
395 récompense de votre bon choix : vous avez préféré la vertu à la beauté et à l'esprit ; vous méritez de trouver toutes ces qualités réunies en une même personne. Vous allez devenir une grande reine : j'espère que le trône ne détruira pas vos vertus. Pour vous, mesdames, dit la fée aux deux sœurs de la Belle, je connais votre cœur et toute la malice qu'il renferme. Devenez deux statues ;
400 mais conservez toute votre raison sous la pierre qui vous enveloppera. Vous demeurerez à la porte du palais de votre sœur, et je ne vous impose point d'autre peine que d'être témoins de son bonheur. Vous ne pourrez revenir dans votre premier état qu'au moment où vous reconnaîtrez vos fautes. Mais j'ai bien peur que vous ne restiez toujours statues. On se corrige de l'orgueil, de la
405 colère, de la gourmandise et de la paresse ; mais c'est une espèce de miracle que la conversion d'un cœur méchant et envieux.»

Dans le moment, la fée donna un coup de baguette, qui transporta tous ceux qui étaient dans cette salle dans le royaume du prince. Ses sujets le revirent avec joie ; et il épousa la Belle, qui vécut avec lui fort longtemps et dans un bonheur
410 parfait, parce qu'il était fondé sur la vertu.

Questions de compréhension : Deuxième partie

A. En général

Pourquoi la Belle a-t-elle enfin promis d'épouser la Bête ? Quelles étaient les conséquences de cette promesse ?

B. En détail

1. Comment la Belle trouvait-elle la Bête ?
2. Quelle question est-ce que la Bête posait à la Belle chaque soir ? Quelle était toujours la réponse de la Belle ? Et la réaction de la Bête ?

3. Quelle sorte de rapport est-ce que la Belle souhaitait entretenir avec la Bête ? La Bête a-t-elle accepté la situation ?

4. La Belle voulait revoir son père. Qu'a-t-elle promis de faire ? A-t-elle tenu sa promesse ? Expliquez.

5. Qu'avaient fait les sœurs pendant que la Belle était chez la Bête ? Étaient-elles heureuses ? Qu'est-ce que la Belle a réalisé en voyant la situation de ses sœurs ?

6. Où était la Bête et dans quel état était-elle lorsque la Belle est retournée au château ? Pourquoi ?

7. Qu'est-ce que la Belle lui a dit ? Qu'est-ce qui s'est passé quand elle le lui a dit ?

8. Qu'est-ce qui est arrivé aux sœurs de la Belle à la fin ?

Réfléchissez et discutez ensemble

1. Quels éléments magiques (irréels) trouvez-vous dans ce conte ?

2. Quels éléments anciens trouvez-vous dans le décor ou le contexte ? Par exemple, comment s'appellent les repas que l'on prend ?

3. Quelles sont les moralités possibles de cette histoire ?

4. À votre avis, est-ce que ces moralités sont bien justifiées dans l'histoire ? Citez quelques exemples. Trouvez-vous ces moralités justes en général ?

5. Selon vous, pour qui (quelle sorte de lecteurs) Madame Leprince de Beaumont a-t-elle écrit ce conte ? Justifiez votre réponse.

6. Raconteriez-vous (liriez-vous) ce conte à des enfants ? Expliquez.

Jouez la scène

1. Le départ. Jouez la scène du départ de la Belle et de son père, quand ses sœurs font semblant de pleurer et que ses frères regrettent vraiment le sacrifice de la Belle.

2. Pas comme ça. Les sœurs auraient tout fait différemment. Créez une conversation entre les deux sœurs où elles expliquent ce qu'elles auraient fait si elles avaient été la Belle. Bien sûr, elles se disputent.

3. Des souvenirs. Dix ans après, la Belle raconte son histoire à ses enfants et ceux-ci lui posent beaucoup de questions.

Présentations

1. Regardez la vidéo des Studios Disney (un dessin animé) basée sur ce conte. Notez les différences entre cette version et le conte que vous venez de lire. Présentez-les à la classe. Comment expliquez-vous le succès de cette histoire dans le monde actuel ?

2. Regardez le film, basé sur ce conte, que Jean Cocteau a tourné. Présentez-en votre critique à la classe.

3. Lisez un autre conte de Madame Leprince de Beaumont et résumez-le devant vos camarades de classe. Quelques noms : « Le conte des trois souhaits », « La Belle au bois dormant », « Joliette », « La veuve et ses deux filles », etc.

Consultez les pages 115–16 pour une explication des phrases avec **si**.

Applications grammaticales

A. Mettez les verbes donnés à la forme qui convient :

1. Si la Bête allait tuer la Belle, le monstre ne lui _____ (ne pas préparer) avant une belle chambre avec tout ce qu'elle préférait.

2. La Bête a dit à la Belle : « Si je vous _____ (ennuyer), je sortirai tout de suite. »

3. « J' _____ (avoir) du chagrin si vous n'étiez pas contente. »

4. « Si j' _____ (avoir) de l'esprit, je vous ferais un grand compliment pour vous remercier. »

5. La Belle a expliqué qu'elle _____ (rester) chez la Bête si elle lui permettait de rentrer chez son père une semaine.

6. Si la Belle oubliait sa promesse, la Bête a dit qu'elle _____ (mourir).

7. La sœur aînée a dit à sa cadette que si elles empêchaient la Belle de repartir, la Bête _____ (se mettre) en colère et la _____ (manger).

8. La Belle pensait à la Bête : « Ce n'est pas de sa faute si elle _____ (être) si laide et si elle _____ (avoir) si peu d'esprit. »

9. « Si je _____ (rendre) la Bête malheureuse, je me reprocherai toute ma vie mon ingratitude. »

10. La Belle s'est rendu compte qu'elle _____ (ne pas pouvoir) vivre si elle ne voyait plus la Bête.

11. Si une belle fille _____ (ne pas consentir) à épouser la Bête, le prince _____ (ne jamais sortir) de son enchantement.

12. Les deux sœurs seraient des statues de pierre pour toujours si elles ne _____ (ne pas reconnaître) leurs fautes.

B. Imaginez. Finissez les phrases de façon logique.

1. Les sœurs auraient été heureuses si…

2. Si le marchand n'avait pas perdu son argent…

3. Si la Belle n'était pas allée au château de la Bête…

4. La Bête n'aurait pas toujours posé la même question si…

5. La Belle serait retournée au château après huit jours si…

6. Si la Belle était revenue plus tôt…

7. Les sœurs n'auraient pas été transformées en statues si…

À l'écrit

1. Le premier jour. Mettez-vous à la place de la Belle le soir, après votre première rencontre avec la Bête. Décrivez ce qui s'est passé depuis votre arrivée dans le château dans votre journal intime.

2. Un rêve. La Bête est obsédée par la Belle. Tous les jours le monstre la regarde, il ne pense qu'à elle. Pour se consoler du refus de la Belle, il imagine leur vie ensemble si elle l'acceptait comme mari. Décrivez en détail la vie qu'il imagine.

3. Les adieux. Mettez-vous à la place de la Bête quand la Belle ne tient pas sa promesse de revenir au bout de huit jours. Écrivez-lui une lettre d'adieu.

4. Une comédie musicale. Vous décidez de « moderniser » cette histoire pour en faire une comédie musicale. Qu'est-ce que vous changeriez ? Qu'est-ce qui resterait inchangé ?

Synthèse

Un débat : « La Belle et la Bête » est un conte sexiste qu'on ne devrait plus lire. Prenez parti « pour » ou « contre » et préparez votre argument.

1. Prenez position et présentez votre opinion.

2. Quelles sont les leçons du conte ?

3. Comment Mme Leprince de Beaumont présente-t-elle « la femme idéale » ?

   Est-elle passive, active, obéissante, soumise aux hommes, courageuse, etc. ?

4. Résumez votre argument.
   Qu'en pense la classe ?

Dis-moi, lune d'argent

> Pour vous préparer à la lecture, voir SAM, Unité 2 : Dis-moi, lune d'argent.

Un groupe espagnol, Mecano, a chanté cette chanson d'abord en espagnol avec le titre « Hijo de la luna » « Fils de la lune » et a sorti ensuite la version française dont vous lirez le texte.

Pré-lecture

Cette chanson est écrite dans le style d'une légende ancienne pour expliquer les phases de la lune. Dessinez les formes de la lune durant ses différentes phases. Quand les êtres humains ne se sentent pas capables d'accomplir quelque chose sans aide, ils invoquent parfois un pouvoir divin. Quels sont les pouvoirs qu'on attribue à la lune ? Au début de cette chanson, une femme demandera à la lune de l'aider.

Syntaxe et sens

L'histoire racontée est assez simple. Mais pour obtenir les effets de rythme et de rime désirés, ou pour mettre l'accent sur certains éléments, l'ordre des mots n'est pas habituel.

1. Parfois, des **noms** qui sont **objets**, placés d'habitude après, se trouvent **devant le verbe** (à la position normale du sujet) :

   (15) **Son enfant** immole (*her child/(she) sacrifices*)
   (34) **sa femme** alla trouver (*his wife/(he) went to find*)

Puisque la forme du verbe ne vous aide pas toujours à distinguer l'objet du sujet, il faut comprendre le sens du verbe et le contexte autour pour trouver le vrai sujet du verbe.

2. Normalement, **la position des expressions adverbiales** qui expliquent **où, comment, quand** ou **pourquoi** l'action du verbe se fait, se trouve après le verbe. Mais dans ce poème on place souvent ces expressions **devant le verbe** ou en **tête de phrase** :

> (42) **De joie** aussi la lune s'arrondit
>
> (23) **D'un gitan cannelle** naquit l'enfant

3. **L'inversion du verbe-sujet** se fait parfois avec les verbes intransitifs (voir 23 ci-dessus) et toujours avec les verbes comme **dire, demander, répondre**, etc., entre des segments de dialogue (comme dans des textes narratifs) :

> (10) **répondit la pleine lune**

Lisez les deux premières strophes [*stanzas*] de la chanson et mettez les éléments de la phrase suivante dans leur ordre habituel :

Sujet + Verbe + Objet + Préposition + Nom

Celle qui pour un homme son enfant immole, bien peu l'aurait aimé.

Celle qui _____

(***celle** = sujet du verbe **aurait aimé** ; **qui** = sujet du verbe **immole**)

Quel personnage est représenté par le pronom **celle** ?

Des voix différentes

Les paroles adressées directement à quelqu'un sont mêlées à la narration, donc il n'est pas toujours évident de savoir qui parle. Il y a trois personnages : la gitane, la lune et le gitan qui peuvent parler. Il y a aussi le narrateur qui raconte l'histoire. Lisez la chanson et indiquez qui prononce les paroles suivantes et à qui :

1. Tu auras ton homme…

2. Lune, tu veux être mère…

3. D'un gitan cannelle naquit l'enfant…

4. Tu m'as trompé…

Piste 4

gitane : bohémienne d'Espagne
implora : demanda humblement

Dis-moi, lune d'argent

Idiot qui ne comprend pas
La légende qui comme ça
Dit qu'une gitane°
Implora° la lune
5 Jusqu'au lever du jour,
Pleurant, elle demandait
Un gitan qui voudrait
L'épouser par amour

« Tu auras ton homme, femme brune,
10 Du ciel répondit la pleine lune,

Mais il faut me donner
Ton enfant le premier
Dès qu'il te sera né. »
Celle qui pour un homme
15 Son enfant immole°,
Bien peu, l'aurait aimé.

refrain :

Lune, tu veux être mère,
Tu ne trouves pas l'amour
Qui exauce° ta prière
20 Dis-moi, lune d'argent,
Toi qui n'as pas de bras,
Comment bercer° l'enfant.

D'un gitan cannelle°
Naquit l'enfant
25 Tout comme l'hermine,
Il était blanc.
Ses prunelles° grises,
Pas couleur olive
Fils albinos° de lune.
30 Maudit° sois-tu, bâtard !
T'es le fils d'un gadjo°,
T'es le fils d'un blafard°.

refrain

Le gitan se croyant déshonoré
Couteau en main sa femme alla trouver,
35 « L'enfant n'est pas de moi,
Tu m'as trompé, je vois »
À mort, il la blessa°.
Et l'enfant dans ses bras,
La colline°, il monta
40 Là-haut l'abandonna.

refrain

Et les soirs où l'enfant joue et sourit,
De joie aussi la lune s'arrondit.
Et lorsque l'enfant pleure,
Elle décroit° pour lui faire
45 Un berceau de lumière.

José Maria Cano, « Hijo de la luna », dans *Aidalai* par Mecano, 1991

immole : sacrifie à une divinité

exauce une prière : répond à une prière

bercer : *to rock, as a cradle*

cannelle : *cinnamon*

prunelles : yeux

albinos : blanc

maudit : *cursed*
gadjo : *gaucho*
blafard : *man of white complexion*

blessa : *wounded*

colline : *hill*

décroit : *decreases in size*

Questions de compréhension

A. En général

Selon cette légende, que voulait la gitane ? Et la lune en échange ? Ont-elles eu ce qu'elles voulaient ? À quel prix ?

B. En détail

1. Comment sont les gitans ? De quelle couleur sont leur peau et leurs yeux ? De quelle couleur était l'enfant dans l'histoire ?

2. Pourquoi le gitan pensait-il que sa femme l'avait trompé ? Avait-elle vraiment fait cela ? Comment expliquez-vous la couleur de l'enfant ?

3. Qu'est-ce qui est arrivé à la femme et à l'enfant ?

4. Cette légende explique les phases de la lune. Selon cette histoire, quand la lune est-elle ronde et pourquoi prend-elle la forme d'un croissant ?

Réfléchissez et discutez ensemble

1. Le gitan aimait-il vraiment la gitane ? Justifiez votre réponse.

2. Y a-t-il des éléments (des sentiments exprimés ou des actions) dans cette histoire ancienne qu'on peut retrouver dans la vie d'aujourd'hui ? Expliquez.

3. Que pensez-vous du marché que la gitane a accepté avec la lune ? Que pensez-vous de la réaction et des actions du gitan dans l'histoire ?

Jouez la scène

1. Une explication. Après la naissance, la gitane essaie d'expliquer au gitan pourquoi l'enfant est blanc mais il ne veut pas accepter ses explications.

2. La découverte. Après avoir tué sa femme, le gitan parle avec la lune et découvre la vérité. Imaginez leur conversation.

3. Tes origines. Vous êtes berger/bergère [*shepherd*] et, après avoir trouvé l'enfant abandonné sur la colline, vous l'avez élevé. Devenu adulte, il vous demande maintenant des explications parce qu'il ignore ses origines. Parlez-lui de ses vrais parents.

Présentations

1. Faites des recherches sur les gitans. Où vivent-ils ? Comment est leur vie, en général ? Présentez vos résultats à la classe et parlez aussi d'au moins une de leurs coutumes.

2. Il y a beaucoup de légendes et de mythes associés à la lune. Trouvez-en quelques-uns et présentez-les à vos camarades de classe.

Applications grammaticales

A. Les phrases de condition

Complétez les phrases suivantes en faisant attention à la forme des verbes :

1. Si la lune donne un mari à la gitane...

2. Si la gitane aimait son enfant plus que son mari...

3. L'enfant ne serait pas blanc si...

4. Le gitan n'aurait pas tué la gitane si...

5. Si la lune avait des bras...

6. Si l'enfant pleure...

Consultez les pages 115–16 pour une explication des phrases de condition.

Consultez les pages 60–62 pour une explication de la formation et de l'usage des verbes au passé.

B. Le passé

L'intrigue de cette chanson est présentée au passé simple. Mettez tous ces verbes au passé composé. Puis racontez ce qui s'est passé comme si vous en aviez été témoin, en évitant les inversions de la chanson. N'oubliez pas que la description doit être à l'imparfait.

À l'écrit

1. **Une lettre.** On a trouvé une lettre que la gitane avait écrite à son mari avant sa mort pour lui expliquer toute la situation. Imaginez ce qu'elle avait mis dans la lettre et écrivez-la.

2. **Un phénomène naturel.** Cette histoire devait expliquer les phases de la lune. Pensez à un autre phénomène qu'on peut observer et écrivez une petite histoire pour l'expliquer.

Synthèse

1. **Un crime passionnel.** Vous êtes le gitan et un procès a lieu où vous devez défendre votre attitude et vos actions envers votre femme.

   Préparez votre défense :

   a. D'après vous, qu'est-ce qui s'est passé ?

   b. Qu'avez-vous ressenti ?

   c. Qu'avez-vous fait par conséquent et comment justifiez-vous vos actions ?

2. **Un jugement à rendre.** Le gitan est mort après sa femme et les deux se retrouvent devant un juge céleste. Vous êtes ce juge. Écrivez un dialogue avec :

   a. les questions que vous leur posez.

   b. les réponses de chacun d'eux.

   c. votre avis sur ce qu'ils ont fait, ce qu'ils auraient dû faire.

   d. vos conseils.

« *Qui recherche la lune ne voit pas les étoiles.* »

— PROVERBE FRANÇAIS

L'enfant terrible

Bernard B. Dadié (1916–)

En 1977, Bernard B. Dadié est devenu ministre des Affaires Culturelles de la Côte d'Ivoire. Conteur, poète, dramaturge, Dadié décrit toujours avec talent la vie traditionnelle du continent africain. L'histoire suivante est tirée du recueil *Le pagne noir*.

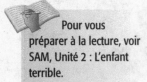

Pour vous préparer à la lecture, voir SAM, Unité 2 : L'enfant terrible.

Pré-lecture

On retrouve dans ce conte l'animisme caractéristique de la religion traditionnelle en Afrique, par laquelle on attribue aux animaux et aux choses inanimées une âme analogue à l'âme humaine. Les animaux sont capables de parler avec les êtres humains et possèdent les mêmes traits de caractère. L'histoire racontée ici explique l'origine de la « guerre » entre les hommes et les animaux.

Certains animaux, une biche, une panthère[1], et une tortue, jouent des rôles importants dans le conte que vous allez lire. Décrivez ces animaux (du point de vue physique) et les caractéristiques de personnalité que vous leur attribuez.

L'enfant terrible

Autrefois, tous les Animaux habitaient ensemble, dans un village à eux, qui n'était pas loin du village des hommes. Et les hommes et les Animaux se comprenant ne se livraient point la guerre.

Mais dans le village des hommes, était un homme pauvre qui avait un champ
5 dont la route traversait le village des Animaux, lesquels, chaque fois qu'il passait, lui cherchaient noise°.

C'était tantôt le Singe° noir qui venait lui tirer la barbe ; tantôt le Singe rouge qui lui tendait des pièges°. Souvent, il trouvait le passage semé d'épines°. L'homme passait quand même, parce que la guerre entre les hommes et les
10 animaux n'était pas encore déclarée.

Cet homme, bien que pauvre, avait cependant une femme. Et tous deux s'aimaient à tel point qu'ils pensaient la même chose dans le même instant. Et cette femme tout le temps, à son mari, au champ apportait le repas de midi. Les Animaux la regardaient passer. Ils n'osaient lui faire un brin de cour°, car sur ce
15 chapitre les hommes sont d'une intransigeance connue°. Pas la moindre plaisanterie non plus. Et la femme passait. Elle disait un bonjour ici, elle disait un bonjour là ; et les Animaux lui rendaient son bonjour. Et la femme allait, et la femme venait. Puis elle fut enceinte et accoucha° d'un garçon. Un phénomène. Dès qu'il sortit du ventre de sa mère, il demanda à porter à son père le repas de
20 midi. Et il allait en sifflotant°, le repas sur la tête. Arrivé dans le village des Animaux, il rencontra la Biche°. Ils se regardèrent longuement, avec de part et d'autre la même insolence. La Biche aurait bien voulu chercher noise à ce bout d'homme[2]. Mais elle était seule, tous les autres animaux étant aux champs. Et puis ce bout d'homme d'un jour, seul, apportant à son père le repas de midi,
25 vraiment ne lui disait rien qui vaille°. L'enfant passa donc. Mais il avait son idée.

cherchaient noise : *tried to pick a quarrel with*
Singe : *monkey*
tendait des pièges : *set traps* ; épines : *thorns*

lui faire un brin de cour : tenter de la séduire un tout petit peu
intransigeance connue : *known to be uncompromising*
accoucha : donna naissance à

en sifflotant : *whistling*
Biche : *doe*

rien qui vaille : rien de bon

---

[1]Il s'agit d'un léopard d'Afrique ici.
[2]bout d'homme : tout petit, pas encore un homme

Des paniers d'ignames au marché

Au retour, arrivé dans le village des Animaux, il retrouva la Biche qui préparait le repas.

— Petite Biche, veux-tu me faire cuire l'igname° que voici ?

— Te faire cuire une igname ? Va donner cela à ta mère.

30 — Petite Biche impolie, veux-tu me faire cuire l'igname que voici ?

— Tu peux la manger crue°. Je n'ai pas de temps à perdre ; si tu tiens à t'amuser, va le faire avec les enfants de ton âge, répliqua la Biche qui se mit à souffler sur son foyer.°

igname : *yam*

crue : *raw*

foyer : *hearth*

marmite : grande casserole
ligota : attacha avec des cordes

L'enfant, de colère, d'un coup de pied, renversa la marmite°, éteignit le feu, 35 battit la Biche, la ligota° et continua son chemin.

gémissant : poussant des plaintes

Le soir venu, les autres Animaux rentrant, trouvèrent la Biche gémissant° dans ses liens. Et de repas, point. Et de feu non plus.

— Que s'est-il passé ? demandèrent tous les Animaux à la fois.

déliée : libre

Et la Biche, déliée°, tremblant encore, croyant partout voir le petit bout 40 d'homme, conta la scène qui s'était passée entre elle et l'enfant d'un jour.

lutte : combat

— Un enfant d'un jour ? s'écrièrent tous les Animaux à la fois. Et lui, te mettre dans l'état où l'on t'a trouvée ? Biche, tu n'as vraiment pas de force. Depuis quand donc, un homme, à la lutte°, a-t-il battu un Animal, pour qu'un enfant d'un jour puisse te mettre dans l'état où l'on t'a trouvée ? Biche, tu nous fais honte, 45 vraiment honte.

foulées : strides ; griffes : claws
aiguisées : pointues

Le lendemain matin, la Panthère resta au village. Elle voulait voir le phénomène. En longues foulées° souples, elle allait d'un bout à l'autre du village, les griffes° bien aiguisées° et toutes au-dehors. L'enfant ne tarda pas à venir.

s'émouvoir : réagir

Dès qu'elle le vit, la Panthère, de sa queue, se frappa les flancs et cela produisit 50 un bruit tel que tous les oiseaux, ensemble, se levèrent d'un coup de tous les arbres. Ce coup de queue déplaça tant d'air, que tous les fruits, sur des lieues de distance, tombèrent. Mais l'enfant de deux jours, en sifflotant, son repas sur la tête, sans s'émouvoir°, continuait sa route.

crocs : fangs
brousse : bush

La Panthère montra les crocs°, ses yeux jetèrent des flammes. L'enfant 55 sifflotait, riait, passait. La Panthère le regarda disparaître dans la brousse°…

Elle était assise, préparant le repas, lorsque ce phénomène de deux jours revenu sur ses pas, lui dit :

— Petite Panthère, veux-tu me faire cuire l'igname que voici ?

— Te faire cuire une igname, moi ? Sais-tu qui je suis ?

60 — Mais tu n'es que la petite Panthère.

— Tu es si petit toi-même que tu n'as pas encore entendu parler de moi. Que veux-tu ?

Deux jours ! À deux jours, que sait-on du monde ?

— J'en sais plus que toi, petite Panthère. Veux-tu, oui ou non, me faire cuire
65 mon igname ?

— Je ne veux pas, répondit la Panthère qui se frappait les flancs de sa queue belliqueuse°, en montrant toutes ses griffes qui étaient effilées°, effilées.

La marmite, sur le feu, bavardait°. Elle soufflait, en soulevant le couvercle de ce côté-ci, et par-là, elle bavait°, et sa bave° tombait dans le feu, faisait chui ! …
70 chui ! … telle de la graisse et cela donnait des idées, des visions à la Panthère qui bouillonnait° de colère. Cet enfant de deux jours, ça doit être de la bonne graisse, de la viande bien tendre ; et voyez comme il est dodu°, boudineux° !

L'enfant s'approchant du feu, sous la cendre, mit son igname. La Panthère, retirant le tubercule°, le jeta au loin. L'autre mit une deuxième igname sous la
75 cendre. La Panthère, voulant la retirer, il lui donna un coup de pied. La Panthère bondit° sous l'outrage. Un coup de pied, à elle, la Panthère, mais c'est la guerre entre les hommes et les Animaux.

Elle vient ! La voilà qui fond° sur le bébé de deux jours. Mais clouc ! l'enfant la coiffant° de la marmite qui bavardait sur le feu, s'en retourna chez lui, en
80 sifflotant.

Les Animaux rentrant le soir, trouvèrent la Panthère ébouillantée°, avec des plaies° ici, des plaies là… des plaies dont elle garde encore les cicatrices° sur son pelage°. Et elle geignait° sous sa coiffure de marmite. Décoiffée°, elle raconta son histoire.

85 Cela devenait vraiment inquiétant. Un enfant de deux jours accomplir tant d'exploits ? Mais qu'arriverait-il dans une semaine, deux mois, un an, au train où allaient les choses ?

belliqueuse : agressive ;
  effilées : *sharp*
bavardait : faisait des petits bruits
bavait : *drooled* ; **bave** : l'eau qui coule de la bouche

bouillonnait : s'agitait
dodu : *plump* ; **boudineux** : comme une grosse saucisse

tubercule : *root vegetable*

bondit : sauta

fond : se précipite
coiffant : mettant sur la tête

ébouillantée : brûlée par l'eau bouillante
plaies : *wounds* ; **cicatrices** : *scars*
pelage : *fur, coat* ; **geignait** : *moaned* ; **décoiffée** : quand on lui a enlevé la marmite

Les Animaux tinrent conseil. Les uns proposèrent de quitter la région, les autres préféraient la résistance. Et le camp de la résistance l'emporta. Après la
90 Panthère, ce fut le tour du Singe, du Caméléon, du Phacochère°, du Buffle°, de l'Éléphant, du Lion, de rester au village pour voir ce phénomène. Mais tous furent battus, maltraités par l'enfant. Les Animaux ne savaient plus ce qu'il fallait faire. Les grands comme les petits, tous avaient été vaincus par cet enfant. Et partir sans avoir jamais pu relever le gant° ? Sans une seule fois être
95 parvenu à battre ce gosse ? Mais les hommes vont en faire des gorges chaudes° ! Jamais plus ils ne laisseront en repos les Animaux, qui voyant en ce bébé de quelques jours, le fléau° le plus mortel de leur race, tenaient à le dompter°. Qui maintenant allait rester au village ? Tous se regardaient. Le Lion baissait la tête, la Panthère se grattait les jambes, le Singe jouait avec un fruit,
100 l'Éléphant avec une herbe. Chacun semblait poursuivre une pensée. La Tortue sortit la tête et dit, face à l'aréopage° embarrassé :

— Moi, je veux rester au village.

Tous les animaux éclatèrent de rire. Vous ne voyez pas la Tortue réussir là où le Lion, le Singe, l'Éléphant n'avaient pas réussi ?

105 — Tu veux rester au village ?

— Oui.

— Eh bien, s'il revenait, appelle-nous. Il faut que nous en finissions avec cet enfant.

Et sur cette décision, les Animaux partirent aux champs.

110 Clouk ! clak ! clouk ! clak ! La Tortue allait d'un bout à l'autre du village. Dès qu'elle vit l'enfant venir, elle courut vers lui, et le cou tendu, dressée° sur ses petites pattes, les yeux humbles, et l'attitude respectueuse, elle engagea le dialogue.

— Bonjour, mon maître, l'homme le plus fort.

115 — Bonjour, Tortue intelligente.

— Donne-moi tes bagages ! C'est pour moi un honneur que de te les porter. Je vais t'accompagner pendant un bout de chemin. Quelles nouvelles apportes-tu du village des hommes ? Ici la récolte n'est pas bonne. La pluie ne tombe pas. L'année prochaine, peut-être que les choses se passeront autrement, et alors à
120 la grande fête qui suivra les récoltes nous vous inviterons tous, les hommes. Oh ! comme l'on dansera ! C'est moi qui jouerai le grand tam-tam… Ce jour-là… Nous voici au bout du village… Je voudrais bien aller un peu plus loin… mais il y a les repères°, les frontières.

Et la tortue, après avoir remis le plat à l'enfant, alla se cacher près d'une case°.
125 Dès que le phénomène réapparut, vite, très vite, elle l'aborda° :

— Ton igname, donne-la… La cendre est chaude. Je t'attendais là pour prendre cette belle igname.

Elle prit le tubercule, le fit cuire. Bien pelée°, fendue° en deux, l'igname fut mise dans une écuelle° propre contenant des oignons, du piment° écrasé, du sel, de
130 l'huile de palme et un peu de poisson sec grillé au feu.

L'enfant mangea et but ; puis s'en alla en remerciant la Tortue intelligente.

repères : marques pour indiquer
les limites
case : *hut*
l'aborda : s'approcha de lui

pelée : la peau enlevée ;
fendue : coupée

écuelle : assiette ; piment :
poivre rouge

Des femmes au travail devant une case

daba : *short hoe*

L'enfant parti, la Tortue armée d'une daba°, laboura le village.

Le soir, les Animaux, revenant, virent partout des trous.

— Que s'est-il passé, Tortue ?

135 — Ce que vous voyez. À peine aviez-vous tourné le dos que ce phénomène de gosse se montra, plus arrogant que jamais. Il me saisit par le cou, et moi je le pris par le tronc. Nous avons lutté, lutté. Il me jeta ici, je le jetai là ; il me renversa, je le renversai à mon tour. Le soleil était là, à cette hauteur, sur notre tête. Nous nous battions encore.

tenir tête : *résister*

140 — Tu as pu tenir tête° à cet enfant ?

— Le soleil était parti, caché derrière les arbres, nous luttions encore. Regardez tous ces trous, ce sont nos traces... Ah ! mes amis ! C'est vraiment un phénomène que ce bout d'homme. Il a promis de revenir.

— De revenir ?

145 — Hélas, mes amis. Il veut remporter une victoire que je lui refuse...

couronne : *ici, autorité*
bâillaient : *yawned*

Le Lion, la Panthère, l'Éléphant, le Buffle, tous les puissants de la jungle, avec inquiétude, regardaient la Tortue conter les exploits, en pensant à leur couronne°... « Si toutes les Tortues se coalisaient contre nous, ce serait la fin de notre domination... » Et ils bâillaient° comme pour dire à la Tortue qu'elle
150 pouvait cesser son récit. Mais la Tortue continuait.

— J'ai voulu venger notre roi le Lion, notre maître la Panthère.

— Assez, tonna le Lion que ce rappel avait blessé.

— Oui, il a promis de revenir.

s'égarèrent : *dispersed*
rampait : *crawled away*
se coulait entre les arbustes :
　slid away among the bushes ;
　se faufilait : *slipped away*
frôler : *toucher légèrement*

La Tortue parlait encore lorsque l'enfant réapparut. Les Animaux s'égarèrent°.
155 Le Singe s'en allait de branche en branche, le Lion rampait°, le Buffle se coulait entre les arbustes°, l'Éléphant se faufilait° entre les arbres, la trompe baissée sous le ventre, la Panthère se glissait entre les lianes sans même les frôler°. Tous s'en allaient sans même regarder derrière eux, sans nullement s'inquiéter du sort de leurs multiples sujets. Ils couraient, couraient, et lorsqu'ils osèrent
160 enfin s'arrêter, chacun se trouva seul.

l'inimité : *l'hostilité*

C'est à partir de ce jour que les Animaux ne vivent plus ensemble, dans un village, et qu'entre eux et l'homme est née l'inimité°.

Mais les animaux sont encore hantés par le souvenir de ce terrible fléau que fut pour eux l'enfant de l'homme pauvre.

Capucin : *espèce de singe*

165 Et depuis, lorsqu'au moindre bruit, le Capucin° lance son alarme : Kpa-koum ! la brousse aussitôt redevient silencieuse.

Elle regarde, scrute, interroge.

Bernard Dadié, *Le pagne noir*, © Présence africaine, 1955

Questions de compréhension

A. En général

Comment les rapports entre les hommes et les animaux changent-ils depuis le début jusqu'à la fin du conte ? Et quels changements voit-on dans les rapports entre les animaux eux-mêmes ?

B. En détail

1. Qu'est-ce que l'enfant a demandé à la Biche ?

2. Qu'est-ce qu'il a fait quand celle-ci a refusé ?

3. Quelle était la réaction des autres animaux quand ils ont appris ce qui s'était passé ?

4. Qu'est-ce qui est arrivé entre l'enfant et la Panthère ?

5. Quelle était la réaction des autres animaux quand la Tortue a proposé de rester au village ? Pourquoi ?

6. Qu'est-ce que la Tortue a fait chaque fois que l'enfant s'approchait du village des animaux ?

7. Qu'est-ce que la Tortue a fait après le départ de l'enfant ? Pourquoi ?

8. Qu'est-ce que les animaux ont fait quand l'enfant est revenu ? Pourquoi ?

Réfléchissez et discutez ensemble

1. Dans quel sens peut-on dire qu'il y a une guerre entre les hommes et les animaux aujourd'hui ? Donnez des exemples de leur comportement respectif.

2. Le titre de ce conte est une expression figurée en français. Cherchez cette expression dans un dictionnaire français/français pour en découvrir le sens. En quoi l'enfant de ce conte est-il littéralement « terrible » ? Comment peut-on expliquer qu'un tout petit enfant a tant de pouvoir ?

3. Que pensez-vous de l'attitude de l'enfant envers les animaux ? Pourquoi s'est-il comporté ainsi avec eux ?

4. Comment les animaux dans ce conte ressemblent-ils aux êtres humains ? Quelle activité humaine faisaient-ils en restant au village à tour de rôle et que faisaient les autres pendant ce temps-là ? Trouvez deux traits de caractère humains chez eux et citez le comportement révélateur de chaque trait.

5. Quels éléments de ce conte associez-vous avec la culture africaine ?

6. Trouvez les onomatopées dans le conte. Expliquez ce qu'elles représentent et pourquoi Dadié s'en sert.

7. Pour quelles raisons les noms des animaux commencent-ils tous par une lettre majuscule ?

8. À la fin du conte, les animaux n'habitent plus ensemble au même village. Comparez cette situation avec l'idée que l'union fait la force : quel serait l'avantage de plus de solidarité chez les animaux dans leurs rapports avec l'homme ?

Jouez la scène

1. Quelle histoire ! Quand l'enfant rentre chez lui, il raconte une de ses aventures à son père qui réagit à ce qu'il entend. Aurait-il peur pour son fils ou serait-il fier ?

2. Le conseil. Trois ou quatre des animaux discutent de la situation avec l'enfant. Chacun trouve une excuse pour ne pas rester au village.

Consultez les pages 116–17 pour une révision des formes interrogatives.

Présentations

1. Que disent les animaux ? Faites des recherches pour trouver les sons représentant quelques animaux d'espèces différentes et présentez-les à la classe.

2. Une fable. Apprenez une fable de La Fontaine par cœur et récitez-la à la classe.

Applications grammaticales

A. On vous a raconté l'histoire « L'enfant terrible » mais vous n'êtes pas sûr(e) d'avoir bien compris certains détails. Écrivez une question appropriée en français pour chaque réponse suivante :

1. **Le couple** a eu un enfant.

2. L'enfant apportait le repas de midi à **son père**.

3. L'enfant voulait faire cuire **une igname**.

4. L'enfant a battu **tous les Animaux**.

5. Les Animaux avaient peur de **ne plus jamais être tranquilles**.

B. Traduisez les questions suivantes en français :

1. What does « **igname** » mean ?

2. Why was the doe alone in the village ?

3. How did the child carry his father's meal ?

4. What was the tortoise's solution ?

5. What happened when the child came back ?

À l'écrit

1. La paix. Les animaux en ont assez et veulent mettre fin à la guerre avec les hommes. Vous êtes chargé(e) d'écrire une lettre pour raisonner les hommes en leur expliquant les avantages de la paix pour chaque côté.

2. Le langage du corps. Imaginez la scène entre l'enfant et l'un des animaux (excepté la Biche, la Panthère ou la Tortue) en insistant sur l'aspect physique et les gestes typiques de son espèce. Relisez les scènes entre la Panthère et l'enfant pour avoir un modèle afin de voir comment l'auteur se sert du vocabulaire pour décrire cet animal ; cherchez ensuite le vocabulaire dont vous aurez besoin pour votre animal.

1. À qui la faute ? Plusieurs personnages ont contribué à la guerre entre les hommes et les animaux : l'enfant, la Panthère et la Tortue. Expliquez comment chacun a contribué à ce conflit en parlant de son attitude et de ce qu'il a fait ou dit. Organisez vos idées selon les indications suivantes :

   a. introduction : une responsabilité partagée
   b. la part de responsabilité de l'enfant
   c. la part de responsabilité de la Panthère
   d. la part de responsabilité de la Tortue
   e. conclusion

2. Du respect pour la nature. Vous trouvez que les hommes devraient respecter les animaux et non pas s'en servir pour leurs propres besoins. Organisez vos idées selon les indications suivantes et donnez des exemples concrets pour justifier votre point de vue :

   a. introduction : pourquoi certains croient qu'il faut subjuguer les animaux
   b. les droits des animaux
   c. l'obligation de protéger les animaux
   d. les avantages pour l'homme de respecter les animaux
   e. conclusion

Raconte-moi

Véronique Tadjo (1955–)

Née à Paris d'une mère française et d'un père ivoirien, Véronique Tadjo a passé son enfance et sa jeunesse à Abidjan, en Côte d'Ivoire. Elle a terminé sa formation supérieure en études afro-américaines à la Sorbonne d'où elle a eu son doctorat. Son premier recueil poétique, *Latérite*, dont est tiré le poème que vous lirez, a remporté le prix littéraire de l'Agence de la Coopération Culturelle et Technique en 1983. Elle a beaucoup voyagé, en Europe, en Amérique latine, aux États-Unis, et dans toute l'Afrique de l'Ouest. En 2005, elle a reçu le Grand Prix Littéraire d'Afrique Noire. Actuellement (2007) elle vit en Afrique du Sud.

Écrit comme un long poème récitatif, *Latérite* est une invitation au voyage dans l'espace des savanes herbeuses et dans les temps fabuleux de la mémoire ancestrale.

Un prêtre

Pré-lecture

Dans ce poème, on parle d'un griot, personnage important de l'Afrique, à la fois poète, musicien et sorcier. Le griot est aussi en quelque sorte la mémoire d'une tribu ou d'un peuple à une époque où on n'avait pas d'histoire écrite. Avant de lire le poème en détail, parcourez-le pour trouver tous les mots qui évoquent le passé.

Pour vous préparer à la lecture, voir SAM, Unité 2 : RACONTE-MOI.

Piste 7

RACONTE-MOI

LA PAROLE DU GRIOT
QUI CHANTE L'AFRIQUE
DES TEMPS IMMÉMORIAUX
IL DIT
5 CES ROIS PATIENTS
SUR LES CIMES° DU SILENCE
ET LA BEAUTÉ DES VIEUX
AUX SOURIRES FANÉS°
MON PASSÉ REVENU
10 DU FOND DE MA MÉMOIRE
COMME UN SERPENT TOTEM
À MES CHEVILLES° LIÉ
MA SOLITUDE
ET MES ESPOIRS BRISÉS°
15 QU'APPORTERAIS-JE
À MES ENFANTS
SI J'AI PERDU LEUR ÂME ?

Véronique Tadjo, Latérite, 1984

cimes : *peaks, heights*

fanés: *faded*

chevilles : *ankles*

brisés : *broken*

Questions de compréhension

A. En général

Que doit-on faire afin de ne pas perdre l'âme de ses enfants ?

B. En détail

1. Sur quel sujet le griot chante-t-il ?

2. À quoi le poète compare-t-il son passé ? Selon vous, que veulent dire ces expressions ?

3. Sans passé, comment est le poète ?

4. En quoi consiste l'âme des enfants dans le poème ?

Réfléchissez et discutez ensemble

1. Selon vous, pourquoi le poète a-t-il choisi de présenter tout le poème en lettres majuscules ?

2. Dans votre famille, parle-t-on du passé ? Qui en parle le plus souvent ? Quand et comment s'en souvient-on chez vous ?

3. Quel rôle le passé joue-t-il dans votre vie ? Quels aspects de votre « histoire » voudriez-vous transmettre à vos descendants ?

4. Véronique Tadjo est fière de ce qu'elle appelle son « métissage culturel et biologique ». (Un métis [une métisse] est quelqu'un dont les parents sont chacun d'une race différente.) Qu'est-ce que le métissage apporte à un individu ?

Présentations

1. Faites des recherches sur l'histoire et les traditions de la Côte d'Ivoire et présentez ce pays à vos camarades de classe.

2. Choisissez une fête qu'on célèbre dans votre pays ou dans votre région. Quelles en sont les origines ? Présentez « l'histoire » et la transformation de cette fête à votre classe.

À l'écrit

1. Une tradition. Décrivez une tradition qui vous est chère et que vous aimeriez transmettre à vos enfants.

2. Notre passé. Quelles questions aimeriez-vous poser à un(e) de vos ancêtres sur le passé de votre famille ? Trouvez-en au moins cinq et utilisez des expressions interrogatives variées.

Consultez les pages 116–17 pour une révision des questions et les pages 60–62 pour les formes du passé.

Synthèse

Écrivez un poème (la rime n'est pas essentielle) qui évoque le passé de votre famille ou de votre ethnie.

Modèle :
Mexique
Famille, maison, soleil
Raconte-moi, grand-père
Les enfants qui jouaient, les mères qui chantaient
Partir mais ne jamais oublier
Je suis ceux qui sont restés

Leur passé, mon présent, notre avenir

Unité 2 Héritages collectifs
Formes et structures utiles

Pour travailler davantage ces structures, voir SAM, Unité 2.

Rappel : Un adjectif accompagne un nom ou suit le verbe **être** tandis qu'un adverbe accompagne d'autres verbes : C'est un **roi sévère**, et la reine est **sévère** aussi. Ils **punissent sévèrement** leurs sujets.

A. La comparaison

1. La comparaison des adjectifs et adverbes :

		adjectif/adverbe	
(*more*)	+ **plus**		
(*as*)	= **aussi**	sévère/sévèrement	**que** (than/as)
(*less*)	– **moins**		

La reine était **plus sévère que** son mari, il avait puni les nobles coupables de trahison **moins sévèrement qu'**elle.

La Belle était **plus sage que** ses sœurs ; elle répondait **plus sagement** aux questions de son père.

NOTE : Il faut faire l'accord de l'adjectif avec le nom :

Le diable était **plus malin que** la bonne fée, mais la sorcière était **aussi maligne que** lui.

Les sœurs de la Belle étaient **plus jalouses qu'**elle, mais leurs maris étaient **moins gentils que** la Bête.

! ATTENTION

Il faut distinguer entre l'adjectif **bon** et l'adverbe **bien** :

C'était un **bon roi** ; il **régnait bien**.

Le paysan était un **bon fermier** ; il **cultivait bien** ses champs.

Et attention aux formes irrégulières dans la comparaison avec **bon/bien** :

adjectif	adverbe
+ bon → meilleur(e)(s)	+ bien → mieux
= bon → aussi bon(ne)(s)	= bien → aussi bien
– bon → moins bon(ne)(s)	– bien → moins bien

La Belle était **meilleure que** ses sœurs ; elle **s'adaptait mieux** à leur nouvelle vie.

Le paysan était **meilleur fermier que** le diable ; il **connaissait mieux** ses plantes.

2. La comparaison des noms :

(*more*)	+ **plus**			
(*as much*)	= **autant**	**de** + nom	**que** (than/as)	
(*less*)	– **moins**			

Cette fille avait **plus de** vertu **que** ses sœurs.

La Bête avait **autant de** bonté **que** la Belle.

Le cadet a reçu **moins de** biens **que** son frère aîné.

3. La comparaison des verbes peut se faire avec **plus/autant/moins + que** comme indiqué plus haut, mais on peut employer **plus/autant/moins** seul après le verbe :

> Ce paysan travaillait **moins que** son voisin, mais il plantait **autant** et il récoltait **plus que** lui.
>
> La Tortue parlait **plus** et la Biche parlait **moins**.

NOTE : En français, on n'utilise aucun article, à la différence de l'anglais :

> **Plus** ils perdaient les batailles, **moins** ils espéraient une victoire.
> *The more* battles they lost, *the less* they hoped for a victory.
>
> **Plus** elle restait avec la Bête, **plus** elle l'aimait.
> *The longer* she stayed with the Beast, *the more* she loved him.

4. Le superlatif des adjectifs et des adverbes :

Si l'adjectif suit le nom :

article défini + nom + **article défini** + **plus/moins** + adjectif (**de** + article-nom)

> **le** paysan **le plus** malin **du** pays
> **la** punition **la plus** redoutable **du** monde

Si l'adjectif précède :

article défini + **plus/moins** + adjectif + nom

> Ce sont **les meilleures** solutions.
> C'est **la plus** belle fille **du** royaume.

Pour les adverbes :

verbe + **le** + **plus/moins** + adverbe (**de** + article-nom)

> Elle travaillait **le plus** courageusement **de** tous ; elle regrettait **le moins** leur vie passée.
> La Belle jouait **le mieux des** filles. Elle **chantait le plus** souvent.

B. Le futur

Il y a plusieurs façons d'exprimer l'idée du futur en français (comme en anglais).

1. Certains verbes accompagnés d'un infinitif ont une valeur future :

a. Futur proche : aller au présent + **l'infinitif** du verbe qui exprime l'action ou l'état pour indiquer que cette action/cet état va avoir lieu ou va être le cas dans un proche avenir :

> On **va** bientôt **arrêter** le coupable.
> Nous **allons être** contents.
> Je **vais me marier** avec la princesse.

b. D'autres expressions verbales au **présent + infinitif** ont une valeur future aussi :

avoir l'intention de	Le marchand **a l'intention de récupérer** ses biens au procès.
compter	Le seigneur **compte défendre** la ville contre l'ennemi.

espérer	Le roi **espère laisser** le palais à son fils aîné.
vouloir	Le sorcier **veut punir** le prince orgueilleux.
devoir	Les paysans **doivent faire** la récolte cette semaine.

2. Le futur simple

a. Forme : infinitif des verbes réguliers (et certains verbes irréguliers) + les terminaisons

-ai	-ons
-as	-ez
-a	-ont

finir → je finirai   nous finirons

tu finiras   vous finirez

il finira   ils finiront

(Voir l'appendice, un dictionnaire, le Bescherelle ou une autre œuvre de référence pour les verbes avec un radical irrégulier au futur.)

b. Usage

On emploie le futur en français comme en anglais :

Les paysans **feront** la récolte dans six mois.

Vous y **serez** demain au matin.

Vous **vivrez** pour devenir mon époux.

L'année prochaine, les choses **se passeront** autrement.

Mais, dans une phrase complexe en français avec un verbe au futur et une des conjonctions suivantes, le second verbe doit être au futur aussi :

quand (*when*)   **dès que** (*as soon as*)   **tant que** (*as long as*)
lorsque   **aussitôt que**   **après que** (*after*)

Nous **saurons** la vérité **quand** les témoins **parleront** des événements.

*We **will know** the truth **when** the witnesses **talk** about the events.*

(Notez le premier verbe au futur et le second au présent en anglais.)

Dès que la Belle **reviendra**, la Bête **sera** guérie.

*As soon as Beauty **returns**, the Beast **will be** cured.*

Tant qu'elle **refusera** son offre, il **restera** bête.

*As long as she **refuses** his offer, he **will remain** a beast.*

C. Le conditionnel

1. Forme : radical du futur + terminaisons de l'imparfait

-ais	-ions
-ais	-iez
-ait	-aient

aller → j'irais   nous irions

tu irais   vous iriez

il irait   ils iraient

2. Usage

a. les actions futures dans un contexte passé

Les nobles fidèles ont dit qu'ils ne **tromperaient** jamais leur roi.

La Bête lui a expliqué qu'il **mourrait** sans elle.

Le père a juré qu'il **reviendrait**.

Il pensa qu'il **serait** mangé par les loups.

b. l'expression de politesse

Le messager a dit : « Le baron **voudrait** parler à votre majesté au palais. **Pourriez**-vous le recevoir ? »

« **Auriez**-vous la gentillesse de souper avec moi ? » demanda la Bête.

c. les hypothèses qui sont contraires à la réalité présente mais qui seraient encore possibles si certaines conditions changeaient

si + verbe à l'imparfait + verbe au conditionnel

Si le paysan avait les moyens, il **habiterait** un château. (Mais il est pauvre et il ne possède qu'un seul bien, son champ.)

Il **serait** content **s'**il n'avait pas besoin de travailler dur. **S'**il trouvait un trésor, un coffre d'or, il **aurait** une fortune et **pourrait** se reposer.

D. Les phrases de condition

Les phrases de condition indiquent une action (ou un état) qui est/sera/serait/aurait été la conséquence de certaines conditions.

Vous devez mettre les verbes aux formes suivantes selon le contexte donné :

1. Si + verbe au présent + verbe au présent *ou*

à l'impératif *ou*

au futur

a. l'autre verbe au présent = habitude

En général, **si** je **suis** fatiguée, je **me repose**.

Si le bébé **pleure**, la lune le **berce**.

b. l'autre verbe à l'impératif = suggestion, ordre

Si tu **es** fatiguée, **repose-toi**.

Reviens vite **si** tu m'**aimes**.

c. l'autre verbe au futur = intention

Si je **suis** fatigué demain, je **me reposerai**.

Nous **serons** riches **si** je **gagne** mon procès.

Si la récolte **est** bonne, nous **aurons** une grande fête.

2. Si + verbe à l'imparfait + verbe au conditionnel présent

= un état ou un événement contraire à la réalité présente mais encore possible

Si j'**étais** riche, je **pourrais** acheter un château. (Je ne suis pas riche et je ne peux pas acheter un château maintenant... peut-être un jour.)

Il **deviendrait** roi **s'**il **avait** plus de courage. (Il n'a pas assez de courage pour devenir roi maintenant... mais c'est encore possible.)

Si toutes les Tortues **se coalisaient** contre nous, ce **serait** la fin de notre domination. (Toutes les Tortues ne se coalisent pas contre nous maintenant, mais un jour...)

3. Si + verbe au plus-que-parfait + verbe au passé du conditionnel (verbe auxiliaire au conditionnel + participe passé)
= un état ou un événement contraire à la réalité passée et trop tard pour être réalisé

> **Si** Hélène n'**avait** pas **trouvé** le portrait de son oncle, elle n'**aurait** pas **découvert** ce secret. (Mais elle l'a trouvé et elle a découvert le secret.)
> **Si** le diable **avait été** plus malin que le paysan, il **aurait eu** le trésor. (Mais il n'a pas été plus malin et il n'a pas eu le trésor.)
> Les animaux ne **se seraient** pas **dispersés** s'ils n'**avaient** pas **eu** peur de l'enfant. (Mais ils se sont dispersés parce qu'ils avaient peur de l'enfant.)

ATTENTION

Le contexte peut changer la forme du conditionnel employée.

Il est possible d'avoir un verbe au passé du conditionnel avec **si** + verbe à l'imparfait :

> **Si** j'**étais** riche, j'**aurais pu** aller en France le week-end passé.
> **Si** je n'**avais** qu'un jour à demeurer ici, on ne m'**aurait** pas **fait** une telle provision.

Il est également possible d'avoir un verbe au conditionnel présent avec **si** + verbe au plus-que-parfait :

> **Si** les animaux n'**avaient** pas **eu** peur, ils **vivraient** encore ensemble maintenant.

Mais vous devez respecter la règle suivante : JAMAIS de futur ou de conditionnel tout de suite après *si* dans les phrases de condition !

E. Les questions

1. Pour former une question en français, on peut employer **est-ce que** + sujet + verbe ou inversion après une expression interrogative qui n'est pas le sujet du verbe :

> Comment **est-ce que vous imaginez** ces personnages ? *ou*
> Comment **imaginez-vous** ces personnages ?

À l'écrit, on préfère l'inversion, ce qui se fait en général avec un pronom sujet :

> Pourquoi **a-t-il accepté** ce marché ?

Si le sujet du verbe est un nom, il faut faire suivre ce nom par l'inversion du verbe et le pronom sujet correspondant :

> Pour quelles raisons **le marchand est-il parti** ?

On peut employer l'inversion avec un nom sujet, surtout si le verbe a une forme simple et n'a pas de compléments :

> Que **fait le marchand** ? Où **se cachait la Bête** ?

Si l'expression interrogative est le sujet du verbe, ni **est-ce que**, ni l'inversion ne sont nécessaires :

> **Qui** était le plus malin ?

NOTE : Dans la langue parlée informelle, on peut poser une question en mettant l'expression interrogative en fin de phrase et on ne fait pas toujours l'inversion :

> Il est où ?
>
> Tu fais ça comment ?

2. Les expressions en français pour *Who?/What?*

La forme de l'expression employée en français change selon la fonction grammaticale du terme dans la question :

	Who?	What?
sujet du verbe	Qui, Qui est-ce qui	Qu'est-ce qui
objet direct	Qui est-ce que	Qu'est-ce que
	Qui + inversion (verbe-sujet)	Que + inversion (verbe-sujet)
objet d'une préposition	Préposition + qui	Préposition + quoi
	+ est-ce que + sujet + verbe	+ est-ce que + sujet + verbe
	ou + verbe-sujet	*ou* + verbe-sujet
adjectif		Quel(le)(s) + nom
		ou + être + nom

Qui voulait tuer la Bête ? (*who*, sujet de **vouloir**)
Who wanted to kill the Beast?

Qu'est-ce qui a donné du courage à la Belle ? (*what*, sujet de **donner**)
What gave Belle courage?

Qui est-ce que la Belle a vu dans le miroir ? ou **Qui** a-t-elle vu ? (*who*, objet direct de **voir**)
Whom did Belle see in the mirror?

Qu'est-ce que la Bête demandait sans cesse à la Belle ? ou **Que** lui demandait la Bête ? (*what*, objet direct de **demander**)
What did the Beast keep asking Belle?

Avec qui voulait-elle passer une semaine ? (*who*, objet de la préposition **avec**)
With whom did she want to spend a week?

De quoi est-ce que les sœurs étaient jalouses ? (*what*, objet de la préposition **de**)
What were the sisters jealous of?

Quel rêve a troublé la Belle ? (*what*, adjectif avec le nom **rêve**)
What dream troubled Belle?

Quelle était la punition réservée aux sœurs méchantes ? (*what*, adjectif + être + **punition**)
What was the punishment reserved for the mean sisters?

UNITÉ 3
Amitiés et amours

Introduction

L'amitié et l'amour nous accompagnent tout au long de notre vie. De la petite enfance jusqu'à la vieillesse, ceux que nous aimons aussi bien que ceux qui nous aiment influencent notre caractère. L'amour, cette attirance affective ou physique qu'un être éprouve pour un autre, peut nous rendre heureux ou nous faire souffrir, mais ne nous laisse guère indifférents. Comme le dit le poète Florian : « Plaisir d'amour ne dure qu'un moment ; chagrin d'amour dure toute la vie. » Moins passionnée, l'amitié, elle aussi, lie deux personnes mais là il s'agit d'une affection mutuelle ou réciproque qui ne se fonde ni sur les liens du sang ni sur l'attrait sexuel. On tombe amoureux, mais on choisit ses amis.

Des textes les plus variés dans cette troisième unité traitent de ces thèmes affectifs. Un écrivain du xxᵉ siècle décrit ce qu'elle aimait faire avec une amie d'enfance. Une Canadienne se souvient de l'admiration qu'elle éprouvait pour sa grand-mère. Un poète symboliste peint un portrait mélancolique de deux anciens amants tandis qu'un chanteur maghrébin discute des problèmes sentimentaux de jeunes immigrés. Un poème sénégalais présente l'amour immuable d'une mère pour son fils. Finalement, un article examine les conséquences d'une inégalité salariale pour les rapports chez les couples contemporains.

Et vous ? Quelle est votre définition de l'amitié et de l'amour ? Quel rôle jouent-ils dans votre vie ?

CHAMP LEXICAL

Vocabulaire de départ : Ces expressions utiles vous aideront à mieux comprendre les textes que vous étudierez, et à parler ou à écrire au sujet des thèmes de cette unité. Lisez-les maintenant pour vous préparer aux activités de vocabulaire qui suivent.

Mots apparentés

adultère (*nm*)
affection (*nf*), affectueux, euse (*adj*)
compagnon/compagne (*nm/f*)
compatible (*adj*)
dévotion (*nf*), dévoué, e (*adj*)
divorce (*nm*)
   divorcer (d'avec *qqn*) (*vi*)
fiancé, e (*n & adj*)
intéresser (*vt*) (*qqch* intéresse *qqn*)
   s'intéresser à *qqn, qqch* (*vpron*)
inviter (*vt*)

passion (*nf*)
personnalité (*nf*)
plaisir (*nm*)
   faire ~ à (*qqch/qqn* fait plaisir à *qqn*)
   plaire à (*vi*) (*qqn/qqch* plaît à *qqn*)
réaction (*nf*), réagir (*vi*)
reproche (*nm*), reprocher *qqch* à *qqn*
   faire des reproches à *qqn*
séducteur, trice (*n & adj*)
   séduction (*nf*)
   séduire (*vt*)

Pour enrichir votre vocabulaire

grand amour (*nm*)	true love
femme/homme de sa vie	love of his/her life
appartenir à (*vi*)	to belong to
faire partie de	to be part of
s'attendre à + *nom*, + ce que +	to expect
sujet + *verbe* (*vpron*)	
(Il s'attend à ce qu'elle tombe	(He expects her to fall in love
amoureuse de lui.)	with him.)
attente (*nf*)	expectation
attentionné, e (*adj*)	attentive to another's needs
avouer (*vt*)	to confess, admit
câliner, faire un câlin (à *qqn*)	to cuddle, make a fuss over
conjugal, e, aux (*adj*)	matrimonial
vie ~	married life
copain/copine (*nm/f*)	friend, boyfriend/girlfriend
coup de foudre (*nm*)	love at first sight
déçu, e (*adj*)	disappointed
déception (*nf*)	disappointment
décevoir (*vt*)	to disappoint
dorloter, choyer (*vt*)	to fuss over, to spoil
draguer (*vt*) (*fam*)	to hit on
dragueur (*nm*) = la personne qui drague	
s'énerver (*vpron*)	to get upset, angry
s'entendre (avec)	to get along (with)
(deux personnes s'entendent bien	
ensemble ; on s'entend bien *avec qqn*)	

entendu, e (*adj*)	agreed upon, understood
bien entendu	of course
éprouver (*vt*)	to feel (emotions)
~ des sentiments (pour *qqn*)	to have feelings for someone
s'expliquer (*vpron*)	to talk things out; to justify one's point of view
exprès (*adv*)	on purpose
faire ~ de + *infinitif*	to do on purpose
facile/difficile à vivre (*adj*)	easy/difficult to live with, get along with
les fiançailles (*nfpl*)	engagement to be married
se fiancer (*vpron*)	to get engaged
foyer (*nm*)	home
femme/homme au foyer	housewife/househusband
fréquenter *qqn* (*vt*)	to hang out with, be seeing someone
humeur (*nf*)	mood
être de bonne/mauvaise ~	to be in a good/bad mood
s'installer (*vpron*)	to get settled, move in (together)
lune de miel (*nf*)	honeymoon
voyage (*nm*) de noces	honeymoon trip
noces (*nfpl*)	marriage ceremony
manquer à *qqn* (*vi*)	to miss (emotionally) someone or something
(Elle me manque.)	(I miss her.)
ménage (*nm*)	home; couple
faire le ~	to clean house
s'occuper de (*vpron*)	to take care of
partager (*vt*)	to share
se plaindre (de) (*vpron*)	to complain (about)
rapport (*nm*), relation (*nf*)	relationship
se rencontrer (*vpron*)	to meet one another
rencontre (*nf*)	meeting
se rendre compte de *qqch*, que +	to realize
sujet + verbe (*vpron*)	
(*Je me rends compte qu'il m'aime.*)	
rompre (avec *qqn*) (*vi*)	to break up, off (with)
se sentir + *adj* (*vpron*)	to feel + *adj*
(*Je me sens triste.*)	
sentiment (*nm*)	feeling
sentir que + *sujet* + *verbe*	to sense that
(*Je sens que cela ne va pas marcher*	
entre nous.)	
sentir + *nom*	to feel + *noun*
(*Je sentais son cœur qui battait.*)	
servir à *qqch*	to be useful
ne servir à rien	to be futile, useless
souci (*nm*)	worry
se faire du souci, se soucier	to worry about
de (*vpron*)	
soucieux, euse (*adj*)	worried
vie (*nf*) affective, vie sentimentale	emotional life, relationships

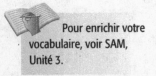

Pour enrichir votre vocabulaire, voir SAM, Unité 3.

PARLONS UN PEU

A. Que savez-vous déjà ?

Avec un(e) partenaire, suivez les indications pour enrichir votre lexique :

1. Sans regarder le champ lexical, faites une liste d'au moins dix mots français que vous associez à l'amitié et à l'amour.

2. Cherchez ces mots dans le champ lexical.

3. Mettez-vous d'accord sur trois nouveaux mots (nouvelles expressions) du champ lexical qui vous semblent utiles ou intéressants à apprendre.

4. Créez des définitions en français de ces mots-là, et présentez-les à vos camarades de classe pour qu'ils puissent deviner de quelle expression vous parlez.

B. Exagérons

Dans des groupes de trois ou quatre, créez un portrait extravagant, basé sur une des expressions ci-dessous. Présentez votre portrait à vos camarades de classe. Qui a la description la plus amusante ? la plus triste ? la plus ridicule ?

Modèle : dragueur →

Mon ami Jacques se croit séducteur et pense que toutes les femmes le trouvent irrésistible. Quand il sort le soir, il essaie de draguer chaque fille qu'il rencontre. Il les invite à prendre un verre avec lui, et essaie de leur plaire en les flattant. La réalité ? Il n'a jamais séduit personne, les filles s'énervent et refusent même de lui parler. C'est triste.

1. la femme/l'homme de votre vie

2. le grand amour

3. le coup de foudre

4. la lune de miel

5. l'ami parfait

6. le divorce

C. L'amitié et l'amour

Prenez quelques minutes pour réfléchir aux questions suivantes, puis parlez-en avec vos camarades de classe :

1. Quelles différences voyez-vous entre l'amour et l'amitié ?

2. L'amour d'un enfant pour un parent et d'un parent pour un enfant change-t-il au cours de la vie ? Expliquez.

3. Le mariage a-t-il encore un rôle dans la vie actuelle ? Si oui, décrivez ce rôle. Sinon, pour quelles raisons d'autres situations (le célibat, l'union libre, l'union civile) semblent-elles préférables au mariage ?

4. Quelle image évoque le mot « famille » pour vous ? Considérez-vous la famille comme une valeur centrale dans votre vie ? Expliquez.

Enfance
....

Nathalie Sarraute (1900–1999)

Nathalie Sarraute est née près de Moscou, dans une famille d'intellectuels juifs. Comme Sarraute s'est installée à Paris à l'âge de deux ans suite au divorce de ses parents, le français est sa première langue. Après des études d'anglais, de philosophie et d'histoire de l'art, elle reçoit un doctorat en droit et sera avocate jusqu'en 1941. Son premier livre, *Tropismes*, est publié en 1939 mais n'est reconnu par les critiques qu'une quinzaine d'années plus tard. Pendant l'occupation allemande de la France (1941–1944), elle refuse de porter l'étoile jaune et doit se réfugier à la campagne. En 1959, son troisième roman, *Le planétarium*, est son premier vrai succès. Le récit autobiographique, *Enfance*, dont vous lirez un extrait, paraît en 1983 et conquiert un grand public.

Pré-lecture

1. Quand vous étiez à l'école primaire, aviez-vous un(e) ami(e) avec qui vous jouiez souvent ? Décrivez cette personne.

2. Où préfériez-vous jouer avec ce copain/cette copine ?

3. Qu'est-ce que vous aimiez faire avec vos amis quand vous aviez entre sept et dix ans ? Jouiez-vous parfois à la marchande [*storekeeper*], au papa et à la maman [*house*], aux soldats, aux gendarmes, à la maîtresse d'école ? Expliquez.

4. En général, que font les enfants entre sept et dix ans pour s'amuser ?

Pour vous préparer à la lecture, voir SAM, Unité 3 : Enfance.

Un écolier avec son cartable

Enfance

Le mercredi après-midi, en sortant de l'école, puisqu'il n'y a pas de devoirs à faire pour le lendemain, je vais parfois jouer avec Lucienne Panhard, une fille de ma classe. Elle a le même âge que moi à deux mois près et la même taille, son mince visage est très gai, ses yeux sont légèrement bridés°, et ses deux
5 grosses nattes dorées° que sa mère met longtemps à tresser° lui descendent plus bas que la taille, pas comme mes deux « queues de rat° », qui m'arrivent aux épaules et que je peux moi-même très vite natter. Lucienne m'attend au coin de la rue d'Alésia et de la rue Marguerin pendant que je cours déposer mon cartable° et prévenir que je vais jouer chez elle.

10 Le café de ses parents avec « Panhard » inscrit en grosses lettres rouges au-dessus de la porte est tout au bout de l'avenue du parc Montsouris, juste à côté de l'entrée du parc, à droite, à l'angle des deux rues.

J'aime ce petit café très clair, bien astiqué°, les parents de Lucienne ont l'air jeune et gentil, ils rient souvent, ils plaisantent... Je suis contente quand
15 Madame Panhard nous laisse laver les tasses et les verres, c'est une faveur que nous devons lui demander, en promettant de faire bien attention... Mais ce que je préfère, c'est poser sur les petites tables, devant les clients, un verre de vin ou une tasse de café, dire « Voici Madame », sur le ton d'une vraie serveuse, ramasser la monnaie, « Merci Monsieur », la rapporter à la caisse, guetter° le
20 départ des clients pour me précipiter, desservir°, bien essuyer la table avec une

bridés : *slanted*

nattes dorées : *golden braids ;*
tresser : *to braid*

queues de rat : *rat tails*

cartable : sorte de sac à dos pour écoliers

astiqué : propre, luisant

guetter : attendre avec impatience

desservir : enlever les plats, les verres, etc.

éponge mouillée. Je ne sais si c'est mon zèle, mon amusement qui se communiquent à Lucienne, mais elle qui pourtant peut avoir chaque jour cette chance veille° aussi jalousement que moi à ce que chacune de nous serve à son tour... les clients assis aux tables sont rares à cette heure-là, nous nous les
25 disputons, parfois Madame Panhard intervient, elle choisit entre nos mains tendues, elle écarte celles-ci... Non, cette fois ce n'est pas à toi... elle dispose le verre ou la tasse convoités° entre celles-là... Tiens, porte-la, c'est ton tour... Et toi, tu le feras la prochaine fois... Pour notre goûter, elle nous laisse choisir sous la cloche de verre° un croissant ou une brioche ou une madeleine, elle
30 donne à chacune de nous une barre de chocolat et elle nous verse à chacune un verre de limonade que nous buvons debout près du comptoir... Quand nous en avons assez de jouer à la plongeuse°, à la serveuse, nous allons dans le parc, près de l'entrée, nous sautons à la corde « jusqu'au vinaigre »[1], nous rattrapons une petite balle de caoutchouc° que nous lançons en l'air de plus en plus haut,
35 nous essayons de jongler avec deux, puis trois balles.

Nous ne parlons pas beaucoup, et je ne sais pas ce qui fait que je ne m'ennuie jamais avec elle, ni elle, il me semble, avec moi.

Nathalie Sarraute, *Enfance*, © Éditions Gallimard, 1983

veille : *watches out*

convoités : désirés

cloche de verre : *bell-shaped glass cover*

plongeuse : personne qui fait la vaisselle dans un café ou dans un restaurant

caoutchouc : *rubber*

Questions de compréhension

A. En général

Qu'est-ce que ces deux filles aimaient faire au café ?

B. En détail

1. Comparez la narratrice et son amie Lucienne.

2. Qu'est-ce que la narratrice trouve sympathique chez les parents de Lucienne ?

3. Quelles expressions dans le texte soulignent l'enthousiasme de la narratrice pour ce qu'elle fait au café ?

4. Pourquoi Mme Panhard doit-elle souvent décider quelle fille peut servir les clients ?

5. Qu'est-ce que Lucienne et la narratrice prennent au goûter ? Où le prennent-elles ?

6. Que font-elles au parc ? Où se trouve ce parc ?

Réfléchissez et discutez ensemble

1. Pourquoi la narratrice trouve-t-elle le café si intéressant ? Comment réagit Lucienne alors ?

2. Quel rôle joue Mme Panhard dans cette amitié ?

3. La narratrice dit que bien que ces deux enfants ne se parlent pas beaucoup, elles ne s'ennuient jamais quand elles sont ensemble. Comment peut-on expliquer cela ?

---

[1]Les filles sautent à la corde en récitant une rime.

Jouez la scène

1. **C'est mon tour !** La narratrice et Lucienne se disputent quand chacune veut faire la serveuse, croyant que c'est son tour. Mme Panhard intervient.

2. **Curiosité.** Une cliente curieuse pose des questions à la narratrice sur ce qu'elle fait dans le café et sur sa copine.

3. **Les filles.** Le soir Mme Panhard raconte à son mari ce que les filles ont fait cet après-midi-là.

Présentations

Consultez les pages 164–67 pour une révision des formes des pronoms objets et une explication de leur emploi.

1. **L'amitié.** Présentez vos idées sur l'amitié. Comment est « l'ami idéal » ? Sur quels éléments se fonde l'amitié ? Pour quelles raisons devient-on ami avec quelqu'un ?

2. **Des citations.** Allez sur un site Internet avec des citations (en français, bien sûr !). Regardez la rubrique « amitié » ou « ami ». Choisissez deux ou trois citations qui vous plaisent particulièrement et présentez-les à la classe en les expliquant.

Un café parisien

Applications grammaticales

A. De quoi parle-t-on ?

Voici quelques phrases, avec des pronoms objets, tirées du texte que vous venez de lire. Quels noms ou quelles expressions les pronoms remplacent-ils ou à quoi se réfèrent-ils ? Les lignes du texte vous aideront à les retrouver.

1. … ses deux grosses nattes… **lui** descendent plus bas que la taille… (l. 5–6)

2. Lucienne **m**'attend au coin de la rue… (l. 7–8)

3. … je vais jouer chez **elle**. (l. 9)

4. … Mme Panhard **nous** laisse laver les tasses et les verres. (l. 15)

5. C'est une faveur que nous devons **lui** demander. (l. 15–16)

6. … nous nous **les** disputons. (l. 24–25)

7. Tiens, porte-**la**, c'est ton tour. (l. 27)

8. Et toi, tu **le** feras la prochaine fois. (l. 28)

9. … je ne **m**'ennuie jamais avec **elle**. (l. 36–37)

B. Raconte-moi !

La maman de la narratrice pose des questions à sa fille sur ce qu'elle a fait avec Lucienne. Répondez comme si vous étiez la narratrice, en utilisant des pronoms quand c'est possible. Faites les changements nécessaires.

> **Modèle :**
>
> Maman : Tu as pris le goûter au café avec Lucienne ?
>
> La narratrice : Oui, je l'ai pris avec elle.

Maman : Tu as parlé aux clients ?

La narratrice : Bien sûr, je _____.

Maman : Tu as rapporté la monnaie à la caisse ?

La narratrice : Oui, puisque Mme Panhard m'a dit de _____.

Maman : Tu t'es disputée un peu avec Lucienne ?

La narratrice : Pas vraiment. _____

Maman : Lucienne et toi, vous avez bu de la limonade ?

La narratrice : Comme d'habitude, nous _____ au comptoir, comme les grands.

Maman : Et après, vous êtes allées au parc ?

La narratrice : Oui, nous _____ pour sauter à la corde.

Maman : Tu vas voir Lucienne demain ?

La narratrice : Non, je ne _____ parce qu'elle part rendre visite à sa grand-mère en Bretagne.

À l'écrit

1. **Amitié.** Décrivez une de vos amitiés d'enfance ou d'adolescence. Comment a-t-elle commencé ? Qu'est-ce que vous faisiez avec cet(te) ami(e) ? Essayez d'expliquer pourquoi vous étiez amis. Voyez-vous encore cette personne ? Pourquoi ou pourquoi pas ?

2. **L'après-midi.** Vous rentrez à la maison après avoir passé un après-midi avec un(e) ami(e). Dans votre journal intime, racontez ce que vous avez fait, ce que vous vous êtes raconté, etc. Avant d'écrire, dites votre âge à l'époque où vous écrivez.

Synthèse

Les visages de l'amitié. Comment le rôle des amis change-t-il au cours de l'enfance et de l'adolescence ?

1. **Premier paragraphe :** Pourquoi a-t-on besoin d'amis ? Comment ce besoin varie-t-il avec l'âge ?

2. **Deuxième paragraphe :** Donnez des exemples des rôles que jouent les amis dans la vie d'une personne au cours de l'enfance et de l'adolescence.

3. **Conclusion :** Un(e) ami(e) de toujours, cela peut-il exister ? Expliquez.

Ma grand-mère toute-puissante

Gabrielle Roy (1909–1983)

Gabrielle Roy est née au Manitoba et devient institutrice, ce qui inspire son premier roman, *Bonheur d'occasion*. En 1937, elle part pour l'Europe étudier l'art dramatique. De retour au Canada en 1939, elle se consacre au journalisme et à la littérature. En 1966 elle publie *La route d'Altamont*, d'où est tirée la nouvelle « Ma grand-mère toute-puissante ». Dans ce livre, Christine, la narratrice, raconte quatre épisodes d'une enfance et puis d'une jeunesse canadienne à travers lesquels elle prend conscience de la sympathie qui se noue entre les très âgés et les très jeunes.

Pré-lecture

Entre générations

Quels bienfaits les enfants ressentent-ils quand ils voient souvent leurs grands-parents ? Et quels sont les bienfaits pour les grands-parents ? Qu'est-ce qu'on perd quand il y a peu de contact entre les générations ? Pourquoi les enfants hésitent-ils parfois à rendre visite à leurs grands-parents ?

Pour vous préparer à la lecture, voir SAM, Unité 3 : Ma grand-mère toute-puissante.

Titre

Comment une personne peut-elle être « toute-puissante » ? D'habitude, à qui s'applique cette expression ? Qu'est-ce que le titre nous suggère sur la narratrice et ses rapports avec sa grand-mère ?

Lecture dirigée

On comprend plus facilement un texte quand on sait où l'action a lieu et quels en sont les personnages principaux. En lisant les trois premiers paragraphes, cherchez des réponses aux questions suivantes.

1. Où se trouve le Manitoba ? Que savez-vous sur cette province ?

2. Comment Christine, la narratrice, voyait-elle sa grand-mère avant d'aller chez elle ?

3. Quelle sorte de mots la narratrice met-elle entre guillemets ? Qu'est-ce que cela suggère ?

4. Pourquoi, selon la narratrice, sa grand-mère l'a-t-elle invitée?

Ma grand-mère toute-puissante: Première partie

J'avais six ans lorsque ma mère m'envoya passer une partie de l'été chez ma grand-mère dans son village au Manitoba.

Je n'y allai pas sans regimber° un peu. Cette grande vieille me faisait peur. Elle passait pour tant aimer l'ordre, la propreté et la discipline qu'il devenait
5 impossible dans sa maison de laisser traîner° la moindre petite chose. Chez elle, à ce qu'il paraissait, c'était toujours : « Ramasse ceci, serre° tes affaires, il faut se former jeune », et autres histoires de ce genre. De plus, rien ne la mettait hors d'elle-même comme des pleurs d'enfants qu'elle appelait des « chignages » ou des « lires° ». Autre chose encore justement que ce langage à
10 elle, en partie inventé, et qui était loin d'être toujours facile à déchiffrer. Plus tard, dans mon vieux Littré[2], j'ai pourtant retrouvé plusieurs expressions de ma grand-mère, qui devait remonter aux temps où arrivèrent au Canada les premiers colons de France.

Malgré tout, elle devait souffrir d'ennui, puisque c'était d'elle que venait l'idée
15 de m'inviter. « Tu m'enverras la petite chétive° », avait-elle écrit dans une lettre que ma mère me montra pour me bien convaincre que je serais chez grand-mère la bienvenue.

❧

Cette « petite chétive » déjà ne me disposait pas si bien que cela envers grand-mère ; aussi est-ce dans une attitude d'esprit plus ou moins hostile que je
20 débarquai chez elle un jour de juillet. Je le lui dis du reste dès que je mis le pied dans sa maison.

— Je vais m'ennuyer ici, c'est certain, c'est écrit dans le ciel.

Je ne savais pas que je parlais ainsi le langage propre à l'amuser, à la séduire. Rien ne l'irritait autant que l'hypocrisie naturelle à tant d'enfants et qu'elle
25 appelait : des chatteries° ou des entortillages°.

À ma noire prédiction, je la vis donc — ce qui était déjà assez extraordinaire — sourire légèrement.

— Tu vas voir, tu ne t'ennuieras pas tant que cela, dit-elle. Quand je le veux, quand je me mets en frais, j'ai cent manières de distraire un enfant.

---
[2]dictionnaire monumental de la langue française

regimber : résister

laisser traîner : *leave lying around*
serre : range

chignages ... lires : plaintes, larmes (vieux langage québécois)

chétive : personne faible

chatteries : cajoleries, caresses ;
entortillages : *cajoling, wheedling*

30 Pauvre chère vieille ! C'était elle, malgré sa superbe°, qui s'ennuyait. Presque personne ne venait plus jamais la voir. Elle avait des nuées° de petits-enfants, mais elle les voyait si peu souvent que sa mémoire, faiblissant malgré tout, ne les distinguait plus guère les uns des autres.

Parfois une auto pleine de « jeunesses » ralentissait à la porte, stoppait peut-
35 être un instant ; une volée° de jeunes filles agitaient la main en criant :

— Allô, mémère° ! Tu vas bien ?

Grand-mère n'avait que le temps d'accourir sur son seuil°, la troupe de jeunes filles dans un tourbillon° de fine poussière déjà disparaissait.

— Qui est-ce qui est venu ? me demandait-elle. Les filles de Cléophas ? Ou
40 celles de Nicolas ? Si j'avais eu mes lunettes, je les aurais reconnues.

Je la renseignais :

— C'était Berthe, Alice, Graziella et Anne-Marie.

— Ah ! disait-elle, cherchant dans sa tête si ces filles-là étaient de Nicolas, de Cléophas ou d'Albéric.

45 Puis elle se mettait à se disputer elle-même :

— Mais non, à quoi est-ce que je pense ! Nicolas a surtout des garçons.

Elle allait s'asseoir un moment dans sa berceuse° près de la fenêtre pour tirer la chose au clair° et établir un recensement complet de sa descendance. C'est ainsi que j'aimais le mieux la voir occupée, avec tout l'air d'en être à démêler
50 des laines embrouillées°.

— Chez Cléophas, commençait-elle, il y a Gertrude d'abord ; ensuite vient l'aîné des fils. Comment s'appelle-t-il donc, ce grand brun-là ? Est-ce Rémi ?

— Bien non, voyons donc, l'aidais-je, en perdant un peu patience. Rémi, il appartient à mon oncle Nicolas.

55 — Ah, tu m'en diras tant ! faisait-elle d'un air vexé.

Peu à peu, je comprenais qu'elle craignait moins de me laisser voir ses infirmités : une vue affaiblie, l'ouïe° défectueuse et, ce qui l'irritait encore plus, la défaillance de sa mémoire.

Le jour suivant s'abattait dans la maison, « mais pour cinq minutes seulement »,
60 un autre groupe de « jeunesses » venu cette fois en boghey°.

Grand-mère se dépêchait de mettre la table, pensant peut-être ainsi retenir la bande, mais je t'en fiche° ! pendant qu'elle descendait à la cave chercher un pot de cornichons, les filles endimanchées criaient : « On ne peut pas attendre ; on s'en va à Rathwell... Bye bye, mémère ! »

65 Elle remontait, clignait un peu les yeux, me demandait :

— Elles sont parties ?

Dehors, on entendait un grand charivari de départ.

— Ah ! Cette jeunesse d'aujourd'hui ! s'écriait grand-mère.

Nous restions seules dans la petite maison à écouter se plaindre le vent de la
70 plaine, qui se tordait sans trêve° au soleil, en nouant et renouant de petits anneaux de poussière.

Grand-mère commençait alors de se parler seule, ne pensant peut-être pas que je l'écoutais. Un jour, à la fenêtre, je l'entendis soupirer :

— On est puni par où on a désiré, toujours. J'ai sans doute trop souhaité mes
75 aises, un bon ordre établi et de n'avoir plus constamment des enfants dans mes jupes avec leurs jérémiades°. Oui, j'ai souhaité une minute à moi. À présent j'ai tout un siècle !

jérémiades : lamentations

Elle soupira de nouveau, et finit par s'en prendre° à Dieu :

— Pourquoi aussi nous écoute-t-il quand on lui demande des choses qui plus tard
80 ne feront plus notre affaire ? Il devrait avoir le bon sens de ne pas nous écouter !

s'en prendre : s'attaquer

Puis elle se souvenait que j'étais dans sa maison, m'appelait d'un petit geste de la main :

— Toi, au moins, je connais ton nom.

Puis elle me demandait :

85 — Comment c'est-y[3] déjà que tu t'appelles ?

Je lui disais, avec un peu d'humeur :

— Christine.

— Oui, c'est bien cela, je le savais : Christine.

Et elle me demandait, perdue dans ses songes :

90 — Quel âge a-t-elle cette petite fille-là ?

Il y avait une heure où malgré tout je m'ennuyais. C'était au moment où le soleil, sur le point de disparaître, jette sur la plaine une grande clarté rouge, lointaine et étrange, qui semble encore la prolonger, et aussi la vider comme de toute présence humaine, la rendre peut-être aux songes sauvages du temps où elle
95 vivait dans sa solitude complète. On aurait dit alors que la plaine ne voulait pas sur elle de gens, de maisons, de villages, que, d'un coup, elle eût cherché à se défaire de tout cela, à se retrouver comme autrefois, fière et solitaire.

Du reste, pas moyen chez grand-mère d'éviter ce spectacle déroutant. Le village était petit, et la maison de grand-mère se tenait tout au bout ; comme la mer, de
100 tous côtés la plaine nous cernait°, sauf à l'est où on apercevait quelques autres petites maisons de planches qui nous tenaient lieu de compagnes dans ce qui m'apparaissait un voyage effarant°. Car, dans cette immobilité de la plaine, on peut avoir l'impression d'être entraîné en une sorte de traversée d'un infini pays monotone, toujours pareil à lui-même.

cernait : entourait

effarant : effrayant

105 Tout à coup, un jour, ne comprenant rien à ma peine, ne sachant surtout pas d'où elle me venait, je me mis à pousser de grandes plaintes :

— Oh ! que je m'ennuie, que je m'ennuie, que je m'ennuie !

— Veux-tu te taire, fit grand-mère, énervée. On dirait un coyote qui hurle.

Je tâchai de me taire, mais bientôt ma peine étrange, sans nom, sans cause
110 que je pouvais définir, me reprit et je hurlais de plus belle° :

— Que je m'ennuie, que je m'ennuie !

de plus belle : de nouveau et encore plus fort

---

[3]forme populaire (vieilli): c'est-il? (est-ce)

— Ah ! les pauvres innocents ! dit grand-mère.

Les jeunes enfants affligés, elle les appelait ainsi, surtout lorsqu'ils étaient dans l'excès de leur incompréhensif chagrin. Faisait-elle allusion au massacre
115 des Saints-Innocents[4] — je ne sais — mais chaque fois qu'elle vit pleurer profondément un enfant, chaque fois elle ne s'y trompa pas et s'écria, indignée : « Oh ! les pauvres innocents ! »

Ne sachant plus que tenter pour me distraire, me consoler, m'ayant vainement offert à manger tout ce qu'elle pouvait avoir de si bon à la maison, elle finit par
120 dire :

— Si tu cesses de lirer, je vais te faire une « catin° ».

Du coup mes pleurs cessèrent.

Sceptique, je regardai ma grand-mère assise en sa haute chaise berceuse.

— Une « catin », dis-je, ça se trouve dans les magasins, ça ne se fait pas.

125 — Ah ! tu penses ! dit-elle, puis elle s'en prit comme toujours aux magasins, à la dépense, à cette mode d'aujourd'hui d'acheter tout fait.

Il va me fallut maintenant de la colle, du sel ou de l'avoine pour combler...

Ayant épanché sa bile°, il lui vint dans les yeux une petite lueur que je n'y avais jamais vue, tout à fait extraordinaire, comme une belle petite clarté s'allumant en un endroit qu'on avait pu croire désaffecté, désert et reculé. Ce qu'elle allait
130 accomplir ce jour-là commença pourtant le plus simplement du monde.

catin : poupée (québécois)

épanché sa bile : _vented her anger_

Questions de compréhension : Première partie

A. En général

Pour quelles raisons est-ce que l'enfant n'avait pas très envie de passer une partie de l'été chez sa grand-mère ?

B. En détail

1. Pourquoi la grand-mère avait-elle du mal à se souvenir des noms de ses petits-enfants ? Comment étaient ses rapports avec ceux-ci ? Donnez quelques exemples.

2. De quelles infirmités avait-elle honte ?

3. Pourquoi et comment est-ce qu'elle critiquait Dieu ?

4. Qu'est-ce qui est arrivé à Christine au coucher du soleil ? Comprenait-elle les raisons de sa réaction ?

5. Qu'est-ce que la grand-mère a proposé pour distraire Christine ? Pourquoi la petite-fille ne croyait-elle pas qu'elle puisse le faire ?

---

[4]massacre des petits enfants par Hérode après la naissance de Jésus

Ma grand-mère toute-puissante: Deuxième partie

retailles : *fabric remnants*

— Va, dit-elle, me chercher au grenier mon grand sac de retailles°. Ne te trompe pas. Prends celui qui est lié dans le haut par une cordelette. Apporte-le-moi, et tu vas voir si je ne suis pas capable de faire ce que j'ai envie de faire.

prendre ... en défaut : *prove wrong* ; **quérir** : chercher
puisa : a pris
guenilles : *rags* ; serrées : rangées
indienne ... basin : *types d'étoffe de coton*
corsage : *blouse*

135 Incrédule encore, mais curieuse aussi et peut-être secrètement désireuse de prendre grand-mère en défaut°, je m'en fus quérir° le grand sac de retailles. Grand-mère y puisa° des bouts d'étoffes multicolores, mais très propres — toutes les guenilles° de grand-mère avant d'être serrées° étaient soigneusement lavées et ne sentaient pas mauvais — des morceaux d'indienne, de gingham, de basin° ; je reconnaissais, comme en ses couvre-pieds, des restants d'une robe
140 d'une de mes sœurs, d'un corsage° de maman, d'une de mes robes et d'un tablier dont je ne me rappelais plus à qui il appartenait. C'était plaisant de pouvoir rattacher tant de souvenirs à ces retailles. Grand-mère finit par trouver un morceau de blanc. Elle le coupa en diverses pièces, dont elle fit des espèces de petits sacs d'allure différente, un pour le tronc, d'autres pour les bras et les
145 jambes.

paille : *straw* ; avoine : *oats* ;
combler : remplir

— Il va me falloir maintenant de la paille°, du sel ou de l'avoine° pour combler° tout ça. C'est selon ce que tu aimerais le mieux. Que veux-tu, me demanda-t-elle, une « catin » molle, de paille, ou... ?

— Oh, d'avoine ! ai-je dit.

pesante : lourde

150 — Elle va être pesante°, m'avertit grand-maman.

— Ça ne fait rien.

grange : *barn*

— Eh bien, dans ce cas, va dans la grange°. J'y ai conservé un sac plein d'avoine du temps où je pensais garder quelques poules. Apporte-m'en un petit plat plein.

155 Quand je revins, tous les membres de la « catin » étaient prêts à être remplis de l'avoine que mémère avait gardée dans le cas où elle aurait des poules. Comment ces conjonctures bizarres accouraient toutes aujourd'hui pour servir mon bonheur ne m'échappait pas tout à fait. Bientôt ma grand-mère eut cousu°

eut cousu : *had sewn*

ensemble les membres pleins d'avoine, et j'eus sous les yeux une petite forme
160 humaine assez bien faite, avec des pieds, des mains et une petite tête un peu plate au sommet.

Je commençai à prendre un vif intérêt à la fabrication.

— Oui, mais tu vas être bien attrapée, fis-je, pour les cheveux !

— Les cheveux ! Penses-tu ! fit grand-mère qui s'animait à retrouver du moins
165 intactes les infinies ressources ingénieuses de son imagination. Ah, c'était bien là notre don de famille, nul doute !

fouille : *rummage through* ;
écheveau : *skein*

— Retourne au grenier, fit-elle ; ouvre le tiroir à droite de la vieille commode que j'ai fait monter là-haut. Ne fouille° pas. Prends un écheveau° de laine... À propos, veux-tu une « catin » blonde à la mode d'aujourd'hui ? ou une brune ? ou
170 bien une vieille à cheveux blancs comme moi ?

J'hésitai cruellement. Je penchais fortement pour une vieille « catin » à lunettes et à cheveux blancs, pensant combien cela serait original. Mais j'avais bien envie aussi d'une « catin » jeune.

— Peux-tu m'en faire une aux cheveux blonds frisés ?

175 — Rien de plus facile, dit grand-mère. Apporte la laine qui te plaira et, en revenant, prends dans ma chambre mon fer à friser°. Apporte du même coup la lampe à pétrole. Ou plutôt, pour ne rien casser, apporte tout cela en deux voyages.

Ainsi fut fait. Grand-mère, après avoir confectionné une belle perruque° de cheveux jaunes, la frisa en ondulations à son fer chauffé au-dessus de la lampe
180 et ensuite en couvrit la tête de ma « catin ».

Je ne pouvais plus cacher mon émerveillement.

— Tu sais donc tout faire ? demandais-je.

— Presque tout, dit-elle rêveusement. Les jeunes d'aujourd'hui ne connaissent pas le bonheur et la fierté de se tirer d'affaire avec ce qu'on peut avoir sous la
185 main. Ils jettent tout.

Elle poursuivit après un temps :

— Moi, jeune, je devais me passer d'acheter dans les magasins. J'ai appris, dit-elle, regardant au loin dans sa vie… Mais maintenant, à ta « catin » il faut un visage. Monte sur la table, essaie de grimper et d'attraper sur la corniche ma
190 plume et ma bouteille d'encre.

Ces choses apportées près d'elle, elle trempa sa plume et dessina sur la face encore muette de ma poupée l'arc des sourcils d'abord, ensuite les yeux, puis la bouche et un petit nez droit, bien fait.

Je commençai à battre des mains, à trépigner° d'une joie impossible à contenir.
195 Sans doute était-ce le talent créateur de ma grand-mère qui me ravissait tant. Partout, en effet, où j'ai vu à l'œuvre ce don de Dieu, fût-ce chez la plus humble créature — et il se rencontre en d'étonnants endroits — toujours il m'a remplie des plus vives délices.

— Oui, mais il faudrait une bouche rouge, dis-je.

200 — C'est juste, fit grand-mère. Cette bouche bleue lui donne un air malade. Et cela, ça va être un peu plus difficile. Mais nous y arriverons…

J'observai qu'elle commençait à m'associer à son œuvre créatrice, et je fus encore plus fière de ses talents.

— Va donc voir, me dit-elle sous le coup de l'inspiration, s'il ne se trouve pas sur
205 ma commode, dans ma chambre, un bâton° de ce qu'ils appellent du rouge à lèvres — une horreur, de la vraie peinture pour les sauvages, mais pour une fois ça va nous être utile. Il me semble que Gertrude — non, Anne-Marie plutôt — en a oublié un ici la dernière fois qu'elle est allée dans ma chambre se pomponner°.

Je trouvai effectivement, à l'endroit exact qu'elle m'avait indiqué, la peinture
210 pour les sauvages.

Oh, la belle petite bouche rouge, un peu pincée comme en un vague sourire, que dessina alors grand-mère !

Frisée, une blonde aux yeux bleus, avec son sourire un peu moqueur, ma poupée me paraissait fort belle déjà, quoique encore toute nue.

215 — Pour l'habiller, dit grand-mère, j'ai de la belle dentelle de rideau dans la chambre d'amis, dans le tiroir du bas de la commode. Va la chercher et en même temps cherche dans le tiroir du haut. Je pense que j'ai là du ruban bleu.

Une demi-heure plus tard, ma poupée portait une jolie robe blanche ornée de volants et d'un ceinturon bleu ciel. Sur le devant de la robe, grand-mère était en
220 train de coudre toute une rangée de minuscules boutons dorés.

fer à friser : *curling iron*

perruque : *wig*

trépigner : *to stamp my feet*

bâton : *stick*

se pomponner : *dress up*

— Mais elle est pieds nus, fis-je tout à coup avec consternation. Pour les chaussures, ça va être plus difficile, hein, mémère ?

Je devenais humble, très humble devant elle, devant la majesté de son cerveau, l'ingéniosité de ses mains, cette espèce de solitude hautaine et indéchiffrable 225 de qui est occupé à créer.

— Les chaussures, dit-elle simplement, les veux-tu de cuir°, de satin ou de peluche° ?

— Oh, de cuir !

— Oui, c'est plus résistant. Eh bien, va donc chercher de vieux gants de cuir 230 jaune qui appartenaient autrefois à ton oncle Nicolas. Tu les trouveras...

Cette fois encore, sur son indication, je mis sans peine la main sur les gants de cuir jaune.

— C'est du cuir de magasin, fit-elle, les examinant, les retournant sous les yeux. Les magasins vendent surtout de la camelote°, mal cousue, mal finie. Pour une 235 fois, il en est sorti quelque chose de bon et de beau. Ton oncle Nicolas avait des goûts extravagants en sa jeunesse, me confia-t-elle. Mais il est vrai que c'est pour son mariage qu'il s'est acheté ces gants. Et tu vois comme tout sert plus d'une fois, fit-elle : hier au mariage, aujourd'hui à des souliers de « catin » ! Ils disent que je garde tout, que je m'encombre, que je suis une vieille démodée. 240 N'empêche qu'un jour arrive où on peut tirer un bon usage de ce qu'on aurait pu jeter par la fenêtre.

Tout en causant, elle tailla puis confectionna les plus mignons petits souliers de poupée que j'aie jamais vus.

— Pendant que j'y suis, fit-elle, autant lui faire aussi des gants.

〜

245 La nuit venait. Grand-mère me fit allumer la lampe et l'apporter tout près d'elle. Ni l'une ni l'autre ne songions au repas du soir. Le strict horaire de la journée auquel ma grand-mère tenait tant, pour une fois n'existait plus. Quand quelque chose de plus grand que l'horaire se présentait, elle pouvait donc l'ignorer. Elle continuait à travailler, ses lunettes aux yeux, heureuse je pense bien, la chère 250 vieille femme, comme au temps où des tâches urgentes la réclamaient du matin au soir et ne lui laissaient pas de répit pour examiner les vastes profondeurs mystérieuses du destin. Ou plutôt heureuse comme elle ne l'était pleinement, sans doute, que lorsque sa tâche dépassait les seules exigences du moment présent.

255 — Lui as-tu trouvé un nom ? me demanda-t-elle me regardant sous ses lunettes.

C'étaient d'anciennes lunettes cerclées de fer.

— Oui. Anastasie.

— Ah ! fit-elle, et je sus que le nom lui plaisait. Il y en avait une, Anastasie, dans mon village du Québec, autrefois. C'est un nom qui frappe. Ce n'est pas comme 260 ces petits noms courts d'aujourd'hui qu'on oublie tout aussitôt : Jean, Jeanne, Robert, Roberte... Autrefois, les gens avaient des noms dont on se souvenait : Phidime, Viateur, Zoé, Sosthène, Zacharie...

Tout ce temps, ma poupée avançait. Elle n'avait pour ainsi dire plus besoin de rien, mais, trop bien lancée, grand-mère ne pouvait sans doute plus s'arrêter. 265 Dans du drap noir, elle tailla une pèlerine° de voyage, puis — une chose

cuir : *leather*
peluche : *plush*

camelote : marchandise de mauvaise qualité

pèlerine : *cape*

appelant l'autre — avec de la colle et du carton se mit en frais pour lui faire une petite valise à laquelle elle cousit une minuscule poignée que je glissai à la main d'Anastasie.

Ce n'était pas encore assez.

270 — Il lui faudrait un chapeau, proposa grand-mère. On ne part pas en voyage sans chapeau, même dans le dévergondé° d'aujourd'hui.

Elle m'envoya chercher, derrière la porte du tambour°, un vieux chapeau de paille. Elle le détricota°, puis lentement, de ses doigts raidis par le rhumatisme — avec des doigts pareils, travailler dans du petit était bien plus difficile que de

275 travailler dans du grand, me dit-elle — elle tricota un nouveau, et cette fois très petit, très gracieux chapeau.

— Comment ! criai-je à plusieurs reprises, tu sais donc aussi faire des chapeaux !
— De la paille fine des marais, non loin de chez nous, autrefois j'en ai fait de jolis... Du reste, me conta-t-elle, j'ai bien des fois habillé quelqu'un — ta mère,

280 ton grand-père — de la tête aux pieds.

— De la tête aux pieds, mémère !

— De la tête aux pieds... et sans besoin d'aller au magasin pour quoi que ce soit, sinon peut-être pour des boutons. Et encore, des boutons, j'en ai fait dans de la corne de bœuf : avec une alène° pour percer les trous, j'y arrivais.

285 — De la tête aux pieds ! dis-je.

Elle me tendit ma poupée avec son chapeau de paille pendu au cou par une bride. J'étais si heureuse que je me mis à pleurer.

— Ah bien, s'il faut que ça recommence, que j'aie fait tout ça pour rien ! bougonna° grand-mère.

290 Mais moi, oubliant combien elle se plaisait peu aux épanchements° et aux caresses, je grimpais sur ses genoux, je lui jetai mes bras autour du cou, je sanglotai° d'un bonheur aigu trop ample, presque incroyable. Il m'apparaissait qu'il n'y avait pas de limites à ce que savait faire et accomplir cette vieille femme au visage couvert de mille rides°. Une impression de grandeur, de

295 solitude infinie m'envahit. Je lui criai dans l'oreille :

— Tu es Dieu le Père ! Tu es Dieu le Père ! Toi aussi, tu sais faire tout de rien.

Elle me repoussa sans trop d'énervement ni d'impatience.

— Non, je suis loin d'être Dieu le Père, dit-elle. Penses-tu que je saurais faire un arbre, une fleur, une montagne ?

300 — Une fleur peut-être.

Elle sourit un peu : « J'en ai assez fait pousser en tout cas... »
Je voyais que malgré tout elle n'était pas offensée de ce que je l'avais comparée à Dieu le Père.

— Car, dit-elle après un moment de réflexion, avec ce qu'il m'a donné de

305 moyens et mis de bois dans les roues°, j'ai quand même pas mal aidé sa création. J'ai peut-être fait tout ce que peut faire une créature humaine. J'ai deux fois construit le foyer°, me dit-elle, ayant suivi ton trotteur de grand-père d'un point à l'autre du vaste pays. J'ai recommencé, au Manitoba, tout ce que j'avais fait là-bas, dans le Québec, et que je pensais fait pour de bon : une maison.

310 C'est l'ouvrage, me confia-t-elle. Oui, une maison, une famille, c'est tant

dévergondé : *shamelessness*

tambour : *revolving door*
détricota : *unraveled*

alène : *awl*

bougonna : *grumbled*

épanchements : *outpourings*

sanglotai : *sobbed*

rides : *wrinkles*

mis ... dans les roues : *put things in the way*
foyer : *maison*

infranchissable : *insurmountable*

d'ouvrage que si on le voyait une bonne fois en un tas, on se sentirait comme devant une haute montagne, on se dirait : mais c'est infranchissable° !

dépassait : *was beyond me*

Elle s'aperçut que je l'écoutais, Anastasie serrée sur mon cœur, pensa peut-être que tout cela me dépassait° — et en effet j'étais dépassée mais quand même
315 retenais quelque chose — et elle continua :

— C'est ça, la vie, si vous voulez le savoir — et je ne sus plus à qui elle parlait

barda : *responsabilités*
rechignerait : *refuserait*

— une montagne de « barda° ». Heureusement qu'on ne la voit pas dès le début, sans quoi on ne s'y aventurerait peut-être pas ; on rechignerait°. Mais la montagne se dessine seulement au fur et à mesure qu'on monte. Et du reste,
320 autant de « barda » on a fait dans la vie, autant il en reste pour les autres, derrière soi. C'est de l'ouvrage jamais fini, la vie. Avec tout ça, quand on n'est plus bonne à aider, qu'on est reléguée dans un coin, au repos, sans savoir que faire de ses dix doigts, sais-tu ce qui arrive ? me demanda-t-elle et, sans attendre de réponse, me l'apprit : Eh bien, on s'ennuie à en mourir, on regrette°

regrette : *ici, misses*

325 peut-être le « barda », peux-tu comprendre quelque chose à ça ?

— Non, dis-je.

Alors elle parut immensément étonnée de me découvrir tout attentive à ses pieds.

— Tu es fâchée, hein ? lui demandai-je.

330 — Mêle-toi de tes affaires, fit-elle.

Mais un instant plus tard, repartie dans ses songes, elle me dit à qui elle en voulait tant :

— Ton grand-père Elisée, qui m'a fait le coup de partir le premier, sans m'attendre, le bel aventurier, me laissant seule en exil sur ces terres de l'Ouest.

335 — C'est pas l'exil, dis-je, c'est chez nous, le Manitoba.

— Puis tous ceux de sa race, continua-t-elle, toi comme les autres, des indépendants, des indifférents, des voyageurs, chacun veut aller de son côté. Et Dieu aussi ! Parce que vraiment, dit-elle, il laisse faire trop de choses étranges qui nous tracassent°, quoi qu'en disent les prêtres qui, eux, comme de bon

tracassent : *tourmentent*

340 sens, lui donnent raison.

ronchonnait : *grumbled*

Elle ronchonnait° encore de la sorte que je dormais à demi, appuyée à ses genoux, ma « catin » dans les bras, et voyais ma grand-mère arriver en colère au Paradis. Dans mon rêve Dieu le Père, à la grande barbe et à l'air courroucé, céda la place à grand-maman aux yeux fins, rusés et clairvoyants. C'était elle qui,
345 assise dans les nuages, dès lors prenait soin du monde, édictait de sages et justes lois. Or le pauvre monde sur terre s'en trouvait bien.

Longtemps il me resta dans l'idée que ce ne pouvait être un homme sûrement qui eût fait le monde. Mais, peut-être une vieille femme aux mains extrêmement

habiles : *skillful*

habiles°.

Gabrielle Roy, *La route d'Altamont*, © Flammarion, 1966

Questions de compréhension : Deuxième partie

A. En général

Comment la grand-mère a-t-elle fabriqué la poupée pour sa petite-fille et de quoi parlait-elle en la fabriquant ?

B. En détail

1. Qu'est-ce qui se trouvait dans le sac de retailles ? Quels souvenirs évoquaient ces objets ?

2. Pourquoi la grand-mère avait-elle de l'avoine pour la poupée ?

3. Comment a-t-elle fait les cheveux pour la poupée ? Et le visage ?

4. Avec quoi a-t-elle fait la robe ? Et les chaussures ?

5. Quel nom Christine a-t-elle choisi pour sa poupée ? Que pensait sa grand-mère de ce nom ?

6. Quels accessoires la grand-mère a-t-elle encore faits pour la poupée ?

7. Comment est-ce que la grand-mère savait faire tout cela ? Expliquez son opinion sur ce qu'on achète dans les magasins.

8. À qui Christine comparait-elle sa grand-mère ? Pourquoi ?

9. Qu'est-ce que la grand-mère a dû faire quand elle était jeune ? Regrettait-elle de ne plus avoir tant de travail ? Pourquoi ?

10. Que voyait Christine dans son rêve ?

Réfléchissez et discutez ensemble

1. Qu'est-ce qu'on apprend sur le Manitoba dans cette nouvelle ? Quel rôle joue ce paysage dans l'histoire ?

2. D'après les renseignements donnés par l'auteur, comment était le passé de la grand-mère ? Comparez son passé à sa vie actuelle.

3. Pourquoi, selon vous, « les jeunesses » ne passaient-elles pas plus de temps avec leur grand-mère ?

4. Les personnes âgées ont souvent de la nostalgie pour le passé, qu'elles trouvent meilleur que le présent. Quelles étaient les idées de la grand-mère à ce sujet ? Que regrettait-elle [miss] du passé ?

5. Comment l'image de la grand-mère change-t-elle au cours de l'histoire ? Faites trois portraits de la grand-mère : après les trois premiers paragraphes, à la fin de la première partie, à la fin de la deuxième partie. Essayez d'expliquer les changements chez Christine quant à l'image de sa grand-mère.

Jouez la scène

1. La poupée. Quand Christine rentre chez elle à la fin de l'été, elle se retrouve avec ses copains. Ceux-ci lui posent des questions sur ses grandes vacances et surtout sur la nouvelle poupée qu'elle leur montre avec fierté. Ils ont du mal à croire que c'est sa grand-mère qui l'a faite.

2. **Solitude.** La maman de Christine rend visite à sa propre mère (la grand-mère de la nouvelle). La vieille dame se plaint parce que personne ne lui rend visite et sa fille essaie de lui remonter le moral.

3. **Le bon vieux temps.** Après le départ de Christine, un de ses oncles rend visite à sa mère, et on parle de la jeunesse d'aujourd'hui. L'oncle préfère le monde actuel, mais sa mère trouve tout mauvais.

4. **Avec pépé.** Un garçon de six ans rend visite à son grand-père. Celui-ci propose une activité pour que son petit-fils ne s'ennuie pas. Les deux se parlent et passent un moment agréable ensemble.

Présentations

1. **Le Manitoba.** Faites des recherches sur le Manitoba. Comment est cette province ? Décrivez le paysage. De quoi y vit-on ? Y trouve-t-on encore des francophones ? Pourquoi et combien ? Présentez vos résultats à la classe.

2. **Un portrait.** Faites le portrait d'une personne âgée que vous connaissez ou que vous avez connue. A-t-elle encore des rapports avec des enfants ou des jeunes personnes ? De quoi cette personne aime-t-elle parler ?

Applications grammaticales

Consultez les pages 168–69 pour une révision des articles et une explication de leur emploi.

A. Complétez le paragraphe par les articles qui conviennent.

Pour faire _____ poupée de Christine, sa grand-mère a besoin de son sac _____ retailles. Elle y trouve _____ bouts _____ étoffes multicolores — _____ morceaux _____ gingham et _____ morceau _____ coton blanc. D'abord elle fait _____ espèces de petits sacs d'allures différentes, un pour _____ tronc, d'autres pour _____ bras et _____ jambes. Pour les rembourrer [*stuff*] la grand-mère a _____ paille, _____ sel et _____ avoine. Puisque Christine ne veut pas _____ poupée brune, elle confectionne _____ perruque de cheveux jaunes en utilisant _____ laine et elle en couvre _____ tête de _____ poupée.

B. Traduisez en français.

Christine loved the doll that her grandmother made for her. It had blond hair, blue eyes, and a red mouth. The grandmother used an old pair of gloves to make shoes and even some small gloves for Anastasie. With some glue and some cardboard, she made a suitcase. When the grandmother was young, she could not buy everything in stores, so she learned how to make many things. She dressed her children from head to toe and bought only buttons. Christine was surprised by her grandmother's cleverness.

À l'écrit

1. **Mon été.** À la rentrée, Christine doit écrire une petite composition pour sa maîtresse où elle parle de son été.

2. **La création.** Dans une lettre à une amie, Christine décrit sa nouvelle poupée et comment sa grand-mère l'a fabriquée.

3. Le début. Bien des années après les événements de cette histoire, Christine trouve une lettre de son grand-père (celui que sa grand-mère a appelé « trotteur ») dans laquelle il décrit les premières années de son mariage au Québec, le voyage au Manitoba, etc. Relisez ce que dit la grand-mère (lignes 306–309, 333–337) sur son mari, puis imaginez cette lettre.

4. Un grand-parent. Faites le portrait d'un de vos grands-parents, si vous l'avez connu(e). Parlez surtout de son caractère. Si ce grand-parent vit encore, comment est-ce que vos rapports avec lui (elle) ont changé avec le temps ? Ou, faites le portrait d'une personne assez âgée que vous connaissez ou connaissiez quand vous étiez plus jeune. Qu'est-ce que vous avez appris de cette personne ?

Synthèse

A. Qu'est-ce que l'ennui ? C'est l'ennui de la narratrice qui provoque la création de la poupée, et Gabrielle Roy réfléchit aussi à l'ennui de la grand-mère dans cette nouvelle.

Étapes à suivre :

1. Pensez à deux ou trois situations dans lesquelles vous vous ennuyez. Décrivez-les.

2. Cherchez la définition du mot « ennui » dans un dictionnaire français (monolingue).

3. Relevez les passages de la nouvelle dans lesquels on parle d'ennui et prenez des notes pour préparer votre rédaction.

   a. Qui s'ennuie ?

   b. Quand et pourquoi cette personne s'ennuie-t-elle ?

   c. Comment les formes de cet ennui se différencient-elles ?

4. Écrivez un brouillon de trois paragraphes, en parlant de :

   a. Votre définition personnelle de l'ennui ; comparez-la à la définition tirée du dictionnaire ; illustrez les définitions en donnant des exemples concrets.

   b. Le rôle de l'ennui dans la nouvelle de Gabrielle Roy.

   c. La conclusion : Y a-t-il ou n'y a-t-il pas beaucoup de variations d'ennui ? Pourquoi ?

5. Relisez votre brouillon et révisez.

B. Le mystère de la création. La grand-mère crée une poupée, ce qui émerveille la petite fille (la narratrice), devenue plus tard romancière.

1. Prenez des notes en répondant aux questions suivantes :

   a. Qu'est-ce que c'est que « créer » ?

   b. Relevez les moments où Gabrielle Roy parle de l'acte de créer. Qui crée ? Comment l'acte de créer transforme-t-il celui ou celle qui crée ? Comment l'enfant réagit-elle face à la création ?

c. Quand la narratrice nous dit : « les infinies ressources ingénieuses de son imagination. Ah ! c'était bien là notre don de famille, nul doute ! » (lignes 165–66) qu'est-ce qu'elle veut dire ?

d. Comparez l'acte de créer le monde avec l'acte de faire une poupée et l'acte d'écrire un roman.

2. En vous basant sur vos notes, écrivez une rédaction de trois ou quatre paragraphes pour analyser les idées de Gabrielle Roy sur la création.

Colloque sentimental

Paul Verlaine (1844–1896)

Paul Verlaine est un des grands poètes français. On admire son œuvre pour sa valeur musicale et sa puissance de suggestion. Sa poésie montre un goût pour la mélancolie, pour une tristesse douce et égale, sans éclat ni désespoir.

Pour vous préparer à la lecture, voir SAM, Unité 3 : Colloque sentimental.

Pré-lecture

Parcourez le poème et relevez les adjectifs. Quelle ambiance ces adjectifs créent-ils ? Puis lisez le poème plus lentement.

Colloque° sentimental

🎧 Piste 10

Dans le vieux parc solitaire et glacé,
Deux formes ont tout à l'heure passé.

colloque : conversation, entretien
molles : *lifeless*

Leurs yeux sont morts et leurs lèvres sont molles°,
Et l'on entend à peine leurs paroles.

5 Dans le vieux parc solitaire et glacé,
Deux spectres ont évoqué le passé.

— Te souvient-il de notre extase ancienne ?
— Pourquoi voulez-vous donc que je m'en souvienne ?

— Ton cœur bat-il toujours à mon seul nom ?
10 Toujours vois-tu mon âme en rêve ? — Non.

indicible : inexprimable

— Ah ! les beaux jours de bonheur indicible°
Où nous joignions nos bouches ! — C'est possible.

— Qu'il était bleu, le ciel, et grand, l'espoir !
— L'espoir a fui, vaincu, vers le ciel noir.

avoines folles : *wild grass*

15 Tels ils marchaient dans les avoines folles°,
Et la nuit seule entendit leurs paroles.

Questions de compréhension

A. En général

Quel est le sujet de la conversation dans ce poème ?

B. En détail

1. Où se situe l'action du poème ?

2. Comment le poète décrit-il ses personnages ? Quelle différence établit-il entre les deux? Comment se parlent-ils ? Qu'est-ce que l'usage des pronoms sujets (dans le quatrième et cinquième couplet) indique sur leurs rapports ?

3. Que font-ils ?

Réfléchissez et discutez ensemble

1. Les personnages du poème existent-ils ou est-ce que ce sont des spectres ? Justifiez votre opinion.

2. Imaginez le passé des personnages. Comment étaient leurs rapports ? Qu'est-ce qui s'est passé ?

3. Comparez la façon dont le poète suggère le passé et le présent dans le poème.

4. Quel est le ton de ce poème ? Comment le poète le crée-t-il ?

Jouez la scène

1. **Des retrouvailles.** Un jour, par hasard, vous retrouvez une personne que vous avez aimée et presque oubliée. Vous êtes tous les deux un peu nostalgiques mais vous avez chacun des souvenirs contradictoires de vos rapports et de vos sentiments à l'époque où vous vous aimiez.

2. **Le coup de foudre.** Créez un dialogue entre les deux personnages au moment où ils sont tombés amoureux l'un de l'autre. Qu'est-ce qu'ils se promettent ?

3. **Une autre fin.** Continuez le dialogue commencé dans le poème pour arriver à une réconciliation et une sorte de renaissance de cet amour.

Présentations

1. Faites des recherches sur la vie de Paul Verlaine sur Internet et présentez sa biographie à la classe.

2. Trouvez un autre poème de Verlaine que vous aimez. Lisez-le à la classe et expliquez pourquoi il vous plaît.

Applications grammaticales

Un rapport

Consultez les pages 60–62 pour une révision des formes du passé et une explication de leur emploi.

Vous étiez au parc, caché derrière un arbre, et vous avez pris des notes en regardant les personnages du poème. Maintenant, transformez vos notes en un passage cohérent en ajoutant des articles et en conjuguant les verbes au passé.

Il/faire froid dans/parc et moi/être assis sur/banc. Je/regarder autour de moi quand je/voir/vieux couple. Ils/se parler/tout bas et je/ne … guère pouvoir/entendre leurs paroles. Ils/se poser/questions/mais/réponses/être difficiles à comprendre. Tous les deux, ils/avoir/air mélancolique. Après/se regarder tristement pendant quelques minutes/ils/partir, chacun de son côté, et je/ne … plus les revoir.

Un dialogue possible

Consultez les pages 164–167 pour une révision des pronoms objets, les pages 116–17 pour réviser la formation des questions et les pages 15–17 pour réviser les expressions de négation.

Traduisez les phrases suivantes que les personnages du poème auraient pu se dire :

1. Why don't you love me anymore? — I don't want to talk about it.
2. What makes you so unhappy now? — Thinking about our past makes me sad.
3. Do you remember the gifts you gave me? — No, I never gave you any.
4. Whom do you love now? — I don't love anyone.
5. What can I say to you so you will change your mind? — Nothing.

À l'écrit

1. **Le grand amour.** Imaginez le commencement de cet amour, quand les deux personnages étaient jeunes et s'aimaient à la folie. Choisissez votre point de vue : celui d'un des personnages ? d'un ami ?

2. **Une lettre d'adieu.** Écrivez la lettre d'adieu écrite par un des personnages du poème à l'autre pour rompre. **Tu** ou **vous** ?

> **Synthèse**
>
> Écrivez votre propre poème pour évoquer un amour qui n'existe plus.
> Vous pouvez suivre les indications données ou, si vous préférez,
> trouver votre propre forme.
>
> Premiers vers : Une description de la scène et des personnages
>
> Vers suivants : Ce qu'ils se disent et ce qu'ils font
>
> Pour terminer : Une réflexion sur ce qui s'est passé

L'amour au Val-Fourré

Faudel (1978–)

Pour mieux comprendre cet article, il est utile de connaître quelques mots-clés
du contexte socio-économique qui apparaissent dès le début. On appelle les
communes suburbaines, qui se trouvent à la périphérie des grandes villes, des
banlieues. Pendant les années soixante, après la décolonisation de l'Afrique, il y a
eu une vague d'immigration venue des anciennes colonies françaises. En fait,
comme plus tôt dans son histoire, la France avait besoin de main d'œuvre et
encourageait ces immigrés à venir travailler. On a fait construire des **cités**,
ensembles de logements économiques destinés aux familles ayant peu de moyens,
dans les banlieues. Ces cités sont souvent caractérisées par une forte population
immigrée. Un enfant né en France de parents immigrés d'Afrique du Nord
s'appelle un **beur**, verlan[5] pour arabe. Depuis les années quatre-vingt, on associe
aux cités des banlieues des problèmes sociaux, tels que le chômage, la pauvreté, la
délinquance, la drogue et la violence. Dans cet article, tiré du magazine *Le Nouvel
Observateur*, un chanteur beur qui s'appelle Faudel parle de la vie des jeunes dans
les banlieues, de laquelle certains aspects n'ont pas beaucoup changé depuis cette
interview.

Pré-lecture

Regardez le titre de l'article et parcourez le premier paragraphe. De quoi Faudel
va-t-il surtout parler ? Avec un(e) camarade de classe, regardez le champ lexical
(pp. 120–22) et identifiez cinq expressions utiles pour traiter ce sujet. Puis écrivez
des phrases qui illustrent le sens et l'usage de chaque expression.

Parcourez le deuxième paragraphe et le début du troisième.

1. D'après Faudel, pourquoi les filles et les hommes se privent-ils de sexe ?

2. À quoi Faudel attribue-t-il sa réussite ?

3. Vit-il encore au Val-Fourré ?

> Pour vous
> préparer à la lecture, voir
> SAM, Unité 3 : L'amour au
> Val-Fourré.

---

[5]argot, façon de parler consistant à inverser les syllabes des mots. Exemples : teuf = fête ; meuf = femme

L'amour au Val-Fourré

À 19 ans, il est la star montante du raï[6]. Cet enfant d'une des cités de Mantes-la-Jolie[7] raconte la vie sexuelle des jeunes beurs des banlieues.

J'ai grandi à Mantes-la-Jolie, dans la cité du Val-Fourré. Parler de la vie de ceux qui y habitent, c'est à priori évoquer de grandes difficultés, c'est savoir que, trop
5 souvent, la fille et l'homme se privent de° sexe, à cause des héritages culturels, des interdits et de la misère. Dans cette cité, la plus grande d'Europe, cohabitent plus ou moins bien quatre-vingt-deux ethnies. Moi, j'ai eu la chance d'être entouré de personnes superbes et d'avoir des références très fortes. C'est ce qui m'a permis d'avancer, de réussir, de devenir un artiste. Ma grand-
10 mère était une chanteuse traditionnelle et mon grand-père garde-champêtre° à Tlemcen[8]. Comme mes trois frères — je n'ai pas de sœurs — , je suis né en France, où mon père et ma mère sont arrivés il y a environ un quart de siècle. Mon père est aujourd'hui retraité, après avoir travaillé chez Renault[9]. Ma mère, pour aider notre foyer, a dû faire des ménages.

15 Je ne vis plus au Val-Fourré depuis trois ans, bien que j'y retourne souvent. Ça m'arrive d'inviter des jeunes filles à dîner, à sortir en boîte° et à nous amuser. Mais une majorité de filles maghrébines° ont peur de leur famille, de leur père, de leur mère, de leurs frères. Même si elles ont envie de sortir, elles sont obligées d'y renoncer. Si l'une d'elles fait l'amour sans être mariée et que sa
20 famille l'apprend, c'est la folie. La famille veut la marier car elle est considérée comme salie°. Parfois, pas plus que le garçon, elle n'a aucune envie de se lier pour la vie. À un moment donné, les uns et les autres rêvent de faire l'amour pour simplement le faire. D'ailleurs, les jeunes acceptent de moins en moins d'être mariés contre leur gré°. Notre génération évolue. Elle ne se laisse plus
25 autant faire°.

Une majorité de parents ne comprennent pas que le monde a changé. Eux qui ne savent ni écrire ni lire placent leurs enfants sous une telle surveillance qu'ils en sont déséquilibrés. Beaucoup de jeunes filles n'ont même pas le droit de discuter, en toute innocence, avec un garçon à la sortie du collège. Si leur papa
30 les voit, il ne les lâche° plus, leur pose toutes sortes de questions, leur demande : « Pourquoi tu marches avec lui ? Qu'est-ce qui se passe entre vous ? » Les filles ne sont pas les seules à subir ça. C'est souvent la même chose pour les mecs°, à qui les parents interdisent de sortir de leur quartier. Il nous arrive d'aller faire un baby-foot°, à trois bornes° de la cité, en centre-ville. Si le papa y
35 aperçoit l'un de ses fils, il l'embarque immédiatement dans sa voiture et le fait rentrer dans la cité.

Lorsqu'on est élevé comme ça, on se met davantage à penser au « mal » qu'à l'amour. Automatiquement, sans qu'on s'en rende compte, on se cache, on a le sentiment d'être en faute, même si on ne l'est pas. On dissimule. Et puis, si le
40 sexe est interdit pour la fille, il l'est automatiquement pour l'homme. Il devient dégoûté° des femmes. Cette situation provoque des crispations° intimes qui peuvent devenir violence.

Parler de sexe reste tabou chez nous. Seule une minorité d'hommes et encore moins de femmes abordent le sujet ensemble. S'il y a des homos, ils se

---
[6] musique populaire d'origine algérienne, devenue électronique chez les jeunes ; **raï** veut dire liberté d'opinion
[7] une banlieue à l'ouest de Paris
[8] ville en Algérie
[9] fabricant français d'automobile

se privent de : *to go without*

garde-champêtre : agent responsable de la garde des propriétés rurales

boîte : *nightclub*
maghrébines : d'Afrique du Nord

salie : *soiled*

gré : volonté
se laisse faire : *let itself be pushed around*

lâche : *let go, leave alone*

mecs : (familier) *guys*
baby-foot : *foosball* ; **bornes** : (familier) kilomètres

dégoûté : *disgusted* ;
crispations : *tensions*

Une cité en banlieue

45   cachent. Pour les femmes à femmes, c'est encore pire. Elles représentent le
vice de la terre et sont carrément° bannies. L'esprit de village subsiste. Les
filles s'en sortent mieux parce qu'elles ont davantage de neurones et savent
analyser les choses. Le mec est un feu vif qui ne sait pas se contrôler. Elles,
elles ont du courage, bossent° vraiment, alors que les garçons ne vont pas
50   jusqu'au bout de leurs ambitions. Ils sont faibles.

S'il s'agit de sexualité, l'homme tente d'inverser les rapports. Il se montre
macho, jaloux. Il ne veut pas que la femme travaille. Selon lui, elle doit rester à
la maison et s'occuper des enfants. L'homme ne supporte pas de voir la femme
se prendre en main°. Si elle part le matin pour aller au bureau, il sait qu'il ne
55   pourra pas rester auprès d'elle pour la surveiller. Il se met à penser qu'elle va le
tromper.

Ceux de ma génération se détachent de ces comportements. Nous ne sommes
pas racistes les uns envers les autres non plus ; nous ne savons même pas ce
que c'est, puisqu'on a tous été élevés ensemble. Comme beaucoup de mes
60   copains, je suis pour le mélange° des races ; si j'aime un jour une Noire, une
Jaune ou une Européenne, cela ne me posera pas de problèmes.

Mes copains ont cependant beaucoup de mal. Je connais bien ceux qui restent
du matin au soir dos au mur dans les allées de la cité à guetter° le monde qui va
et vient. Ils sont au chômage, sans espoir et sans repères. Dans leur cœur, il y
65   a toute la rage de la société. Alors, ils ont très peu de femmes. Comment veux-tu
séduire une fille si tu es envahi par la violence ? Pour donner de l'amour, il faut

carrément : catégoriquement

bossent : (familier) travaillent

se prendre en main : *take control*

mélange : *mix*

guetter : attendre et regarder

en avoir reçu. Ces mecs ne sont pas en état de tomber amoureux, de dorloter une femme, d'avoir envie de construire quelque chose. Ça ne leur vient même pas à l'esprit. Ils draguent au jour le jour des copines en boîte. Pour eux, la
70 femme est un objet, comme un mouchoir que l'on salit.

Pour convaincre la fille de faire l'amour avec eux, ils sont capables, sur le moment, de se montrer différents. Mais très rapidement leur violence, leur bêtise machiste reprend le dessus et les filles, déçues, les plaquent°. Quelle fille peut vraiment accepter d'être « aimée » dans ces conditions ? C'est pour ça
75 que je dis qu'ils ont peu de femmes. Certains les tapent° et elles s'enfuient. Chez les plus jeunes, ces cas sont extrêmement rares. Il faut tout de même savoir qu'il y a de nombreuses assistantes sociales° au Val-Fourré.

Moi, je sais ce que c'est que d'être amoureux. Mon cœur n'a jamais été empêché°. Mais indépendamment de cela, nous avons tous peur du sida°, à
80 cause de la toxicomanie° principalement. D'ailleurs, toutes les filles exigent le préservatif°. C'est vraiment entré dans les mœurs°.

La première fois que j'ai fait l'amour, j'avais 14 ans. C'était une Européenne de deux ans plus âgée que moi. Après, je me suis demandé si je l'avais bien fait. Et puis, quand je l'ai revue, je ne l'ai plus regardée de la même façon. Je me suis
85 dit : je suis grand, et j'étais fier. En même temps j'ai eu peur, peur qu'elle soit enceinte. Je me suis demandé ce qui pourrait se passer avec mes parents. C'était absurde. Mais la première fois on ne sait pas, on se fait de ces films !

plaquent : (familier) quittent

tapent : (familier) battent

assistantes sociales : *social workers*

empêché : *arrêté* ; **sida :** *AIDS*
toxicomanie : *drug addiction*
préservatif : *condom* ; **mœurs :** *customs, habits*

Deux ans et demi plus tard seulement, je l'ai dit à ma mère. J'ai voulu qu'elle sache que j'avais franchi ce seuil° pour qu'elle me fasse plus confiance. C'était dans la cuisine. Alors elle m'a parlé de la fameuse capote. « Dis-moi, m'a-t-elle dit en rigolant : tu as mis le préservatif. »

90

franchi ce seuil : crossed that threshold

Un jour, sur Canal+[10], nous avons fait un podium contre le sida. Il y avait MC Solaar[11]. Moi, j'avais mon père assis à ma gauche et ma mère à ma droite. Ma maman, c'est une vraie fatma[12], elle met la tunique et j'étais fier que d'autres parents qui ont le même âge que les miens voient ça à la télé. On faisait sauter un tabou : des parents maghrébins venaient soutenir une telle cause, en même temps que moi ! Des filles m'ont dit : « Tu as de la chance d'avoir des parents comme ça. » Après, elles m'ont respecté. Elles ont compris que moi aussi je les respecte. Les femmes sont mes amies.

95

Faudel, *Le Nouvel Observateur*, No 1733, 22–28 janvier 1998

Questions de compréhension

A. En général

Qu'est-ce qui rend les rapports entre filles et garçons d'origine maghrébine dans les cités si difficiles, selon Faudel ? Quel rôle joue l'héritage culturel (et ce qui est interdit) et comment la misère (la pauvreté) des cités influence-t-elle la situation ?

B. En détail

1. Pourquoi les filles maghrébines renoncent-elles à sortir ?

2. De quel point de vue la génération de Faudel évolue-t-elle ? Précisez avec des exemples.

3. Que font les parents et quel en est le résultat selon Faudel ?

4. Pourquoi les filles s'en sortent-elles mieux dans les cités que les garçons ?

5. Expliquez l'attitude de Faudel en ce qui concerne le mélange des races.

6. Faudel dit que les femmes sont ses amies, mais que ses copains, eux, ont peu de femmes. Pourquoi, selon lui ?

7. Comment le sida a-t-il changé les rapports entre filles et garçons ?

8. Comment Faudel s'entend-il avec ses parents ? Donnez des exemples.

Réfléchissez et discutez ensemble

1. Faudel dit qu'une majorité des parents ne comprennent pas que le monde a changé. Votre monde est-il différent de celui de vos parents ? Dans quel sens ?

2. Quand et comment les parents devraient-ils intervenir dans la vie de leurs enfants ? Pourquoi ?

3. Que veut dire Faudel par « l'esprit du village » ? Comment peut-on caractériser l'attitude des gens qui passent toute leur vie dans un village ou une petite ville ?

---

[10]chaîne de télévision câblée
[11]rappeur français
[12]femme arabe

Jouez la scène

1. Vous et vos parents. Ils essaient de vous empêcher de sortir le soir avec des amis et vous protestez.

2. Un conflit. Imaginez la conversation entre le frère aîné et sa sœur qui veut sortir avec un garçon ou entre le mari macho et sa femme qui veut travailler à l'extérieur.

3. Le sida. La discussion à la télé entre Faudel et ses parents : Qu'est-ce qu'ils se disent sur les rapports filles-garçons et le sida ?

Présentations

1. Les jeunes dans les banlieues. Faites des recherches sur Internet sur la situation des jeunes dans les banlieues.

2. Le foulard islamique. Faites des recherches pour trouver quelques raisons pour lesquelles certaines jeunes filles veulent porter le foulard en France. Qu'est-ce que le port du foulard « chez certaines » suggère sur les rapports entre hommes et femmes ?

3. Faudel. Faites des recherches sur Faudel. Présentez ce chanteur à votre classe et apportez les paroles d'une de ses chansons, si vous ne pouvez pas en télécharger une. En quoi les paroles et la musique de la chanson sont-elles représentatives du raï ?

Consultez les pages 169–73 pour une révision des formes du subjonctif et une explication de son emploi comparé à celui de l'infinitif et l'indicatif.

Applications grammaticales

A. Complétez la phrase par la forme appropriée du verbe donné :

1. Les jeunes filles veulent _____ (s'amuser).

2. Ces parents maghrébins ne veulent pas que leur fille _____ (sortir) le soir.

3. Il ne faut pas que les jeunes _____ (faire) l'amour sans _____ (être) mariés.

4. Je suis surpris que beaucoup de jeunes filles _____ (ne pas avoir) le droit de discuter avec un garçon à la sortie du collège.

5. Les parents veulent connaître les copains que leur fille fréquente avant qu'elle _____ (pouvoir) sortir avec eux.

6. Après avoir fait l'amour la première fois, Faudel a eu peur que la fille _____ (être) enceinte.

7. Faudel avait envie que sa mère _____ (savoir) la vérité.

8. La mère espère que son fils _____ (être) prudent.

9. Un garçon dans une famille traditionnelle continuera à sortir bien que son père lui _____ (interdire) de le faire.

B. Écrivez vos réactions au contenu de l'article en employant les expressions données :

> **Modèle :** Je doute que… →
>
> Je doute que les jeunes maghrébins puissent trouver du travail en restant dans la cité.

1. Je ne suis pas certain(e) que…

2. Il est vrai que…

3. Il est important que…

4. Il vaut mieux…

5. Je pense que…

6. Il est possible que…

À l'écrit

1. **Les parents s'expliquent.** Les parents n'approuvent pas le copain/la copine de leur enfant mais ils n'osent pas lui en parler directement. Ils écrivent une lettre pour lui expliquer leurs soucis. Écrivez cette lettre.

2. **Des problèmes.** Vous venez de vous disputer avec vos parents au sujet d'un garçon (ou d'une fille) d'une ethnie différente de la vôtre avec lequel (laquelle) vous êtes sorti(e). Dans votre journal intime, parlez de ce que vous pensez de la réaction de vos parents.

Synthèse

1. **Les jeunes et le sexe.** Écrivez une composition de trois paragraphes sur ce sujet. Commencez par écrire des notes pour chaque paragraphe.

   a. Premier paragraphe: Pour quelles raisons une jeune personne se prive-t-elle de sexe aux États-Unis ?

   b. Deuxième paragraphe: Et dans le milieu que décrit Faudel ? Reprenez les trois raisons données dans le premier paragraphe de l'article pour lesquelles les jeunes se privent de sexe, et regroupez les arguments selon ces trois catégories : héritage culturel, interdits, misère. Y a-t-il une distinction nette entre les trois ?

   c. Conclusion : Comparez ces raisons aux raisons dont vous avez parlé dans votre premier paragraphe. Faites attention à ne pas répéter simplement les deux premiers paragraphes.

2. **La génération de Faudel.** Que pensez-vous de l'évolution de la génération de Faudel ? Cette évolution est-elle tout à fait positive ? Employez une variété d'expressions pour exprimer votre opinion (et pour la justifier). Écrivez une page de trois

paragraphes pour traiter ce sujet. Faites attention à la forme des verbes : vous devez utiliser des expressions avec le subjonctif pour exprimer votre opinion.

a. Référez-vous à l'interview et précisez dans votre premier paragraphe les différents aspects de l'évolution dont parle Faudel. À la différence de leurs parents, qu'est-ce que les jeunes font/pensent maintenant ou qu'est-ce qu'ils ne font/pensent plus ? (*Faudel a dit que les jeunes maghrébins...*) À la fin de ce paragraphe, vous devez indiquer votre point de vue personnel sur l'attitude et le comportement de ces jeunes : vous trouvez cette évolution tout à fait positive, tout à fait négative, ou bien positive et négative à la fois.

b. Dans le deuxième paragraphe, il faut donner vos arguments pour soutenir votre point de vue présenté à la fin du premier paragraphe. Ne restez pas dans les généralités ! Donnez des exemples concrets d'après votre expérience, vos observations ou vos connaissances pour convaincre votre lecteur que vous avez raison.

c. Le troisième paragraphe sera le plus court, un résumé général (mais pas une répétition du deuxième paragraphe !) dans lequel vous indiquez pourquoi vous êtes, ou n'êtes pas, d'accord avec Faudel.

Mère Awa
Malick Fall (1920–1978)

Malick Fall est né au Sénégal. Il a mené une carrière diplomatique dans plusieurs organisations internationales où il représentait son pays. Il est l'auteur d'un roman, *La plaie* (1967) et d'un recueil de poèmes, *Reliefs* (1964), dont « Mère Awa », où un fils parle de sa mère décédée.

Pré-lecture

Pour vous préparer à la lecture, voir SAM, Unité 3 : Mère Awa.

1. Avant de lire ce poème réfléchissez au rapport entre une mère et son enfant. Quelle sorte de choses une mère fait-elle pour son enfant ? Quelle sorte de vie désire-t-elle qu'il mène ? Quelles émotions un homme éprouverait-il à la mort de sa mère ?

2. Regardez les deux premiers vers du poème. Le narrateur dit « il paraît que maman est morte » et « quelle importance ». Lisez le reste du poème pour découvrir pourquoi l'apparence de la mort ne semble pas très importante au narrateur.

Mère Awa

Il paraît que maman est morte
Quelle importance
Quelle importance puisque je peux lui parler
À mon aise
5 Qu'elle me répond toujours
Avec son même sourire d'enfant
Pris en faute°

pris en faute : caught in the act

Quelle importance puisqu'il ne se passe de nuit
Qu'elle ne me chuchote° à l'oreille

chuchoter : murmurer

10 Récite trois fois ce verset
Couche-toi sur le côté droit[13]
Et dors
Il ne se passe de nuit sans qu'elle ne s'assure
Que ma journée sera belle à gravir°

gravir : escalader

15 Il paraît que maman est morte
Pas pour moi qui écris ces lignes
Avec mes larmes
Ces lignes qu'elle ne sait lire
Avec ses larmes
20 Mais que son cœur assèche°
Avec un sourire d'élue°

assèche : dries
élue : choisie par Dieu

Puisque je te vois là sous mes yeux
Puisque ta voix est la plus puissante
Sur terre
25 Sous terre
Qu'importe l'illusion de ceux qui t'ont couchée
Sur le côté droit
Et que tu regardes de ton regard
D'enfant pris en faute.

Malick Fall, dans *Reliefs*, Présence africaine, 1964

Questions de compréhension

A. En général

Quelle est l'attitude (la réaction) du narrateur après la mort de sa mère?

B. En détail

1. Dans quel sens la mère du narrateur est-elle toujours présente malgré sa mort ?

2. Que sait-on sur la mère du narrateur d'après le portrait qu'il donne ?

3. Le narrateur ne décrit pas ses émotions. Comment les révèle-t-il dans le poème ?

4. Comment le narrateur exprime-t-il son admiration pour sa mère ?

---

[13]Selon la tradition islamique, se coucher sur le côté droit assure qu'on reste dans la bonne voie morale même en dormant. Si on meurt dans son sommeil, on sera ainsi sauvé le jour du grand jugement final.

Réfléchissez et discutez

1. Le narrateur parle de sa mère en disant *elle* dans la première partie du poème. Pourquoi dit-il *tu* vers la fin ?

2. Quelle est l'illusion de ceux qui ont couché la mère du narrateur sur le côté droit ? Pourquoi dit-il qu'il s'agit d'une illusion ?

3. Peut-on considérer ce poème comme un éloge funèbre ? Expliquez.

4. Pourquoi la mère du narrateur aurait-elle le sourire et le regard d'un enfant pris en faute quand elle répond à son fils, et quand elle regarde ceux qui l'ont couchée après sa mort ?

Jouez la scène

1. Des conseils. C'est la nuit et le narrateur croit voir sa mère dans un rêve. Elle le rassure, lui donne des conseils et lui pose des questions.

2. Un guide. Vous et vos amis parlez de vos parents ou d'un autre adulte qui a joué un rôle important dans votre vie, et de tout ce qu'ils ont fait pour vous quand vous étiez enfants.

Présentations

1. **La religion.** Faites des recherches sur les religions au Sénégal. Combien y en a-t-il ? Quel pourcentage de la population est musulman ? Lequel chrétien ? Quelles autres religions y pratique-t-on ? Présentez vos résultats à la classe.

2. **La mort.** Faites des recherches sur les croyances et pratiques relatives à la mort dans différentes religions et présentez-les à la classe.

Applications grammaticales

Complétez ces phrases du narrateur de manière logique, d'après le poème. Le narrateur peut parler directement à sa mère ou bien à quelqu'un d'autre au sujet de sa mère. Employez des verbes différents.

Consultez les pages 169–73 pour une révision du subjonctif.

1. Je suis triste que...

2. Il est important que...

3. Je regrette de...

4. Parfois je doute que...

5. Il est dommage que...

6. J'espère que...

7. Il est nécessaire de...

8. J'écris ce poème afin que...

À l'écrit

Écrivez une lettre à un membre de votre famille (un de vos parents, un frère aîné ou une sœur aînée, par exemple) ou à une personne plus âgée qui était importante pour vous quand vous grandissiez. Parlez-lui de ce que vous avez appris d'elle ou de lui et de ce qu'il/elle a fait pour vous.

Commencez avec le nom de la personne : **Cher (Chère)** _____

Rappel : Direz-vous **tu** ou **vous** à la personne à qui vous écrivez ?

À la fin de votre lettre utilisez : **Grosses bises, je t'embrasse** (parent, sœur, frère) ou **Avec mes meilleurs souhaits, amicalement, je vous embrasse** (une personne plus âgée qui n'est pas membre de votre famille)

Synthèse

Imaginez une réponse au poème de la part de Mère Awa, dans laquelle elle veut consoler son fils.

De quoi lui parle-t-elle ? Qu'est-ce qu'elle souhaite pour son fils ? Comment doit-il être ? Comment pourrait-il la « voir » ou la « sentir » près de lui ?

Quand il gagne moins qu'elle

Élodie Cheval

Un couple à table

Contexte

En France, comme dans les autres États membres de l'Union européenne, les femmes sont de plus en plus nombreuses à exercer une activité professionnelle. Aujourd'hui deux femmes françaises sur trois travaillent en dehors de la maison. La Constitution affirme l'égalité de leurs droits avec ceux des hommes. Mais ce droit formel se heurte° encore à de nombreuses inégalités. Le salaire moyen des femmes cadres° est de 23% inférieur à celui des hommes (salariés à temps complet) et 80% des travailleurs à très bas salaires sont des femmes (salaire égal ou inférieur à 650 €). Il y a, bien sûr, des exceptions, des cas inverses, comme vous verrez dans l'article suivant.

se heurte : est en opposition
cadres : executives

Pré-lecture

Regardez le titre de cet article de *L'Express*, un hebdomadaire français. Selon vous, quels noms les pronoms sujets remplaceraient-ils ?

Lecture dirigée

Lisez les deux premiers paragraphes. Qu'est-ce que la scène au restaurant révèle sur les attentes de la société ?

Quand il gagne moins qu'elle

Un homme sur trois a un salaire inférieur à celui de sa femme. Et ce n'est plus un problème, affirment-ils Voire°.

Voire : Cela semble douteux.

Au resto, le scénario ne rate jamais. Que ce soit Marc ou Bénédicte qui demande l'addition, c'est toujours à monsieur que le serveur tend la note.
5 Pourtant c'est madame qui dégaine° la carte de crédit. Et pour cause : Bénédicte gagne cinq fois plus que sa moitié. Une exception qui semble faire des envieux. Selon un sondage Ifop-Egg[14], 1 homme sur 3 et 1 cadre sur 2 disent rêver de dépendre financièrement de leur compagne. L'idée de parité° aurait-elle fait son chemin ?

dégaine : sort

parité : égalité

10 Pas sûr. Dans 67% des couples, l'homme continue de dominer financièrement. « Il y a toujours un fossé° entre le discours et le passage à l'acte », observe le sociologue Jean-Claude Kaufmann. Beaucoup d'hommes supportent encore mal l'idée de gagner moins que leur femme, a fortiori° d'en dépendre. « En usurpant un avantage financier, précise l'historien André Rauch, auteur de *L'Identité*
15 *masculine à l'ombre des femmes* (Hachette), non seulement elle le prive de son rôle protecteur et l'affecte dans son identité masculine, mais elle le discrédite vis-à-vis de ses pairs°. » Aux yeux de beaucoup, l'argent reste majoritairement associé au pouvoir, et le pouvoir, à l'homme. « Le discours commun confond sans cesse le phallus et le pénis, déplore le sociologue Serge Daumier. De
20 sorte qu'un homme dépassé par la condition de sa femme aura l'impression de perdre son identité masculine et ses compétences sexuelles. » C'est précisément ce qu'a ressenti Didier lorsque l'entreprise qu'il avait montée° a été liquidée. « Pour lui, cet échec était une atteinte à sa virilité, raconte Martine,

fossé : séparation

a fortiori : à plus forte raison

pairs : peers

montée : créée

[14]Ifop : agence de marketing qui fait surtout des sondages pour ses clients ; Egg : société de cartes de paiement et de crédit

son épouse. Il se sentait humilié de me laisser subvenir aux besoins° de nos
25 enfants. » Nicolas, lui, a quitté son job de consultant pour créer sa PME[15]. « Pour
pouvoir développer son activité, il est obligé de réinvestir tout ce qu'il gagne dans
la société », explique sa compagne, Sophie, qui occupe un poste important dans
l'administration. « Personnellement, ça ne me pose aucun problème. Ce qui
importe, c'est que Nicolas s'épanouisse° professionnellement. Mais mes
30 parents s'imaginaient que j'allais épouser un polytechnicien ou un énarque[16]… »

À les entendre, le problème vient toujours du regard des autres. Peu de ces
couples différents acceptent de témoigner à visage découvert. Pourtant, les
revenus ne sont pas le seul indicateur d'une réussite sociale ou personnelle.
« Des gens brillants et très qualifiés peuvent gagner peu, parce qu'ils évoluent
35 dans un secteur non rémunérateur° », rappelle Nadine, cadre dirigeant° d'une
compagnie d'assurances. « Ce qui compte, ce n'est pas l'argent, mais comment
on le gagne », renchérit° Paul, informaticien. Paradoxalement, ce sont peut-être
les femmes qui, dans ces nouveaux couples, attachent le plus d'importance à
l'argent, gage° de leur indépendance.
40 Une enquête réalisée en 2002 par la Caisse d'épargne[17] démontre que pour
elles, l'exercice d'un métier rime, dans 60% des cas, avec l'indépendance. Dans
la loi, l'autonomie financière des femmes, il est vrai, est une conquête récente.[18]
« Les hommes élevés sur le modèle patriarcal vivent généralement moins bien le
différentiel de salaire que ceux qui sont imprégnés du discours d'égalité des
45 sexes, explique Serge Chaumier. Tout dépend surtout du contrat que le couple
passe au départ. » Sur ce sujet, Mercedes Erra, présidente d'Euro-RSCG[19], peut
savourer sa chance : son compagnon, Jean-Paul Valz, est entièrement acquis à la
cause des femmes. « Jamais je n'ai regardé une femme de tête° comme une
bête curieuse. Pour moi, les femmes ont autant de droit de réussir que les
50 hommes. » Jean-Paul ne se contente pas de beaux discours. En 1995, il a décidé
d'arrêter de travailler pour s'occuper de la maison, de ses cinq fistons°… Et de
sa superwoman. « Je ne me suis pas sacrifié, tient-il à préciser. J'ai vraiment eu
la vie que je voulais. Pour moi, la famille vaut plus que le reste. »

Un point de vue partagé par la grande majorité des Français. À une époque où
55 les couples sont devenus moins pérennes°, 72% des femmes et 63% des
hommes continuent de considérer la famille comme une valeur centrale dans
leur vie. On peut même d'autant plus l'investir qu'elle est plus « choisie »
qu'autrefois. Les hommes qui décident de s'occuper de leur foyer constituent
une espèce rare mais plutôt tendance°. Paul est de ceux-là. Marié et père de
60 trois enfants, cet informaticien de 37 ans dit avoir toujours accordé la priorité à
son foyer. « Cela m'a contraint à quelques sacrifices, reconnaît-il. J'ai renoncé à
terminer mes études, refusé plusieurs promotions, mais je ne le regrette pas. Si
j'avais fait carrière comme ma femme, avocate au barreau° des Hauts-
de-Seine[20], j'aurais eu un salaire plus élevé, certes, mais j'aurais aussi été plus
65 stressé et moins disponible°. Là, à 16 h 30, je suis tranquille ! » Façon de
parler. Car, à peine rentré à la maison, Paul entame sa seconde journée.

---

[15]PME : petites et moyennes entreprises, qui emploient moins de 250 salariés
[16]polytechnicien : ancien élève de l'École Polytechnique ; énarque: ancien élève de l'École nationale
d'administration, deux grandes écoles prestigieuses
[17]Caisse d'épargne : groupe bancaire, crée en 1818, avec l'objectif d'apporter au plus grand nombre les moyens
de bien utiliser son argent [*type of municipal savings bank*]
[18]Il faut attendre l'année 1965 pour que les femmes françaises puissent bénéficier de la libre administration de
leurs biens personnels et du libre exercice d'une profession.
[19]Euro-RSCG : 5ᵉ agence de marketing du monde
[20]Hauts-de-Seine : département en Île-de-France, deuxième après Paris

« S'occuper des tâches ménagères fait partie des choses de la vie, qu'on soit un homme ou une femme », affirme-t-il. Antoine souligne : « Quand on est étudiant, en colocation°, on partage le ménage et la vaisselle. Pourquoi s'arrêter
70 quand on est en couple ? » On se le demande.

Entre Karine et Jean-Yves, les choses ont toujours été claires : « C'est mon argent contre son temps », résume madame. « Bien sûr, je ne lui laisse pas la charge de toute la logistique de la maison. La femme de ménage est là pour faire la vaisselle et astiquer° les meubles. Mais Jean-Yves doit, au moins,
75 assurer° le soir auprès des enfants. » Même combat pour Jean-Paul, qui remplit à merveille son rôle de père. « J'ai comme un instinct maternel chevillé° au corps, observe-t-il, amusé. Mon occupation favorite, c'est vraiment de m'occuper de mes enfants, de les dorloter, de les câliner. » Bien sûr, ce père au foyer a d'autres passe-temps : jardinage, lecture, télévision, sport...
80 « L'important, c'est de pouvoir s'évader de temps en temps. Dommage que toutes les femmes dans mon cas ne puissent le faire. » Décidément, les hommes sont incorrigibles. Mettez-les au foyer, laissez mijoter° : ils expliqueront bientôt aux femmes ce qu'elles ratent.°

Élodie Cheval, *L'Express*, 31 janvier 2005

colocation : partage d'un appartement/une maison

astiquer : *polish*
assurer : être là
chevillé : attaché

mijoter : cuire lentement
ratent : manquent

Questions de compréhension

A. En général

De quoi s'agit-il dans cet article ? Cette situation est-elle typique chez la plupart des couples ? Expliquez.

B. En détail

1. Quelles expressions et quelles tournures dans les trois premiers paragraphes expriment les doutes de l'auteur sur la sincérité de l'affirmation faite par les hommes qu'ils voudraient dépendre financièrement de leurs femmes ?

2. Pourquoi certains hommes ont-ils l'impression de perdre leur identité masculine si leurs femmes ont un plus grand salaire ?

3. Que représente l'argent pour certaines femmes ?

4. Quelles sortes d'hommes acceptent plus facilement que leurs femmes gagnent plus qu'eux ? Selon ces hommes, quels sont les avantages de cette situation ?

5. Quel rôle jouent les enfants dans la décision des hommes de s'occuper de leur foyer ?

Réfléchissez et discutez ensemble

1. Que veut dire la phrase « le problème vient toujours du regard des autres » en ce qui concerne la question de l'inégalité des salaires ? Pourriez-vous trouver des exemples qui illustrent cette idée, dans le texte et/ou dans votre expérience personnelle ?

2. Imaginez votre vie de couple à l'avenir : Accepteriez-vous de rester à la maison si votre conjoint (e) gagnait plus que vous en travaillant à l'extérieur ? Expliquez votre point de vue. Que feriez-vous (ou ne feriez-vous pas) à la maison ? Quels seraient les avantages et les inconvénients de votre situation ?

Un homme au foyer

3. Les revenus sont-ils le seul indicateur d'une réussite sociale ou personnelle ? Expliquez.

4. À la fin de l'article, la journaliste s'ironise sur les hommes en disant qu'ils sont « incorrigibles » et que quand on les mettra au foyer, ils « expliqueront bientôt aux femmes ce qu'elles ratent ». Expliquez ce qu'elle veut dire et pourquoi la situation est ironique.

Jouez la scène

1. Homme au foyer. Un mari explique à sa femme qu'il préfère rester à la maison s'occuper de leurs enfants au lieu de poursuivre son métier. Elle n'est pas du tout convaincue que ce soit une bonne décision.

2. Des époux mal assortis ? Une jeune femme cadre ambitieuse décide d'épouser un peintre. Elle explique son choix à ses parents (frères/sœurs) qui ne prévoient que des problèmes pour le couple.

Présentations

1. Les femmes dans la vie active. Faites des recherches (sur Internet) sur la situation des femmes qui travaillent hors de la maison dans votre pays. Gagnent-elles autant que les hommes pour le même travail ? Dans les couples, qui s'occupe des enfants et des tâches ménagères ?

2. Les femmes au foyer. Vous êtes traditionaliste et à votre avis, les femmes devraient rester au foyer et s'occuper de leurs enfants. Présentez vos arguments à vos camarades de classe.

Applications grammaticales

Consultez les pages 174–75 pour une explication de la forme et de la place des adverbes.

A. Mettez l'adverbe indiqué dans la phrase.

1. Cela ne me pose aucun problème. (personnellement)

2. Jean-Pierre est acquis à la cause des femmes. (entièrement)

3. Ils ont passé un contrat. (déjà)

4. On se pose cette question. (souvent)

5. Il s'est adapté à sa nouvelle vie. (vite)

6. Il n'y a pas beaucoup de femmes qui gagnent plus que leur mari. (maintenant)

— *Il est très attaché à la notion de couple, ce qui est rassurant. Ce qui l'est moins, c'est que ce n'est pas avec vous.*

Sempé, *Beau temps*, Editions Denoël, 1999

B. Formez l'adverbe de l'adjectif donné et mettez-le ensuite dans la phrase.

1. Certains hommes veulent dépendre de leurs femmes. (financier)

2. Celui-là supporte l'idée de gagner moins que sa femme. (mauvais)

3. L'argent reste associé au pouvoir. (majoritaire)

4. Il est important de s'épanouir. (professionnel)

5. Il remplit son rôle de père. (merveilleux)

À l'écrit

1. Ma situation. Mettez-vous à la place d'une des personnes mentionnées dans l'article ci-dessus (femme ou homme) et écrivez une lettre qui décrit votre situation à un(e) ami(e) d'enfance.

2. Le stress. Vous êtes homme au foyer et venez de passer une journée particulièrement énervante. Le soir, vous réfléchissez à votre choix dans votre journal intime.

Unité 3 Amitiés et amours
Formes et structures utiles

Pour travailler davantage ces structures, voir SAM, Unité 3.

A. Les pronoms

Les pronoms remplacent les noms pour éviter la répétition et, à l'exception de **y** et **en**, s'accordent en nombre et genre avec le nom qu'ils remplacent.

Formes

sujet		objet direct		objet indirect		tonique	
sing.	pl.	sing.	pl.	sing.	pl.	sing.	pl.
je	nous	me	nous	me	nous	moi	nous
tu	vous	te	vous	te	vous	toi	vous
il	ils	le	les	lui	leur	lui	eux
		se	se	se	se		
elle	elles	la	les	lui	leur	elle	elles
		se	se	se	se		
on		se		se		soi	

NOTE : Le pronom **se**, qui est singulier et pluriel, masculin et féminin, a plusieurs fonctions grammaticales et fait partie des verbes pronominaux, représentant toujours le même nom que le sujet :

> Objet direct : Il **se** cache. (**se** = objet direct du verbe **cacher**)
> Objet indirect : Elles **se** = parlent. (**se** = objet indirect du verbe **parler** [à])

1. Quel pronom objet doit-on choisir ?

   a. Les pronoms objets directs s'utilisent pour remplacer les personnes ou les choses précédées par un article défini (**le, la, les**), un adjectif possessif (**mon, ma, mes**, etc.) ou un adjectif démonstratif (**ce, cet, cette, ces**) :

   > Nous lavons **les verres et les tasses**. → Nous **les** lavons.
   > J'aime bien **ce petit café**. → Je l'aime bien.
   > Elles mangent **leur brioche** près du comptoir. → Elle **la** mangent près du comptoir.

   N'OUBLIEZ PAS : Au passé composé, le participe passé d'un verbe conjugué avec **avoir** s'accorde avec l'objet direct qui précède :

   > J'ai posé **les verres** sur la table. → Je **les** ai posés sur la table.
   > Ma mère a compris **cette amitié**. → Ma mère l'a comprise.
   > Sa mère a tressé **ses deux grosses nattes**. → Sa mère **les** a tressées.

   NOTE : Le pronom objet direct **le** ne remplace pas seulement un nom masculin singulier, mais il peut aussi remplacer un adjectif ou une proposition ou une idée :

> Et toi, tu **le** feras la prochaine fois. (**le** = servir les clients)
>
> Je dis à ma mère **que je vais jouer avec Lucienne**. → Je **le** dis à ma mère.
> (**le** = je vais jouer avec Lucienne)
>
> Lucienne est contente d'être au café. Je **le** suis aussi.
> (**le** = contente)

b. Le pronom **en** remplace des groupes de mots qui commencent par **de, d',
de la, des**, des chiffres ou d'autres expressions de quantité. Il s'applique à
des choses mais quelquefois aussi à des personnes indéfinies :

> Je me souviens **de cette amitié**. → Je **m'en** souviens.
>
> L'après-midi, il n'y a pas **beaucoup de clients**. → L'après-midi, il n'y
> **en** a pas **beaucoup**.
>
> Nous buvons **un verre de limonade**. → Nous **en** buvons **un**.
>
> On a servi **des tasses de café**. → On **en** a servi.

NOTE : On ne fait pas l'accord avec **en** au passé composé.

c. Les pronoms objets indirects s'appliquent uniquement à des personnes. Ils
remplacent la préposition **à** + une personne spécifiée :

> Nous devons demander cette faveur **à Madame Panhard**. → Nous
> devons **lui** demander cette faveur.
>
> Elle donne une barre de chocolat **aux filles**. → Elle **leur** donne une
> barre de chocolat.

d. Le pronom **y** est un pronom objet indirect mais seulement pour les
choses. Il remplace **à** + nom de chose, un lieu ou un endroit exprimé par
une préposition + nom de lieu :

> On joue **à la serveuse** le mercredi après-midi. → On **y** joue le mercredi
> après-midi.
>
> Nathalie Sarraute est née **en Russie**. → Elle **y** est née.
>
> **Dans le parc** nous sautons à la corde. → Nous **y** sautons à la corde.

> **! ATTENTION**
>
> Si vous traduisez directement de l'anglais, vous risquez de faire un mauvais choix. Il faut savoir
> si le verbe français est employé avec une préposition devant l'objet, parce que certains verbes
> qui prennent des objets indirects en anglais, font le contraire en français et vice-versa.
>
> COMPAREZ : J'écoute le prof. / *I listen to the prof.*
>
> Quand vous traduisez les phrases suivantes en anglais, remarquez l'absence ou la
> présence d'une préposition devant l'objet.
>
> Nous regardons **la télé**. → Nous **la** regardons.
>
> Il attend **ses amis**. → Il **les** attend.
>
> Vous cherchez **des réponses** ? → Vous **en** cherchez ?
>
> Il demande **au professeur** de l'aider. → Il **lui** demande de l'aider.
>
> J'obéis **à mes parents**. → Je **leur** obéis.
>
> Il ne répond jamais **au téléphone**. → Il n'**y** répond jamais.

2. Où doit-on mettre les pronoms ?

    a. Les pronoms sujets sont généralement placés devant le verbe :

        Je suis contente de jouer à la serveuse.

        Nous ne parlons pas beaucoup.

    Ils sont placés après le verbe (ou l'auxiliaire pour les temps composés) :

    • à l'interrogatif :

        Veux-**tu** jouer dans le parc ?

        Ont-**elles** essuyé les tables ?

    • dans une proposition incise (la petite phrase après une citation ou entre deux citations) :

        « Est-ce que je peux ramasser la monnaie ? » demanda-t-**elle**.

    b. Les pronoms objets directs, indirects, **y** et **en** sont placés :

    • devant un verbe conjugué aux temps simples, devant l'impératif au négatif, devant **voici** et **voilà**, et devant l'auxiliaire des temps composés :

        Lucienne **m**'attend au coin de la rue.

        Ma copine ? **La** voilà !

        Pour le goûter, elle **nous** a laissé choisir.

        Sa mère **lui** a tressé ses nattes.

    • devant un infinitif dont ils sont l'objet :

        J'aime **leur** apporter le café.

        Elle veut **y** poser les petites tasses.

    • après le verbe à l'impératif affirmatif :

        La monnaie ? Rapporte-**la** à la caisse.

        La table ? Essuie-**la**.

    c. Quand il y a deux pronoms objets :

    • Ordre des pronoms devant le verbe :

sujet	NE	me te se nous vous	devant	le la les	devant	lui leur	devant	y	devant	en	devant	verbe/auxiliaire	PAS

        Nous devons demander **la permission à sa mère**. → Nous devons **la lui** demander.

        Sa mère **nous** donne **une brioche**. → Sa mère **nous en** donne **une**.

- Ordre des pronoms après le verbe (impératif affirmatif) :

verbe à l'impératif	devant	le la les	devant	lui leur	devant	moi toi nous vous	devant	y en

NOTE : Quand le pronom **en** suit **moi** ou **toi**, ces pronoms redeviennent **me** ou **te** et il faut faire l'élision :

Tu veux de la limonade ? Oui, donne-**m'en**.

C'est ma balle. Lance-**la-moi**.

Voici la monnaie. Apportez-**la-leur**.

3. Les pronoms toniques, appelés aussi *disjoints*, se réfèrent généralement aux personnes et sont utilisés surtout quand le pronom est séparé du verbe :

- après une préposition (autre que **à** ; voir exceptions ci-dessous) :

Le mercredi je vais jouer **chez elle**.

Elle donne à chacune **de nous** une barre de chocolat.

Je ne m'ennuie jamais **avec elle**, ni elle, il me semble, **avec moi**.

- après **que** dans les comparaisons :

Elle a le même âge **que moi** à deux mois près.

J'ai les nattes plus courtes **qu'elle**.

- dans les réponses elliptiques :

Je répète « **Moi** aussi ».

- pour accentuer le pronom sujet ou objet :

Et **toi**, tu le feras la prochaine fois.

Mais Lucienne, **elle** aussi, voulait le faire.

- quand il y a un sujet composé :

Lucienne et moi, nous sautions à la corde.

- pour indiquer la possession, avec la préposition **à** :

Non, cette fois ce n'est pas **à toi**.

Le pronom **soi** se réfère à un sujet indéfini comme **on, tout le monde, chacun, celui qui**, etc.

Vers six heures on rentre chez **soi**.

NOTE : Avec le verbe **penser** et tout verbe pronominal suivi de la préposition **à** (**s'intéresser à, s'adresser à**, etc.), on utilise le pronom tonique pour remplacer une personne qui est l'objet du verbe :

Je pense souvent à **Lucienne**. Je pense souvent **à elle**.

Elle s'adresse **aux clients**. Elle s'adresse **à eux**.

B. Les articles

articles définis		articles indéfinis		articles partitifs	
m. sing.	**f. sing.**	**m. sing.**	**f. sing.**	**m. sing.**	**f. sing.**
le	la	un	une	du	de la
l'	l'			de l'	de l'
pl.		**pl.**		**pl.**	
les		des		(des)	

1. Les articles définis sont employés :

- devant une personne ou une chose spécifique (pareil en anglais) :

    Le village était petit et **la** maison de grand-mère se tenait tout au bout.
    (Le lecteur sait déjà de quel village l'auteur parle.)
    Ouvre **le** tiroir à droite dans **la** vieille commode.
    Apporte **la** laine qui te plaira.
    C'était **le** talent créateur de ma grand-mère qui me ravissait.

- devant un nom pris dans un sens général (on n'utilise pas d'article en anglais) :

    Elle passait pour aimer l'ordre, **la** propreté et **la** discipline.
    Les poupées s'achètent dans **les** magasins.
    Ses doigts sont raidis par **le** rhumatisme.

- pour remplacer l'adjectif possessif quand le possesseur est évident (pour les parties du corps ou les habits, par exemple) :

    Anastasie a **les** cheveux blonds et **les** yeux bleus.
    Elle s'essuie **les** mains.
    J'eus sous **les** yeux une petite forme humaine.

- devant le superlatif :

    C'est **la** plus belle poupée du monde.
    C'est grand-mère qui a **le** plus de talent.
    Elle confectionna **les** plus mignons souliers de poupée que j'aie jamais vus.

2. Les articles indéfinis sont employés :

- quand le nom reste indéterminé. Au pluriel, il s'agit d'un nombre imprécis :

    As-tu trouvé **un** nom pour ta poupée ?
    Grand-mère confectionna **une** belle perruque.
    Je reconnaissais **des** restants d'**une** robe de ma mère.
    Tu sais faire **des** chapeaux ?

- au singulier dans un sens numérique :

    Pour **une** fois, il a acheté quelque chose de qualité.
    Elle n'avait qu'**un** fils.

NOTES :

- L'article indéfini devient **de** (**d'** devant une voyelle) quand il détermine un objet direct après un verbe négatif. L'article défini ne change pas :

   Il faut acheter **des** boutons. Elle n'a pas **de** boutons.

   Mémère avait **du** temps pour les filles mais celles-ci n'avaient pas **de** temps pour elle.

- Quand un adjectif précède un nom pluriel, on emploie souvent **de** à la place de **des**, mais ce n'est plus obligatoire :

   Va chercher **de** vieux gants de cuir jaune.

   Ce talent se rencontre dans **d'**étonnants endroits.

3. Les articles partitifs sont employés avec des noms, quand on exprime l'idée d'une quantité indéfinie de quelque chose que l'on ne peut pas compter. Cet article n'existe pas en anglais mais parfois on utilise *some* ou *any* pour exprimer cette idée :

   J'ai **de la** belle dentelle de rideau dans ma chambre.

   Avec **du** drap noir, elle tailla un manteau.

   Elle lui a fait une petite valise avec **de la** colle et **du** carton.

   C'est **du** cuir de magasin.

   NOTE : Après un verbe à la forme négative, le partitif devient **de** :

   Elle a **du** rouge à lèvres mais je n'achète pas **de** rouge à lèvres.

   Elle n'avait plus **de** patience.

4. Après les expressions de quantité, on emploie seulement **de** sans article devant le nom :

   Elle trouve **des morceaux de** coton dans son sac **de** retailles [*fabric remnants*].

   J'ai conservé un sac **d'**avoine.

   J'avais **tant de** souvenirs de ma grand-mère.

   Elle cousait **une rangée de** minuscules boutons sur le devant de la robe.

   EXCEPTIONS : On garde l'article avec les expressions **bien du (de la, des)**, **la plupart du (de la, des)** et **encore du (de la, des)** :

   J'ai **bien des** fois habillé quelqu'un.

   La plupart du temps les jeunes disaient bonjour et repartaient.

   Tu as **encore de la** laine ?

C. Le subjonctif

1. Forme

Le subjonctif des verbes réguliers est formé à partir du présent de l'indicatif, la troisième personne du pluriel, c'est-à-dire, la forme **ils/elles** ; on enlève **-ent** et on ajoute les terminaisons :

-e	-ions
-es	-iez
-e	-ent

répond**ent** →	que je répond**e**	que nous répond**ions**	(présent de l'indicatif = je réponds)
	que tu répond**es**	que vous répond**iez**	
	qu'il/elle répond**e**	qu'ils/elles répond**ent**	
finiss**ent** →	que je finiss**e**	que nous finiss**ions**	(présent de l'indicatif = je finis)
	que tu finiss**es**	que vous finiss**iez**	
	qu'il/elle finiss**e**	qu'ils/elles finiss**ent**	

Au pluriel, la troisième personne du subjonctif et celle du présent de l'indicatif ont la même forme pour tous les verbes réguliers. La seule différence entre le présent du subjonctif et le présent de l'indicatif des verbes réguliers en **-er** se trouve dans les formes **nous** et **vous** qui sont comme celles de l'imparfait (ce qui est souvent le cas pour les verbes irréguliers aussi) :

parl**ent** →	que je parl**e**	que nous parl**ions**
	que tu parl**es**	que vous parl**iez**
	qu'il/elle parl**e**	qu'ils/elles parl**ent**

Quelques verbes irréguliers au présent de l'indicatif ont des formes régulières au subjonctif, formées à partir de la troisième personne du pluriel, mais certains sont irréguliers au subjonctif aussi :

très irréguliers		un radical irrégulier		irréguliers à deux radicaux (nous et vous comme à l'imparfait)	
avoir	que j'aie			aller	que j'aille
	que tu aies	faire	**fass-**		que nous allions
	qu'il/elle ait			boire	que je boive
	que nous ayons	pouvoir	**puiss-**		que nous buvions
	que vous ayez			devoir	que je doive
	qu'ils/elles aient	savoir	**sach-**		que nous devions
être	que je sois			prendre	que je prenne
	que tu sois				que nous prenions
	qu'il/elle soit			recevoir	que je reçoive
	que nous soyons				que nous recevions
	que vous soyez			venir	que je vienne
	qu'ils/elles soient				que nous venions
				voir	que je voie
					que nous voyions
				vouloir	que je veuille
					que nous voulions

2. Emploi

On emploie le subjonctif dans la deuxième partie d'une phrase complexe surtout pour signaler quelque chose de subjectif (une réaction ou une opinion) et souvent pour indiquer quelque chose qui n'a pas encore eu lieu :

- On emploie le subjonctif pour la forme du verbe subordonné après certains types d'expressions :

> (1) nécessité (2) volition (3) émotion (4) opinion (5) incertitude
> (6) possibilité

COMPAREZ :	
Je vais en classe.	(1) Il faut que j'y aille.
Nous parlons de sexe.	(2) Nos parents ne veulent pas que nous en parlions.
Vous quittez la cité.	(3) On est triste que vous la quittiez.
Ils n'ont pas d'espoir.	(4) Il est dommage qu'ils n'en aient pas.
Il est amoureux ?	(5) Je doute qu'il le soit.
Elle vient ce soir.	(6) Il est possible qu'elle vienne ce soir.

- On emploie le subjonctif pour la forme du verbe subordonné après certaines conjonctions :

bien que, quoique (*although*)	sans que (*without*)
afin que, pour que (*in order that, so that*)	à moins que (*unless*)
	avant que (*before*)
à condition que, pourvu que (*provided that*)	jusqu'à ce que (*until*)

Ils vont se marier **à condition que** leurs familles **soient** d'accord.

Sa femme travaille **pour que** son mari **puisse** faire des études.

Nous partirons en voyage de noces **à moins que** nos parents **aient** besoin de nous.

3. Subjonctif / Infinitif

- Si on ne change pas le sujet pour le deuxième verbe, on emploie l'infinitif de ce verbe :

COMPAREZ :	
	J'ai peur que mes enfants soient malades.
	J'ai peur **d'être** malade.
	Je ne veux pas que tu sortes en boîte.
	Je ne veux pas **sortir** en boîte.

- Si le premier verbe est une forme d'**être** suivi d'un adjectif...

Vous **êtes** triste **de** partir ?

Il **est** important **d'**avoir le soutien de ses parents.

- Il y a des prépositions qui correspondent à certaines conjonctions et celles-là doivent aussi être suivies d'un infinitif si le sujet est le même :

2 sujets: conjonction (+ subjonctif)	même sujet: préposition (+ infinitif)
à condition que	à condition de
afin que	afin de
à moins que	à moins de
avant que	avant de
pour que	pour
sans que	sans

COMPAREZ : **Faudel** parle à sa mère afin **qu'elle** comprenne. (changement de sujet)

Il lui parle afin de comprendre. (même sujet)

Il l'a dit à sa mère pour **qu'elle** lui fasse plus confiance. (changement de sujet)

Il le lui a dit pour lui montrer qu'il était plus adulte. (même sujet)

- Certaines conjonctions (**bien que, quoique, jusqu'à ce que, pourvu que**) sont toujours suivies du subjonctif, même si le sujet reste le même :

  Bien que je ne sois pas riche, je suis heureuse.

  Elle bosse **jusqu'à ce qu'**elle réussisse.

  J'accepte votre proposition **pourvu que** je puisse changer d'avis.

4. Le temps et le passé du subjonctif

- Le présent du subjonctif peut exprimer le temps présent, futur ou passé selon le contexte et le verbe principal :

  Je regrette qu'ils ne fassent rien. (présent : *I'm sorry they aren't doing anything.*)

  Ses parents attendront jusqu'à ce qu'elle arrive. (futur : *Her parents will wait until she comes.*)

  Il voulait que sa mère le sache. (passé : *He wanted his mother to know it.*)

- Le passé du subjonctif (subjonctif de l'auxiliaire + participe passé) est employé uniquement si l'action du verbe subordonné (le verbe après la conjonction **que**) précède l'action du verbe principal :

  Il souhaite que sa mère **vienne**.

  (*He wants his mother **to come**.* = futur par rapport au verbe principal)

  Il souhaitait qu'elle **vienne**.

  (*He wanted her **to come**.* = futur par rapport au verbe principal)

  Il est content **qu'elle soit venue** hier.

  (*He's happy (now) she **came** yesterday.* = passé par rapport au verbe principal)

- Si le verbe principal est au passé, et l'action du verbe subordonné est simultanée, le verbe subordonné reste au présent du subjonctif :

    Elle ne voulait pas qu'il soit jaloux, mais il l'était.

    (She didn't want him to be jealous but he was.)

    Il a eu peur qu'elle soit enceinte, mais elle ne l'était pas.

    (He got scared that she might be pregnant but she wasn't.)

5. Exceptions et structures alternatives au subjonctif

a. **espérer que** : cette expression de volition est suivie de l'indicatif :

   COMPAREZ :   Je souhaite que tu viennes. **mais** : J'espère que tu viendras avec nous.

b. **devoir** + infinitif : cette structure exprimant la nécessité est équivalente aux expressions **il faut que** ou **il est nécessaire que** :

   Je dois partir. *(I must leave.* = Il faut que/Il est nécessaire que je parte.)

c. une **expression impersonnelle** + infinitif : de manière générale, s'il n'est pas nécessaire de spécifier le sujet, on peut employer l'infinitif au lieu du subjonctif :

   COMPAREZ :   Il faut partir. **mais** : Il faut qu'on parte.

d. Certaines **expressions de certitude** sont suivies du subjonctif uniquement à la forme négative ou dans une question (ce qui indique une certaine mesure d'incertitude) :

   - **penser, croire**

       Je crois qu'elle sort. **mais** : Je ne crois pas qu'elle sorte avec lui.

   - **être certain, sûr, vrai**

       Je suis certaine qu'il viendra. **mais** : Es-tu certaine qu'il vienne ?

   - Il est **clair, évident**

       Il est évident que tu comprends. **mais** : Il n'est pas évident que tu comprennes.

   - Il est **probable** (**peu probable** est suivi du subjonctif)

       Il est probable qu'ils se marieront. **mais** : Il est peu probable qu'ils se marient l'année prochaine.

e. Certaines conjonctions avec **que** ne sont pas suivies du subjonctif ; par exemple : **parce que, lorsque, aussitôt que, dès que, après que** sont suivis de l'indicatif.

   Je ne sors pas parce que mes parents se fâcheront.

   Tu leur en parleras dès qu'ils arriveront.

D. Les adverbes

1. Emploi

Un adverbe est un mot invariable qui modifie un verbe, un adjectif, un autre adverbe ou toute une proposition (phrase). Il peut indiquer **comment** (adverbe de manière), **quand** (adverbe de temps), **où** (adverbe de lieu) ou **à quel point** (adverbe de quantité) une action se fait :

> Dans 67% des couples, l'homme continue de dominer **financièrement**.
> Je vais m'ennuyer **ici**.
> Jean-Paul est **entièrement** acquis à la cause des femmes.
> **Paradoxalement**, ce sont les femmes qui attachent le plus d'importance à l'argent.

Remarquez que l'adverbe suit toujours le verbe conjugué en français, excepté s'il modifie toute la phrase et se place alors en tête ou à la fin de celle-ci.

2. Forme

Beaucoup d'adverbes, surtout les adverbes de manière, sont formés à partir de la forme féminine des adjectifs en ajoutant **-ment** :

adjectif (*f*) →	adverbe
lente	lente**ment**
première	première**ment**
vive	vive**ment**
cruelle	cruelle**ment**

Si l'adjectif au masculin se termine par une voyelle, on ajoute **-ment** à cette forme :

adjectif (*m*) →	adverbe
rare	rare**ment**
vrai	vrai**ment**
précisé	précisé**ment**

(Remarquez qu'on ne peut pas former d'adverbe à partir de l'adjectif **possible** ; il faut employer l'expression **peut-être** ou **probablement**.)

Si l'adjectif se termine par **-ant** ou **-ent**, on forme l'adverbe en remplaçant les terminaisons par **-amment** ou **-emment** (excepté dans le cas de **lent**, voir ci-dessus).

adjectif (*m*) →	adverbe
suffisant	suffis**amment**
apparent	appar**emment**
fréquent	fréqu**emment**

Certains adverbes peuvent avoir la même forme que l'adjectif au masculin :

dur   Elles s'en sortent parce qu'elles travaillent **dur**.

fort   Elle a serré très **fort** sa grand-mère.

3. D'autres adverbes ne sont pas formés à partir d'adjectifs :

temps	quantité	lieu
aujourd'hui	assez	ici
demain	beaucoup	là-bas
hier	peu	partout
maintenant	trop	quelque part
tard	très	
tôt		
déjà		
encore		
enfin		
parfois		
souvent		
toujours		
vite		

- On met ces adverbes du temps dans la deuxième liste (déjà, etc.) et ces adverbes de quantité devant le participe passé des temps composés :

  Elles sont **déjà** parties.

  Il a **beaucoup** lu.

- À la place d'un adverbe de manière en **-ment**, dont le style semble trop lourd, on peut utiliser une des expressions suivantes :

d'une manière + adjectif = Ces garçons se comportent parfois **d'une manière violente**.

d'un air + adjectif   = Tu m'en diras tant ! faisait-elle **d'un air vexé**.

avec + nom   = Jean-Paul assume ces tâches **avec enthousiasme**.

Le passé dans le présent

Une commémoration

Introduction

« Le passé, c'est la seule réalité humaine. Tout ce qui est est passé », écrit Anatole France, un écrivain français du XIXe siècle. Le passé, ce qui a été, fait partie de tout ce qui existe, de tout ce que nous éprouvons, de tout ce que nous vivons au présent. Nous ne pouvons pas fuir l'histoire. Autour de nous, nous voyons des lieux de mémoire qui rappellent le passé, des monuments historiques, des sites commémoratifs. Mais le passé est présent aussi dans notre esprit et dans les mouvements sociaux.

Dans cette dernière unité, vous lirez des extraits d'un livret sur le patrimoine et les raisons pour lesquelles on s'y intéresse à l'heure actuelle. Une chanson québécoise reflète le passé et le présent de la langue française. Un texte historique sur Jeanne d'Arc présente ce symbole de la France, dont se servent les hommes politiques encore aujourd'hui. Une nouvelle congolaise raconte l'assimilation des immigrés en France il y a quarante ans, tandis qu'un appel à l'aide pour les enfants sans papiers montre jusqu'à quel point leur situation actuelle est différente. Finalement, en lisant les paroles de l'hymne national français, « *La Marseillaise* », vous réfléchirez sur son histoire et le rôle qu'une telle chanson doit jouer aujourd'hui.

Et vous ? Pouvez-vous vivre sans passé ?

Le Mont-Saint-Michel

En Afrique moderne

CHAMP LEXICAL

Vocabulaire de départ : Ces expressions utiles vous aideront à mieux comprendre les textes que vous étudierez, et à parler ou à écrire au sujet des thèmes de cette unité. Lisez-les maintenant pour vous préparer aux activités de vocabulaire qui suivent.

Mots apparentés

arrêter (*vt*), **arrestation** (*nf*)
bataille (*nf*)
clandestin, ine (*adj, n*), **clandestinité** (*nf*)
combattre (*vt*), **combat** (*nm*)
condamner (*vt*), **condamné, ée** (*adj*)
défendre (*vt*), **défense** (*nf*), **défenseur** (*nm*)
désespoir (*nm*), **désespéré, ée** (*adj*)
diplomatie (*nf*)
ennemi (*nm*)
exploit (*nm*)
liberté (*nf*), **libération** (*nf*), **libérer** (*vt*)
militant, ante (*adj, n*), **militer** (*vi*)
prison (*nf*), **prisonnier, ière** (*n*), **emprisonner** (*vt*)
progrès (*nm*), **faire des progrès**
réfugié, ée (*n*), **se réfugier** (*vpron*)
siège (*nm*)
traité (*nm*)
trône (*nm*)
victoire (*nf*), **victorieux, euse** (*adj*)

Pour enrichir votre vocabulaire

s'agir de (il s'agit de)	to be a question of
appui (*nm*)	support
se battre contre (*vpron*)	to fight (against)
cadre (*nm*)	executive; setting; frame
citoyen, -enne (*n*)	citizen
citoyenneté (*nf*)	citizenship
convaincre (*vt*)	to convince
convaincu (*adj, n*)	convinced
vaincre (*vt*)	to defeat
vainqueur (*nm*)	victor, winner
défi (*nm*)	challenge
démarche (*nf*)	step to accomplishing something
droit (*nm*)	right; law as subject of study
échec (*nm*)	failure
échouer (*vi*)	to fail
s'engager (*vpron*)	to commit to
engagement (*nm*)	commitment

entreprendre (*vt*)	to undertake
épopée (*nf*)	epic
époque (*nf*)	period of time
faire face à	to face (up to), confront
foi (*nf*)	faith
fonctionnaire (*nm*)	government employee
frontière (*nf*)	border
indigène (*adj, n*)	native, indigenous
lignée (*nf*)	lineage
loi (*nf*)	law
lutte (*nf*)	struggle
lutter (*vi*)	to struggle
manifestation (*nf*)	demonstration
manifester (*vi*)	to protest
menacer	to threaten
mettre en cause	to call into question
moyen(s) (*nm*)	way, means to do something
Moyen Âge (*nm*)	Middle Ages
patrimoine (*nm*)	heritage
procès (*nm*)	legal trial
se rendre (*vpron*)	to surrender
~ à	to go to
renier (*vt*)	to renounce, disown
renoncer (à *qqch*, à + *infinitif*) (*vi*)	to give up
soutenir (*vt*)	to support
soutien (*nm*)	support
témoin (*nm*)	witness
témoignage (*nm*)	testimony
témoigner (*vt*)	to testify, to manifest
tentative (*nf*)	attempt
tenter (*vt*)	to attempt; to tempt

> « *Les actualités d'aujourd'hui, c'est l'histoire de demain.* »
>
> — RAYMOND QUENEAU

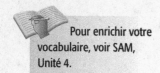
Pour enrichir votre vocabulaire, voir SAM, Unité 4.

PARLONS UN PEU

A. Histoire ou actualité?

Avec un partenaire, parcourez le champ lexical :

1. Une personne cherche trois mots qui traitent de l'histoire et trois qui traitent de la guerre, tandis que l'autre en cherche trois qui traitent de la politique et trois qui traitent de la situation des immigrés.

2. Ensemble, choisissez le mot de chaque liste qui vous semble le plus intéressant et écrivez une phrase par mot pour illustrer son sens et son usage. Présentez vos phrases à la classe.

B. Positive ou négative ?

Parcourez le champ lexical :

1. Individuellement, cherchez trois mots à connotation positive, et trois à connotation négative.

2. Comparez vos listes à celles d'un(e) camarade de classe et expliquez vos associations.

3. Écrivez une définition pour deux de ces mots à présenter à la classe pour qu'on trouve l'expression. Quels mots se retrouvent le plus souvent ? Quel mot est le plus curieux, selon vous ?

C. Notre passé

Dans un groupe de trois ou quatre personnes, choisissez une des questions suivantes à discuter. Un(e) étudiant(e) prend des notes pour résumer et présenter la discussion à la classe :

1. Quels événements/épisodes de l'histoire américaine continuent à jouer un rôle important dans notre vie actuelle selon vous ? (Par exemple : la guerre de l'Indépendance américaine, l'esclavage, la guerre de Sécession, le déplacement des Amérindiens, les guerres mondiales, la guerre du Vietnam, etc.) Comment et où voit-on cette influence ?

2. Comment peut-on expliquer que tant de personnes s'intéressent à la généalogie ? Que cherche-t-on à savoir ?

3. L'histoire doit-elle être une matière obligatoire à l'école ? Quelle histoire ? L'histoire de qui ? Pourquoi les élèves la trouvent-ils parfois si ennuyeuse ?

4. Si vous pouviez voyager dans le passé, où iriez-vous ? Pourquoi ?

D. Le passé dans le présent

Prenez quelques minutes pour réfléchir aux questions suivantes. Puis parlez-en avec vos camarades de classe :

1. Que savez-vous de l'histoire française ? Quels sont les personnages historiques qu'on admire encore aujourd'hui ? De quels événements/épisodes continue-t-on à parler dans la France actuelle ?

2. Et en Amérique ? Qui sont nos héros ? Les héros changent-ils au cours de l'histoire ?

3. Pourquoi les sites historiques (par exemple, Williamsburg, les champs de bataille de la guerre de Sécession, les plages de Normandie, etc.) ont-ils tant de visiteurs ? Qu'y cherche-t-on ? Lesquels de ces sites avez-vous visités ? Comment avez-vous réagi ?

Le patrimoine

Le Pont du Gard

En 1984 on a créé la première Journée Portes Ouvertes dans les monuments historiques en France le troisième dimanche de septembre. De nombreux pays européens ont suivi l'exemple français dès l'année suivante. À partir de 1992 l'événement devient officiellement européen, se déroule sur deux jours, le troisième week-end de septembre, et s'intitule Journées du Patrimoine. Des millions de visiteurs profitent d'une entrée gratuite pour découvrir des sites et monuments qui s'animent de multiples manifestations festives et culturelles dans presque cinquante pays en Europe.

Pour vous préparer à la lecture, voir SAM, Unité 4 : Le patrimoine.

Pré-lecture

Mais qu'est-ce que c'est que le patrimoine au juste quand on parle d'un pays comme la France ou d'un continent comme l'Europe ? Regardez les définitions données pour le mot « patrimoine » dans l'extrait d'un dictionnaire p. 11. Laquelle s'applique à ces Journées du Patrimoine ?

Quand on parle du patrimoine en français, on peut employer deux expressions différentes : « la mémoire » et « le souvenir ». Cherchez les définitions de ces deux mots dans un dictionnaire et utilisez chacun d'eux dans une phrase pour montrer la distinction d'usage. Qu'est-ce que « la mémoire collective » ?

Le texte suivant est extrait d'un livret, *C'est quoi le patrimoine ?* destiné à expliquer l'importance du patrimoine aux jeunes Français.

Des racines...

L'arbre grandit grâce à ses racines, qui se développent dans la terre, en profondeur. Nous aussi, nous avons besoin de ces racines qui sont les traces du passé. Selon notre région d'origine, nos accents, nos expressions ou même nos langues varient. Le climat, le paysage, l'histoire, les traditions... nous ont
5 modelés chacun d'une façon différente.

Tous ces ingrédients, et bien d'autres encore, forgent nos identités. Nous intéresser à nos origines, cela revient un peu à jeter l'ancre pour maintenir le bateau quelque part, là d'où nous venons... pour mieux savoir où nous voulons aller. En effet, le fait de se sentir enracinés quelque part ne nous incite pas pour
10 autant à nous désintéresser des richesses des autres cultures. Au contraire, quand nous aimons notre patrimoine, nous avons envie de le faire connaître et de découvrir celui des autres. Dans cet échange, et au-delà des différences qui apparaissent, nous comprenons que le patrimoine est universel. Sans les racines, les bourgeons° ne pourraient éclore°. De la même manière, sans la
15 connaissance du passé, nous ne pourrions pas inventer l'avenir.

bourgeons : *buds* ; éclore : *to blossom*

L'art du souvenir

Les arts entretiennent tous une relation avec le passé. Les danseurs, les musiciens, les écrivains, les peintres, les sculpteurs, les architectes, les comédiens, les cinéastes, les photographes... tous s'expriment aujourd'hui en ayant à l'esprit ce qu'ont fait les créateurs qui ont vécu avant eux. Ils peuvent
20 soit s'en inspirer, soit faire complètement autre chose.

Le patrimoine englobe toutes les formes d'expressions artistiques. Pourtant, il n'est pas un art. Une photo, un film, un tableau, un morceau de musique, etc., peuvent entrer dans notre patrimoine si, un jour, on se rend compte de leur

importance pour l'histoire. La notion de patrimoine est née il y a plus de deux
25 cents ans, à une époque où beaucoup de choses changent dans la vie des
gens et où de nouvelles idées circulent. Les hommes comprennent que le
progrès va bouleverser les modes de vie de plus en plus vite et qu'on ne pourra
plus revenir en arrière. Ils commencent alors à faire attention aux traces qui les
relient à leur passé.

30 Le mot « patrimoine » vient du latin *pater*, qui signifie « père ». C'est ce qui nous
vient de nos pères et de nos mères, et, au sens large, de nos ancêtres. Après
s'être surtout intéressés aux œuvres d'art prestigieuses, les hommes réalisent
peu à peu qu'il est aussi essentiel de transmettre les savoir-faire traditionnels,
de préserver certains paysages, de continuer à raconter les contes et les
35 légendes ou de conserver des outils ou des machines qui retracent les
différentes étapes du progrès scientifique et technique. Le patrimoine, c'est un
peu notre aide-mémoire...

Quand et comment la notion de patrimoine est-elle née ?

L'idée de « patrimoine » et le besoin de conserver les traces d'une mémoire
collective apparaissent sous la Révolution. Les biens de la royauté, du clergé et
40 de la noblesse sont confisqués par les révolutionnaires, qui en font l'héritage de
la nation. La volonté de changement et la haine de l'ordre ancien sont telles que
certains s'attaquent aux symboles de la monarchie et de la religion. Ainsi, les
tombeaux des rois de France, à l'abbaye de Saint-Denis, sont démolis. L'abbé
Grégoire, pourtant défenseur des nouvelles idées n'est pas d'accord et qualifie
45 ce genre d'actes de « vandalisme ». Il souligne l'importance de la sauvegarde
des monuments historiques pour la mémoire, la connaissance des arts et
l'identité nationale. Des musées comme le Louvre, jusque-là résidence royale,
sont alors créés pour que les tableaux et sculptures sauvés de la destruction y
soient montrés.

Une affaire de choix

50 À la fin du XVIIIe et au XIXe siècle, seules les œuvres prestigieuses de l'époque
allant de l'Antiquité jusqu'à la Renaissance, ainsi que quelques exceptions plus
récentes, appartiennent au patrimoine. Ce n'est qu'au XXe siècle que des
réalisations plus modernes sont prises en compte. Des créations
contemporaines y sont même parfois aussitôt intégrées ! Il est vrai que depuis
55 cinquante ans le progrès technique a bouleversé nos modes de vie et notre
environnement. On a accordé de l'intérêt à des constructions, à des objets, à
des coutumes, à des techniques... qui menaçaient de disparaître. Ainsi, de
nombreux lavoirs° délaissés à cause des machines à laver, sont conservés pour
garder la mémoire du passé. Pendant longtemps, le patrimoine n'a concerné
60 que des œuvres exceptionnelles, mais il s'est élargi peu à peu jusqu'à englober
des éléments de la vie quotidienne. Ce patrimoine plus banal touche peut-être
les gens d'une manière plus directe.

lavoir : lieu public où on lavait le linge à la main

Pourrait-on vivre dans un monde sans passé ?

Imaginons que nous fassions table rase° du passé... Les édifices anciens
seraient démolis pour faire place à de nouveaux bâtiments... Quelle forme
65 pourraient bien avoir nos maisons si nous n'avions plus de modèle ? Les
musées, en admettant qu'on pense à les inventer, n'exposeraient plus que des
artistes vivants... Mais, au fait, l'art pourrait-il encore exister ? Les livres, les

faire table rase de : *to make a clean sweep of, throw out*

CD, les DVD... qui, par définition gardent la mémoire de quelque chose de passé, n'existeraient pas... ou s'autodétruiraient au bout d'un certain temps !

70 Au moins nous n'aurions plus de cours d'histoire... ni de français puisqu'il n'y aurait plus de littérature, ni de géographie puisque nous aurions oublié les grandes découvertes de Colomb, de Magellan et des autres, ni de maths puisque les profs ne comprendraient plus rien à des formules inventées par des savants du passé... Quel vertige ! Toutes les connaissances seraient perdues.

75 Ce scénario de science-fiction décrit un monde angoissant : rien ne permettrait plus de comprendre ce qui s'est passé avant nous. On se sentirait sûrement complètement déboussolés... sauf qu'on ne saurait même pas ce qu'est une boussole !°

boussole : *compass*

Le patrimoine est donc essentiel, car il réunit les traces de l'évolution de notre
80 société. Le Moyen Âge a donné naissance aux cathédrales, la Révolution aux mairies, et la révolution industrielle aux gares. Ce sont des repères° dans notre histoire. Comme l'architecture, la musique d'aujourd'hui n'a pas surgi de nulle part : avant le rap, il y a eu le jazz et, encore avant, le blues... Et pour tous les arts, c'est la même chose. C'est rassurant, le patrimoine, non ?

repères : *reference points*

Tout conserver ?

85 On range de plus en plus de choses sous le terme de « patrimoine », et de nombreuses mesures le protègent. Une fondation du patrimoine a même été créée pour s'occuper plus spécialement du petit patrimoine, le patrimoine non inscrit et non classé. Cela signifie-t-il pour autant qu'il faille tout conserver ?

À bien y réfléchir, cela serait tout aussi inquiétant que de tout détruire ! Que
90 deviendrait une société entièrement tournée vers son passé ? S'il fallait sauvegarder toutes les traces de notre histoire, nous finirions par vivre dans des villes-musées. Or°, les temps changent. Nos modes de vie et nos besoins aussi. Nous sommes de plus en plus nombreux à vivre dans les villes. Il faut adapter notre environnement pour permettre à chacun de se loger, de circuler, de
95 travailler...

Or : *pourtant*

De plus, si nous ne laissons pas la place aux architectes, designers, paysagistes°... d'aujourd'hui pour s'exprimer, quelle idée les générations futures pourront-elles se faire de notre époque ? La création contemporaine est le patrimoine de demain.

paysagiste : *landscaper*

100 Mais, en milieu urbain, « faire de la place » signifie souvent « démolir ». Il faut donc opérer des choix parmi les quartiers et les édifices. Tous n'ont pas la même importance ! Il s'agit de désigner ceux dont la disparition ne serait pas une perte grave pour la mémoire collective. Ce sont des décisions délicates ! En effet, nous avons chacun notre sensibilité et nos préférences...

105 Mais, entre détruire et conserver intact, il existe une troisième solution : la réhabilitation. L'idée n'est pas neuve ! C'est déjà ce que nos ancêtres faisaient quand, au lieu d'abattre un bâtiment qui ne servait plus, ils le transformaient pour lui donner un nouvel usage, conforme aux besoins de leur temps. Le château de Vincennes, par exemple a été sauvé de la démolition au XVIIIᵉ siècle
110 quand on a décidé d'en faire une prison.

Dominique Irvoas-Dantec et Fabienne Morel, *C'est quoi le patrimoine ?* Collection Junior/Arts, © Autrement Jeunesse, 2004

Questions de compréhension

A. En général

Pourquoi le patrimoine d'un pays est-il important selon le texte ?

B. En détail

1. À quelle époque en France a-t-on pris conscience de l'importance du patrimoine ? Pourquoi ?

2. Comment la notion du patrimoine a-t-elle changé au XXe siècle et qu'est-ce qui explique ce changement ?

3. Pourquoi ne pourrait-on pas vivre dans un monde sans passé ?

4. Quel problème se pose quand on s'engage à protéger le patrimoine ? Qu'est-ce qui détermine ce qu'on va conserver ?

5. Qu'est-ce qu'on peut faire au lieu de détruire des sites ayant une valeur historique ?

Réfléchissez et discutez ensemble

1. Si on consacrait un week-end au patrimoine des États-Unis, quels sites seraient ouverts au public ? À votre avis, pourquoi ces endroits font-ils partie du patrimoine américain ?

2. On dit souvent que la société française est préoccupée par le passé tandis que la société américaine se tourne plutôt vers l'avenir. Le passé est-il aussi important pour les Américains que pour les Français ? Justifiez votre réponse.

3. Est-il possible de vivre dans le présent sans être influencé par le passé ? Justifiez votre point de vue en donnant des exemples.

Jouez la scène

Démolir ou réhabiliter ? Il n'y a pas assez de logement pour la population grandissante de votre ville. Avec un(e) partenaire, jouez le pour et le contre : l'un(e) d'entre vous propose de démolir un grand bâtiment construit il y a deux cents ans au cœur du centre-ville pour mettre un immeuble moderne à sa place ; l'autre fait partie du comité pour la protection des édifices historiques et ne veut pas voir disparaître ce vieux bâtiment. Chacun(e) doit essayer de convaincre la municipalité de son point de vue.

Présentations

1. Faites des recherches sur Internet au sujet d'un site qui fait partie du patrimoine français. Présentez les renseignements que vous avez trouvés à votre classe.

2. Lors des Journées du Patrimoine, vous voulez montrer aux Français que les États-Unis possèdent eux aussi un patrimoine dont on peut être fier. Choisissez un exemple du patrimoine américain, faites des recherches sur Internet et présentez-les à la classe.

Consultez les pages 224–26 pour une révision des pronoms relatifs.

Applications grammaticales

Écrivez une phrase à partir des paires suivantes en vous servant du pronom relatif approprié pour éliminer la répétition soulignée dans la deuxième phrase :

Modèle : Ce sont des monuments. <u>Ces monuments</u> font partie du patrimoine. →
Ce sont des monuments **qui** font partie du patrimoine.

1. Nous avons besoin de ces racines. <u>Ces racines</u> sont les traces du passé.

2. Les artistes d'aujourd'hui s'inspirent souvent des œuvres. Les créateurs avant eux ont fait <u>ces œuvres.</u>

3. La notion du patrimoine est née à une époque. Beaucoup de choses changent dans la vie des gens <u>à cette époque</u>.

4. Quand on doit démolir des bâtiments, il s'agit de désigner certains édifices. La disparition <u>de ces édifices</u> ne serait pas une perte grave pour la mémoire collective.

À l'écrit

1. Conservons ! Votre municipalité veut acheter un terrain et démolir l'ancienne usine textile qui s'y trouve afin de faire un grand parking. Vous avez un projet de réhabilitation pour conserver ce vieux bâtiment qui rappelle l'histoire de la ville. Écrivez une lettre de deux paragraphes au propriétaire de ce terrain et essayez de le convaincre qu'il a quelque chose à gagner en adoptant votre proposition. Dans votre premier paragraphe, expliquez-lui les avantages financiers éventuels de conserver le bâtiment. Dans votre deuxième paragraphe, parlez de l'importance historique que l'usine représente et de la renommée qui viendrait de sa conservation.

2. Gare et musée. Faites une visite virtuelle du Musée d'Orsay. Écrivez un paragraphe pour expliquer pourquoi c'est un exemple de réhabilitation particulièrement réussi.

 Piste 12

La langue de chez nous

Yves Duteil (1949–)

Yves Duteil, auteur, compositeur et interprète, est né à Neuilly (France). Ses chansons, dont la première est sortie en 1972, ont eu un grand succès auprès d'un très large public. Il a fait des tournées au Japon, en Corée, en Tunisie, en Turquie, dans la plupart des pays européens et au Québec où il est reconnu comme « le plus québécois des chanteurs français ». La chanson que vous allez découvrir a gagné l'Oscar de la meilleure chanson française, décerné par la SACEM (Société des Auteurs, Compositeurs et Éditeurs de Musique) en 1986.

En 1988, Duteil reçoit la médaille d'argent de l'Académie française et la médaille d'or de l'Ordre des francophones d'Amérique, remise par le ministre de la culture du Québec, pour l'ensemble de son œuvre. Depuis les années 1960 (et ce qu'on appelle « la révolution tranquille ») les Québécois (habitant une partie du Canada à domination anglophone depuis 1759) luttent pour réaffirmer leur culture francophone

dans les domaines linguistiques, économiques et culturels. « La langue de chez nous »
est une sorte d'hymne à la francophonie, une louange des beautés de la langue française.

Pré-lecture

Fond

1. Qu'est-ce que la francophonie ?

2. Combien de pays pouvez-vous nommer où on parle français ? Pourquoi
parle-t-on français dans ces pays si différents ?

3. Pourquoi doit-on « défendre » la langue française actuellement ?

Associations

Qu'est-ce qu'on peut faire avec une langue, à part la parler ? (Pensez à autant de
verbes que possibles associés avec une langue.) Quels adjectifs associez-vous à la
langue française ? Et à quels paysages la France vous fait-elle penser ?

Pour vous
préparer à la lecture, voir
SAM, Unité 4 : La langue
de chez nous.

La langue de chez nous

C'est une langue belle avec des mots superbes
Qui porte son histoire à travers ses accents
Où l'on sent la musique et le parfum des herbes
Le fromage de chèvre et le pain de froment°

5 Et du Mont-Saint-Michel jusqu'à la Contrescarpe[1]
En écoutant parler les gens de ce pays
On dirait que le vent s'est pris dans une harpe
Et qu'il en a gardé toutes les harmonies

Dans cette langue belle aux couleurs de Provence
10 Où la saveur des choses est déjà dans les mots
C'est d'abord en parlant que la fête commence
Et l'on boit des paroles aussi bien que de l'eau

Les voix ressemblent aux cours des fleuves et des rivières
Elles répondent aux méandres, aux vents dans les roseaux°
15 Parfois même aux torrents qui charrient° du tonnerre
En polissant° les pierres sur le bord des ruisseaux

C'est une langue belle à l'autre bout du monde
Une bulle° de France au nord d'un continent
Sertie dans un étau° mais pourtant si féconde°
20 Enfermée dans les glaces au sommet d'un volcan

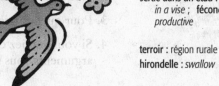

Elle a jeté des ponts par-dessus l'Atlantique
Elle a quitté son nid pour un autre terroir°
Et comme une hirondelle° au printemps des musiques
Elle revient nous chanter ses peines et ses espoirs

25 Nous dire que là-bas dans ce pays de neige
Elle a fait face aux vents qui soufflent de partout

froment : *wheat*

roseaux : *reeds*
charrient : *carry along*
polissant : *polishing*

bulle : *bubble*
sertie dans un étau : *compressed in a vise* ; **féconde :** *fertile, productive*

terroir : région rurale
hirondelle : *swallow*

---

[1]Le Mont-Saint-Michel, une abbaye bénédictine datant du XIIIᵉ siècle, se trouve en Bretagne, sur un îlot rocheux
au fond d'une baie. La Contrescarpe est une place au cœur de Paris.

Pour imposer ses mots jusque dans les collèges
Et qu'on y parle encore la langue de chez nous

C'est une langue belle à qui sait la défendre
30 Elle offre les trésors de richesses infinies
Les mots qui manquaient pour pouvoir nous comprendre
Et la force qu'il faut pour vivre en harmonie

Et de l'Île d'Orléans[2] jusqu'à la Contrescarpe
En écoutant chanter les gens de ce pays
35 On dirait que le vent s'est pris dans une harpe
Et qu'il a composé toute une symphonie

Yves Duteil, « La langue de chez nous », © Les Éditions de l'Écritoire, 1977

Questions de compréhension

A. En général

Quelles images de la langue française prédominent dans cette chanson ?

B. En détail

1. Énumérez les images évoquées par la langue française que le chanteur associe aux différents sens physiques (la vue, l'odorat, le goût, l'ouïe [*hearing*], le toucher).

2. Quelles régions géographiques sont mentionnées dans la chanson ? Selon vous, pourquoi le compositeur a-t-il choisi ces régions ?

3. Quel est « l'autre bout du monde » (vers 17) dont parle Duteil ? Comment peut-on le savoir ?

4. Quelle est la situation de la langue française dans cette région, selon la chanson ?

Réfléchissez et discutez ensemble

1. Normalement l'adjectif « belle » (beau) précède le nom qu'il qualifie ou modifie en français. Pour quelle(s) raison(s) le chanteur aurait-il choisi de le mettre après le nom dans cette chanson ?

2. Dans le deuxième vers de la chanson, Duteil mentionne que les accents reflètent l'histoire de la langue française. Comment peut-on expliquer les différences de vocabulaire et de prononciation que l'on trouve dans les régions francophones ? (Pensez aux différences entre l'espagnol parlé en Espagne et ce, avec celui des pays de l'Amérique latine.)

3. Pour quelles raisons cette chanson a-t-elle eu tant de succès, selon vous ?

4. Si vous vouliez convaincre un jeune élève d'apprendre le français, de quels arguments vous serviriez-vous ?

Débat

Le français est encore une langue que les Américains devraient apprendre : pour ou contre. Prenez parti, faites des recherches et présentez vos idées.

---

[2]Île du Saint-Laurent, près de Québec

Applications grammaticales

Trouvez tous les pronoms dans cette chanson. Indiquez leur fonction (sujet, objet direct, objet indirect, objet d'une préposition, etc.) et expliquez à quels noms ils se réfèrent. Deux pronoms sujets se retrouvent cinq fois chacun. Lesquels ? Pourquoi, selon vous, le chanteur s'en sert-il si fréquemment ?

Consultez les pages 164–67 et sujets et objets after Trouvez tous les pronoms pour une révision des pronoms.

Synthèse

Un poème sur les langues. Écrivez votre propre poème sur une langue de votre choix.

Premier vers : la langue

Deuxième vers : deux adjectifs qui décrivent la langue

Troisième vers : trois infinitifs suggérés par la langue

Quatrième vers : une phrase qui exprime votre réaction à cette langue

Cinquième vers : un mot pour résumer

Ou bien, choisissez votre propre forme pour le poème.

Jeanne d'Arc

Statue de Jeanne d'Arc à Québec

Pour vous préparer à la lecture, voir SAM, Unité 4 : Jeanne d'Arc.

périr sur le bûcher : *to burn at the stake*

canonisée : déclarée sainte

Pré-lecture

Jeanne d'Arc est un personnage légendaire dans l'histoire de France. Savez-vous à quelle époque elle a vécu ? D'où venait-elle ? Qu'est-ce qu'elle a fait ? Comment est-elle morte et pourquoi ?

> À l'âge de dix-sept ans, elle quitta son village, guidée par des voix mystérieuses. Sa mission : rien de moins que de chasser les Anglais hors de France et de faire couronner le roi Charles VII. Deux ans plus tard, au moment d'atteindre son but, elle fut faite prisonnière par les Anglais et condamnée à périr sur le bûcher° le 30 mai 1431. Héroïne et martyre, elle devint alors un symbole de patriotisme. La Première Guerre mondiale raviva le nationalisme français et c'est dans ce contexte que Jeanne d'Arc fut canonisée° par le Saint-Siège[3]. Le témoignage de diverses personnes qui la connurent ainsi que les réponses qu'elle donna au cours de son procès permettent de suivre les grandes lignes de son épopée.
>
> Extrait d'un monument au Parc Jeanne d'Arc à Québec

L'époque de Jeanne d'Arc

Au Moyen Âge, la France n'avait pas encore son identité nationale. Les traditions féodales l'avaient divisée en territoires appartenant à des familles nobles, et l'héritage passait d'habitude de père en fils. S'il n'y avait pas d'héritier mâle, ou si celui-ci était trop jeune, la terre passait au plus proche parent masculin. De plus, le mariage créait souvent des parentés entre familles nobles ou royales de pays différents. Le pouvoir d'un roi dépendait de la loyauté des seigneurs puissants qui défendaient les territoires. Par conséquent, ceux-ci avaient de l'influence, même si le roi devait être le souverain. En outre, l'Église (catholique) entretenait l'ordre établi comme l'œuvre de Dieu, assurant comme légitime ou bien mettant en cause l'autorité du roi.

Les passages suivants sont extraits d'un livre d'histoire, *La France au cours des âges*. Lisez les deux premiers paragraphes sur la guerre de Cent Ans pour compléter l'arbre généalogique de Charles VII, en vous servant des informations de ce passage.

Arbre généalogique de Charles VII

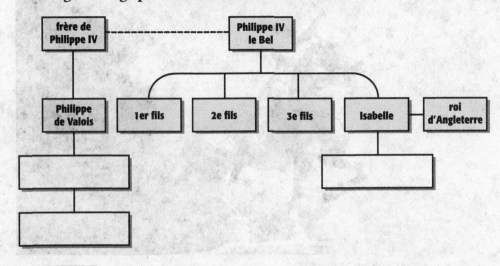

---

[3]la papauté ou le pape

La guerre de Cent Ans

Après la mort du roi Philippe IV le Bel, chacun de ses trois fils régna à son tour sur la France et mourut sans laisser d'héritier mâle. La couronne devait aller soit à Édouard, fils d'Isabelle (la fille de Philippe IV et reine d'Angleterre par mariage) soit à Philippe de Valois, cousin des trois derniers rois. En 1328 les barons

5 français se prononcèrent en faveur de Philippe de Valois, de lignée capétienne, écartant le Plantagenet, Édouard III. Il s'ensuivit des disputes de territoires qui menèrent à la guerre dite « guerre de Cent Ans » en 1339.

En 1420, après une succession de règnes inefficaces et des pertes importantes sur les champs de batailles, Charles VI, le roi de France et

10 descendant de Philippe de Valois, signa le traité de Troyes, ce qui permettait au roi d'Angleterre de prendre possession de la France. Le futur Charles VII, qui devait hériter de la couronne française, fut renié° par son père qui était alors complètement fou. Une fois classé comme bâtard de la reine, le jeune homme n'avait droit ni au trône ni à l'héritage royal et il en restera traumatisé. Charles

15 VII sera toujours un pauvre être, hésitant, mélancolique et misanthrope.

Le traité de Troyes semblait mettre fin à l'indépendance française. Le « soi-disant dauphin »[4] était dépourvu de° moyens. Après la mort de son père, il se replia° dans la vallée de la Loire, la seule région de la France dont les Anglais ne s'étaient pas encore rendus maîtres. Le « roi de Bourges », comme l'appelaient

20 les moqueurs, vivait misérablement dans son château de Chinon. Pour tuer le temps, il jouait aux cartes. Il avait renoncé à porter secours° à la ville d'Orléans, le seul endroit important qui résistait encore aux ennemis.

renié : disowned

dépourvu de : sans
se replia : retreated

secours: aide

Questions de compréhension

A. En général

Quels pays se disputaient le trône de France et faisaient la guerre de Cent Ans ?

B. En détail

1. De quelle époque parle-t-on dans ce passage ?

2. Qu'est-ce qui rendait le choix d'un roi difficile après la mort de Philippe IV ?

3. Qui avait le pouvoir sur la France en 1420, selon le traité de Troyes ?

4. Que devait faire Charles VII ? Pourquoi ne l'a-t-il pas fait ? Comment était-il ?

Situons les événements

Regardez la carte de la France et trouvez les endroits mentionnés dans le passage sur la guerre de Cent Ans. À côté de chacun, en bas, indiquez s'il s'agit d'une région ou d'une ville / d'un château. Quelle était l'importance de chaque endroit selon les informations comprises dans ce passage ?

1. Troyes
2. Vallée de la Loire
3. Bourges
4. Chinon
5. Orléans

---

[4]titre de l'héritier du roi

La France de Jeanne d'Arc

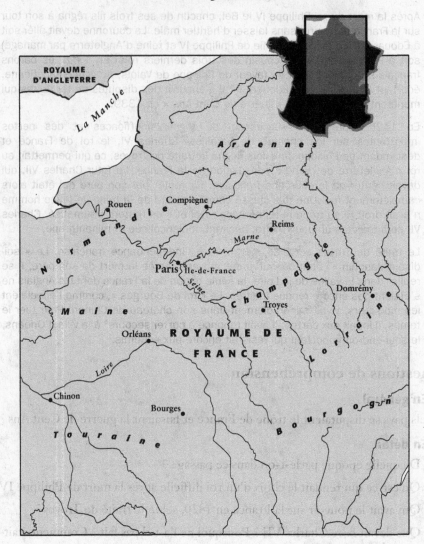

Sa mission et ses batailles

C'est alors que survint Jeanne d'Arc. Elle venait de Domrémy, une petite ville située en Lorraine[5], sur les confins de la Champagne. Jeanne n'était pas la bergère simplette que certaines pieuses° légendes ont popularisée. Son père était le maire de la ville ; elle était remarquablement bien informée sur
5 tout ce qui touchait au drame national, et elle avait une foi inébranlable° en Dieu.

Selon les déclarations de Jeanne, Dieu l'a chargée de chasser les Anglais et de rendre au roi son royaume. Soutenue par les voix de saint Michel, de sainte Catherine et de sainte Marguerite, elle quitte sa famille en cachette°. Elle finit

pieuses : religieuses

inébranlable : *unshakable*

en cachette : dans le secret

---

[5]région dans l'est de la France

10   par persuader un seigneur des environs de Domrémy de lui donner une petite
escorte. Elle arrive à Chinon (6 mars 1429) et demande à voir le dauphin.
Timoré, celui-ci se dissimule parmi les hommes de sa suite mais Jeanne ne se
trompe pas.

— Dieu vous donne bonne vie, gentil roi, dit-elle.

15   Et Charles de répondre :

— Ce n'est pas moi qui suis roi et, montrant l'un des seigneurs, il ajoute : Voilà
le roi.

À quoi Jeanne répond :

— Ah non, mon gentil prince, c'est vous, et non un autre.

20   Charles reste réticent. Pendant trois semaines, il fait interroger Jeanne par
des théologiens et par des hommes de guerre. La bonne humeur et les
connaissances militaires de la jeune fille impressionnent les juges. Pourtant,
Charles hésite encore à s'engager. Alors, pour achever de le décider, Jeanne
lui aurait communiqué un signe. Un signe de quelle sorte ? Toutes les
25   hypothèses sont permises puisque, sur ce point, Jeanne refusera toujours de
répondre.

Enfin l'apathie du dauphin est secouée°. La petite troupe se dirige vers Orléans.   secouée : *shaken off*
À la tête des opérations, Jeanne fait lever le siège. Première victoire. Presque
aussitôt, d'autres villes sont délivrées.

30   En vêtements masculins, montée sur un cheval de bataille, « Jeanne la Pucelle[6] »
combat à la tête des troupes. Le peuple qui l'acclame voit en elle l'envoyée de
Dieu. Mais Jeanne sait qu'il ne suffit pas de remporter des succès militaires.
Elle se dirige vers Reims, libère la ville et fait sacrer le roi.

Avec l'huile de la Sainte Ampoule, l'archevêque donne l'onction royale ;
35   désormais, le « soi-disant dauphin » est personne sacrée. Nul au monde ne peut
défaire ce que Dieu a fait.

Tout redevient clair. Aux yeux du peuple, Dieu n'aurait pas aidé le roi s'il n'avait
pas été l'héritier légitime. Le traité de Troyes n'a jamais eu aucune valeur. Il faut
libérer le royaume au plus vite. Par intérêt, quelques groupes resteront
40   momentanément dans le camp du roi d'Angleterre ou du duc de Bourgogne. Ce
sera le cas, notamment, des professeurs de l'Université[7], des membres du
Parlement et de certains bourgeois parisiens.

Arrivée devant Paris, Jeanne est repoussée puis trompée par de fausses
promesses. Elle ne parviendra jamais à pénétrer dans la capitale. Sans se
45   décourager, elle poursuit la libération de l'Île-de-France[8]. Des villes se
rallient spontanément mais l'ennemi contre-attaque. Les Anglais et les
Bourguignons tentent de reprendre Compiègne. Jeanne essaye de débloquer
la ville assiégée mais, au cours d'une sortie, elle est capturée par les
Bourguignons. Vendue aux Anglais, elle est conduite à Rouen où s'ouvre son
50   procès.

---

[6]jeune fille, vierge
[7]l'Université de Paris était une école de théologie à l'origine
[8]région autour de Paris

Pour mieux suivre les événements

Tracez le parcours de Jeanne d'Arc en retrouvant les endroits où elle est passée. Faites la liste de ces endroits dans l'ordre et expliquez ce qui s'est passé dans chacun d'eux (en phrases complètes au passé) :

1. Domrémy — Jeanne d'Arc est née dans cette ville et y habitait.
2.
3.
4.
5.
6.
7.

Questions de compréhension

A. En général

Quel était le but de Jeanne d'Arc ? Qu'est-ce qu'elle a dû faire pour le réaliser ?

B. En détail

1. Pourquoi Jeanne d'Arc est-elle allée parler à Charles VII ?
2. Voulait-il l'écouter au début ? Qu'est-ce qui l'a fait changer d'avis ?
3. Qu'est-ce qui a changé après le sacre de Charles VII ? Qu'est-ce que Jeanne a fait avec lui après ?
4. Comment et où Jeanne d'Arc a-t-elle été faite prisonnière ?

Réfléchissez et discutez ensemble

1. Pourquoi Charles a-t-il fait interroger Jeanne pendant trois semaines ?
2. Quel signe aurait-elle pu donner à Charles pour le faire changer d'avis ?

Jouez la scène

1. Persuasion. Jeanne essaie de persuader quelqu'un de la prendre au sérieux et de l'aider à voir Charles.
2. Une fille et le roi. Avec un(e) partenaire, imaginez le dialogue entre Jeanne et Charles : elle essaie de le persuader de faire la guerre et il hésite.
3. Sorcière ou guerrière. Les théologiens et les hommes de guerre se disent entre eux ce qu'ils pensent de Jeanne d'Arc.

Son procès, son supplice et la sainteté

Les Anglais, qui enfin tiennent leur plus redoutable ennemie, ne vont pas la laisser échapper. Pour éviter qu'elle ne devienne la martyre de la cause nationale, ils vont la faire juger par des Français. Bien entendu, pour des raisons diverses, tous les juges sont hostiles à l'accusée. Le tribunal est présidé par

5 l'évêque de Beauvais, Pierre Cauchon. Il se trouve que les récentes opérations militaires dans l'Île-de-France ont occasionné des destructions. Pierre Cauchon a subi de grandes pertes ; il en rend Jeanne responsable. D'autre part, il espère se faire nommer évêque de Rouen... Pour parvenir à son but, il a besoin de l'appui du roi d'Angleterre. Les autres juges, une trentaine environ, sont des

10 ecclésiastiques de Normandie, des inquisiteurs, des professeurs de l'Université de Paris, tous gens acquis aux Bourguignons ou aux Anglais.

On veut condamner Jeanne mais — et c'est là la difficulté — il ne faut pas que la question de l'indépendance nationale soit mise en cause dans les débats. Voilà pourquoi presque toutes les questions portent sur des subtilités

15 théologiques ou pseudo-théologiques. Jeanne est longuement interrogée sur ses voix, sur ses divertissements d'enfant, sur son allégeance au pape, sur son costume masculin jugé « malhonnête », etc.... Seule et sans avocat, elle se défend avec courage. Ses réponses sont fermes, lucides, parfois même ironiques. Malgré l'insistance de ses juges, elle refuse de révéler quoi que ce

20 soit à propos du « signe » échangé à Chinon avec le roi.

De toute façon, Jeanne doit être condamnée à mort. On brusque° les interrogatoires et on conclut que l'accusée est coupable de « divers erreurs et crimes de schismes, d'idolâtrie, d'invocation de démons et plusieurs autres méfaits ».

brusque : fait vite

25 Au Moyen Âge, et même longtemps après, un individu inculpé d'intelligence avec le diable était irrévocablement voué° au bûcher. D'ailleurs, en l'occurrence, cette condamnation offrait un avantage supplémentaire : elle permettait de discréditer Charles VII. Que penser d'un roi qui devait son trône à une sorcière ?

Sitôt condamnée, Jeanne fut brûlée à Rouen, sur la place du Vieux Marché (31 30 mai 1431). Néanmoins, son histoire ne s'arrête pas là. Au moment de son supplice, il y avait eu des murmures d'indignation, même parmi les Normands qui, par intérêt, sympathisaient avec les Anglais. Elle avait éveillé le réflexe national. L'élan patriotique s'était déclenché°. L'une après l'autre, les villes se libéraient et se ralliaient au roi. À mesure que les Anglais se repliaient, leurs 35 anciens partisans se détachaient d'eux. Déjà le duc de Bourgogne abandonnait l'alliance anglaise. Paris acclamait Charles VII (1436).

Le vent avait tourné. Le roi retrouvait son royaume, comme l'avait si bien prédit la Pucelle. La famille d'Arc ainsi que l'opinion générale, réclamèrent° la révision du procès de Rouen. Charles fut conduit à ouvrir une nouvelle enquête. Des 40 témoignages furent recueillis sur les lieux où avait vécu la victime. Enfin, vingt-cinq ans après sa mort, Jeanne fut solennellement réhabilitée.

Colette Dubois Brichant, *La France au cours des âges*, © McGraw-Hill, 1973. Reproduced with permission of The McGraw-Hill Companies.

Questions de compréhension

A. En général

Pourquoi voulait-on condamner Jeanne d'Arc ? Pourquoi l'a-t-on réhabilitée ?

B. En détail

1. Pourquoi les Anglais ont-ils fait juger Jeanne d'Arc par des Français ?

2. Quelles sortes de questions est-ce qu'on lui a posées pendant le procès ?

3. Quelles raisons les juges ont-ils trouvées pour condamner Jeanne d'Arc à mort ?

4. Que s'est-il passé en France après sa mort ?

5. Quel était le résultat de la révision du procès vingt-cinq ans après la mort de Jeanne d'Arc ?

Réfléchissez et discutez ensemble

1. Que pensez-vous de l'histoire de Jeanne d'Arc ? Est-ce que vous la trouvez plausible ou incroyable ? Expliquez votre point de vue.

2. Que pensez-vous du personnage de Jeanne d'Arc ? Faites un portrait de son caractère d'après tout le texte que vous avez lu.

3. De nos jours, pourrait-on voir Jeanne d'Arc comme précurseur du mouvement féministe ?

Présentations

1. L'héritage de Jeanne d'Arc. Lisez une œuvre inspirée par l'histoire de Jeanne d'Arc (voir le paragraphe après Synthèse, p. 197) ou visionnez un des films. Présentez ce que vous avez lu ou vu à votre classe.

2. Sur les traces de Jeanne d'Arc. Imaginez que vous voulez visiter des sites associés à l'histoire de Jeanne d'Arc. Faites des recherches sur Internet sur quelques-uns des endroits mentionnés dans le texte ci-dessus. Présentez votre voyage à vos camarades de classe et essayez de les convaincre de vous accompagner.

Applications grammaticales

Traduisez les phrases suivantes en français :

1. His father's attitude had made Charles VII melancholy.
2. The voices of saints made Joan leave for Chinon to see Charles.
3. Joan made him fight the English.
4. She will have him crowned in Reims.
5. Pierre Cauchon is going to make her responsible for his military losses.

Consultez la page 226 pour l'explication de la distinction entre **faire** + verbe et **rendre** + adjectif.

Synthèse

Interrogatoire. Imaginez que vous êtes un des juges présents au procès de Jeanne d'Arc. Écrivez six questions différentes pour déterminer si elle est innocente ou coupable en employant des pronoms, adjectifs ou adverbes interrogatifs différents.

Consultez les pages 116–17 pour revoir la formation des questions.

Le personnage de Jeanne d'Arc a inspiré des historiens aussi bien que de nombreux poètes, dramaturges et cinéastes à travers les siècles jusqu'à nos jours. Au XVIIIe siècle, Voltaire a écrit un poème épique, *La Pucelle*. Deux poèmes au sujet de la jeune femme, *Jeanne d'Arc* (1897) et *Le mystère de la charité de Jeanne d'Arc* (1909) sont les plus connus du poète Charles Péguy. Parmi les pièces célèbres dans lesquelles figure l'histoire de Jeanne, on pense souvent à celle de George Bernard Shaw, *Saint Joan* (1923), et à celle de Jean Anouilh, *L'alouette* (1953). Même Mark Twain avait trouvé cette histoire si fascinante qu'il avait passé des années à faire des recherches aboutissant à son livre *Personal Recollections of Joan of Arc* (1896). En tout, plus de douze mille œuvres ont été écrites à son sujet. À commencer par ceux du cinéma muet, des cinéastes français, américains, italiens et anglais ont réalisé une vingtaine de films qui racontent la vie de Jeanne d'Arc. En 1999 le cinéaste français Luc Besson a tourné *The Messenger* sur ce personnage. La même année, un téléfilm américain est sorti sur sa vie.

À Orléans, un centre Jeanne d'Arc réunit depuis 1973 tous les documents authentiques concernant son histoire, grâce à l'appui d'André Malraux, alors ministre de la Culture. Le 30 mai de chaque année, il y a une commémoration de la libération de cette ville et dans plusieurs autres villes françaises, ainsi qu'à Québec et aux États-Unis, on a dressé des monuments à la mémoire de Jeanne. Il est évident que les exploits de cette héroïne dépassent les frontières, puisqu'elle réapparaît tel un phénix dans la littérature et dans le septième art d'un grand nombre de pays différents.

La fuite de la main habile°

Henri Lopès (1937–)

Henri Lopès est né à Kinshasa (capitale de l'ex-Congo belge devenu Zaïre puis République Démocratique du Congo), mais il est de nationalité congolaise (l'ex-Congo français devenu Congo). Il a fait ses études secondaires en France à Nantes (en Bretagne) et ses études supérieures en lettres et histoire à Paris. Après avoir enseigné deux ans dans des lycées de la région parisienne, il est retourné en 1965 à Brazzaville, la capitale du Congo, pour enseigner. Successivement ministre de l'Éducation Nationale, ministre des Affaires Étrangères et Premier ministre du Congo, il a été ensuite sous-directeur général à l'UNESCO, et Ambassadeur de la République du Congo en France. Il a reçu le Grand Prix de la francophonie de l'Académie française en 1993 pour l'ensemble de son œuvre. Vous lirez la première nouvelle de son premier recueil, *Tribaliques*.

Pour vous préparer à la lecture, voir SAM, Unité 4 : La fuite de la main habile.

Pré-lecture

Contexte historique et géographique

Regardez la carte du continent africain pour voir où se situent le Congo, par rapport à la République Démocratique du Congo (l'ex-Zaïre) et leurs capitales respectives.

calqué sur : *imité de*

Le Congo, colonie française depuis la fin du XIXe siècle, est devenu république autonome en 1959 et indépendante en 1960. Les événements de « La fuite de la main habile » ont lieu avant et pendant les premières années de cette indépendance, et on y fait allusion aux idées socialistes et communistes qui ont influencé le mouvement nationaliste durant cette période. Le système d'éducation dans les anciennes colonies françaises restait calqué sur° le modèle

indigène : *native, indigenous*

européen. Ainsi, les diplômes mentionnés dans le texte étaient les mêmes qu'en France. D'ailleurs, les meilleurs étudiants de la population indigène° des anciennes colonies faisaient souvent une partie de leurs études en France, et/ou profitaient des séjours en France pour approfondir leurs connaissances, ou acquérir de l'expérience. Au lieu de rentrer pour participer au développement économique et politique de leur pays d'origine, certains sont restés en France et se sont assimilés.

Contexte contemporain

Quelles sortes d'immigrants un pays préfère-t-il accueillir ? Quelles qualifications cherche-t-on parmi les immigrants actuels dans votre pays ? Pourquoi ?

Lecture dirigée

La majeure partie de cette histoire consiste en un retour en arrière, où le narrateur raconte des événements précédant le début et la fin du texte. Dans les premiers paragraphes, le narrateur parle des personnages principaux, Mbouloukoué, Mbâ et Elo, sans révéler de détails sur le rapport qui existe entre eux. Lisez jusqu'à la ligne 23 pour trouver les réponses aux questions suivantes :

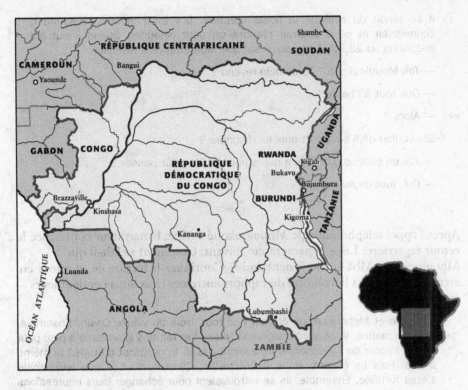

1. Dans quelle ville arrivait Mbouloukoué et d'où revenait-il ?

2. Qu'a-t-il fait en arrivant ? Pourquoi ?

3. Que rapportait-il pour Mbâ de la part d'Elo ?

4. Il avait aussi une nouvelle à lui annoncer. S'agissait-il d'une bonne ou d'une mauvaise nouvelle ? Quelles en sont les indications dans le texte ?

La fuite de la main habile

Dans le taxi qui l'amenait de Maya-Maya[9] à son domicile, Mbouloukoué voyait Brazzaville s'éveiller. Il y avait peu de monde dans les rues. Quelques femmes, leur moutête° sur la tête, allaient au marché ou bien des hommes à bicyclette, sans doute des boys°, rejoignaient leur travail. Il était cinq heures et demie du
5 matin. L'air était frais, et pourtant il semblait à Mbouloukoué plus lourd que celui qu'il venait de respirer, il y avait à peine quelques heures, en Europe. Le taxi pénétra dans le quartier O.C.H.[10] proche de l'hôpital. Toutes les fenêtres étaient encore fermées.

Mbouloukoué n'avait pas dormi de la nuit. Il ne dormait jamais en avion. Pourtant
10 il n'avait pas sommeil ce matin. Il se demandait comment il annoncerait la nouvelle à Mbâ. Bien qu'on fût dimanche, il ne voulait pas se présenter chez elle aussi tôt. Il se mit à des occupations qui pourraient lui faire gagner du temps. Il se déshabilla, se doucha, se vêtit légèrement. Ensuite, il défit ses bagages, mit de côté un paquet qu'Elo lui avait justement remis pour Mbâ.

moutête : *long basket carried on the head, usually by women*

boys : domestiques

---

[9]nom de l'aéroport de Brazzaville
[10]L'Office congolais de l'habitat a construit dans certaines zones de Brazzaville des logements alloués aux cadres supérieurs. Ces quartiers s'appellent O.C.H.

15 Il se rendit du côté de la poste centrale. Il y avait là une pâtisserie qu'il connaissait et où il pourrait prendre un petit déjeuner. Quand il eut fini, il téléphona au 28.72. À sa voix, il sut que Mbâ était déjà réveillée.

— Toi, Mbouloukoué ? Tu es déjà revenu ?

— Oui, tout à l'heure !

20 — Alors ?

Elle voulait déjà savoir. Et quoi lui répondre ?

— J'ai un cadeau qu'Elo m'a remis pour toi. Je peux passer ?

— Oui, tout de suite…

Après l'appel téléphonique de Mbouloukoué à Mbâ, le narrateur commence le retour en arrière. Lisez le paragraphe suivant. Comment se fait-il que Mbouloukoué, Mbâ et Elo étaient amis ? Continuez la lecture de ce retour en arrière qui révélera l'évolution du rapport entre ces trois amis pendant leurs études.

Mbâ, Elo et Mgbouloukoué étaient nés tous trois au village Ossio. Ensemble,
25 tous les matins, ils avaient traversé la Nkéni[11] et fait des kilomètres à pied pour aller à l'école de Ngamboma. Ils avaient passé le certificat d'études la même année. Puis ils étaient venus à Brazzaville. C'est surtout là que leur amitié s'était fortifiée. Ensemble, ils se retrouvaient pour échanger leurs impressions de cours.

30 Mbâ aimait également Elo et Mbouloukoué, comme s'ils avaient été ses frères. Elle trouvait Mbouloukoué plus beau. Lui aussi, lorsqu'il regardait Mbâ ou qu'il avait l'occasion de rester seul à discuter avec elle, il lui découvrait quelque chose que les autres n'avaient pas. Les filles qui allaient au collège avec Mbâ ne semblaient pas beaucoup s'intéresser à ce qu'on leur y apprenait. Chaque
35 jour, elles allaient au cours un peu avec le même esprit qu'on peut avoir en allant à une surprise-partie. Elles étudiaient leur habillement et la manière de tenir leur cartable pour que les hommes qui les verraient passer dans la rue puissent les remarquer. Elles y allaient aussi pour retrouver des bandes d'amies. Elles se passaient des romans-photos où il était toujours question d'un
40 homme aimé par deux femmes et où la plus méchante finissait par dévoiler ses mauvais desseins, ou découvrait qu'elle était aimée elle-même d'un autre qui lui convenait. Elles échangeaient aussi des informations sur le prix des toilettes et des coiffures. Elles se disaient les filières° qui permettaient d'avoir moins cher les pagnes°, le savon-qui-rend-la-peau-ambisée°, ou les perruques° qui venaient
45 de Kinshasa. Tout cela pour plaire aux hauts fonctionnaires et officiers de l'armée qui venaient à la sortie du collège leur fixer des rendez-vous, ou tout simplement les emporter dans leurs voitures insolentes « faire un tour sur la route du Nord ». Certaines d'entre elles se vantaient même d'avoir un enfant de tel directeur général.

50 D'autres enfin allaient brûler des cierges° à Sainte-Anne[12] et donner de l'argent à certain féticheur° infirme et célèbre pour qu'il attire vers elles quelques jeunes

filières : *channels*
pagnes : jupes ; **ambisée** : *light* ;
   perruques : *wigs*

cierges : *candles*
féticheur : prêtre africain

---
[11]nom de la rivière du village
[12]une église catholique

cadres°, qui malgré leur beauté, ne sortaient qu'avec leur femme. Pour certaines, c'était même ce gâteau-là qu'il fallait réussir à manger.

cadres : executives

55 Mbâ fuyait ces groupes. Elle avait trop conscience des sacrifices que représentaient ses études pour sa famille. Et tout ce qu'elle apprenait en classe l'intéressait. Elle avait été captivée lors d'un cours de physique quand le professeur rappelant à l'ordre une condisciple qui ne rendait pas ses devoirs avait fait une longue digression où elle avait parlé de Marie Curie[13]. Une autre fois elle avait aussi été fascinée par un personnage féminin d'un roman qu'elle
60 avait trouvé à la bibliothèque. Elle en avait même appris par cœur le dernier paragraphe.

« Maintenant, ici commence la nouvelle romance. Ici finit le roman de la chevalerie. Ici, pour la première fois dans le monde, la place est faite au véritable amour. Celui qui n'est pas souillé par la hiérarchie de l'homme et de la
65 femme, par la sordide histoire des robes et des baisers, par la domination d'argent de l'homme sur la femme ou de la femme sur l'homme. La femme des temps modernes est née, et c'est elle que je chante. Et c'est elle que je chanterai. »[14]

Et quand Mbâ parlait à Mbouloukoué et à Elo, c'était toujours des réflexions sur
70 ce qu'elle voyait. Les trois jeunes gens ne cessaient d'échanger leur point de vue sur ce qui se passait autour d'eux. Ils étaient révoltés par la vie de Brazzaville, et c'est avec émoi qu'ils évoquaient telle ou telle figure parmi les hommes qu'ils avaient connus à Ossio, et qui continuaient de garder, à leurs yeux, la vertu des grands symboles moraux. Ils aimaient aller aux réunions des
75 sections du Parti[15] qu'on venait de créer dans les quartiers. Dans leur section, notamment, un jeune étudiant qui venait de rentrer depuis peu de France, leur parlait d'hommes qui s'appelaient Marx, Engels, Lénine, Mao Tsé-Toung.[16] Ce dernier, paraît-il, était chinois. Cela semblait beau. C'était comme une bouffée d'air frais passant sur ces vieilles parcelles de la rue des Batéké[17] et qui
80 annonçait un monde meilleur.

Mbouloukoué allait ensuite rôder autour des ambassades des pays socialistes et en ramenait des revues qu'ils se prêtaient, qu'ils commentaient et sur lesquelles ils rêvaient. C'était un an après la révolution. Tout le monde parlait du socialisme scientifique. Elo, lui, affirmait que c'était le seul avenir qui valait la
85 peine, mais qu'il n'avait aucune confiance en l'honnêteté de ceux qui utilisaient le plus ce mot.

Mbâ était préoccupée par le sort de la femme. Elo voulait y consacrer ses forces. Elle ne croyait pas que ces femmes de la ville pourraient faire quelque chose pour leurs sœurs. Celles qui étaient mariées étaient trop timorées° pour
90 aller militer°. Leurs maris leur demanderaient des comptes° le soir. Quant aux « grandes militantes », c'étaient au fond, de sympathiques ndumba° de luxe, sachant lire et écrire et qui n'iraient pas se battre pour qu'on supprime la polygamie. Elles se moquaient plutôt de ces femmes mariées qui s'imaginaient pouvoir garder un mari pour elles seules. Mbâ pensait d'ailleurs que ces
95 dernières n'avaient pas le droit d'être libérées. L'émancipation avait un sens pour les femmes qui, comme sa mère, faisaient tous les jours dix kilomètres à

timorées : timides
militer : to be militant ;
    demanderaient des
    comptes : would ask for
    explanations
ndumba : (congolais) courtisane

---

[13]physicienne qui a découvert le radium
[14]citation de Louis Aragon, poète français, des *Cloches du Bâle*
[15]parti communiste
[16]philosophes et leaders socialistes et communistes
[17]peuple du Congo parlant une langue bantoue

pied pour aller à la plantation, cultiver la terre et revenir. Elles y allaient en portant sur le dos une hotte° pesant parfois quarante kilos et dont le bandeau de portage marque profondément le front. Beaucoup d'hommes n'auraient
100 même pas pu porter cette charge durant cinq cents mètres. Les mâles d'ailleurs, quand les femmes étaient au champ, discutaient ou dormaient dans le village, à l'ombre, la bouteille de molengué° à portée de la main. Mais ces femmes auxquelles songeait Mbâ, ne savaient ni lire, ni écrire, ni mettre en ordre leurs idées. Et elles auraient peur de parler devant un micro°. Il était
105 encore moins question de les envoyer en délégation à l'étranger parler des problèmes de la femme. Elles devaient pour le moment se résigner à travailler, souffrir avant l'âge, et laisser les ndumba aller disserter° de l'émancipation de la femme africaine.

Tout cela séduisait Mbouloukoué. Mais jamais il ne l'avait dit à Mbâ.
110 D'ailleurs, il se rendait parfaitement compte qu'elle écoutait toujours plus volontiers Elo. Celui-ci aimait surtout le football et c'était toujours avec plaisir que Mbâ le suivait aux matches où il allait invariablement soutenir avec fougue° l'équipe de « Patronage ». C'est ainsi qu'un soir, en revenant d'un match au stade Eboué, l'orage les avait surpris en route. Ils avaient juste eu le
115 temps de se mettre à l'abri. Mbâ s'était plainte d'avoir les cheveux mouillés alors qu'elle venait de se les dénatter° le matin même. Elo avait la chemise complètement trempée°. Il l'enleva. À chaque fois que le tonnerre craquait, Mbâ ne pouvait réfréner un mouvement vers le corps d'Elo. Ils étaient seuls sous l'arbre de la station de bus. Elo percevait la chair de Mbâ qui collait à sa
120 robe mouillée. Il tressaillit°, la serra contre sa poitrine. Elle ferma les yeux, se blottit contre lui et poussa un soupir. Ils se serrèrent. Quand la pluie cessa à onze heures du soir, Mbâ ne rentra pas chez maman Nguélélé où elle logeait. La vieille en voyant sa nièce arriver à six heures du matin fut surprise, mais ne demanda pas d'explication.

125 Par la suite, les relations entre les trois amis continuèrent à être ce qu'elles étaient. Mbâ et Elo s'arrangeaient pour se retrouver le soir, sans que Mbouloukoué s'en aperçoive. Mbouloukoué n'aurait pas été jaloux, certes. Mais Mbâ et Elo ne voulaient pas que Mbouloukoué se sentît en trop. Celui-ci ne se rendit compte de rien. Tout juste avait-il noté que Mbâ avait changé de
130 démarche°. Il semblait maintenant que ses hanches étaient déliées°. Une flamme qui n'existait pas avant luisait dans ses yeux.

Puis vint le moment des examens. Mbouloukoué toujours le premier de sa classe fut admis à continuer ses études au lycée. Mbâ qui voulait rapidement venir en aide à sa famille et à ses jeunes frères et sœurs s'était présentée au
135 concours d'entrée[18] au Cours Normal d'Institutrices de Mouyondzi.

Elo avait été reçu à son C.A.P.[19] de soudeur°. Il commença à travailler dans une entreprise à Mpila. Puis un jour il apprit que le gouvernement organisait un concours pour choisir trois soudeurs qu'il enverrait se perfectionner en France. Elo se présenta. Il fut admis. Il devait s'en aller pour deux ans. Il envoya un
140 télégramme à Mbâ qui réussit à venir passer deux jours à Brazzaville. Les deux jeunes gens ne s'aimaient jamais avec autant d'intensité et de ferveur. Ce furent deux jours et deux nuits de soupirs, de sourires et de plaisirs, au travers des larmes que Mbâ ne pouvait s'empêcher de verser en songeant qu'on allait lui arracher son Elo. Ce dernier lui offrit un collier en or qu'il avait payé sur sa
145 première mise d'équipement à un Sénégalais de l'avenue.

---

[18]examen compétitif: on accepte seulement un certain nombre de candidats avec les meilleures notes
[19]Certificat d'aptitude professionnelle

Un soudeur à l'usine

Après le départ d'Elo, Mbâ reçut au début une lettre chaque semaine. Il lui disait comme elle lui manquait. Puis sa peine disparaissait. Il lui décrivait tout ce qu'il découvrait en France. Combien la vie lui était plus facile. Puis il resta deux mois sans écrire. Et un jour, elle ne reçut plus rien. Elle apprit au bout de deux ans,
150 par les camarades d'Elo qui étaient rentrés de stage, qu'il se trouvait à Nantes où il avait trouvé une place dans une usine.

Questions de compréhension

A. En général

Décrivez les rapports entre ces trois jeunes gens. Quels étaient leurs projets pour l'avenir ?

B. En détail

1. Comment était le rapport entre Mbâ et les deux jeunes hommes au collège ?

2. Mbâ était différente des autres collégiennes. Résumez en quelques phrases la différence dans leurs attitudes et leurs comportements.

3. Qu'est-ce qui montrait que Mbouloukoué et ses deux amis s'intéressaient à la politique ?

4. Quelle était la préoccupation politique principale de Mbâ ?

5. Que pensait Mbâ des femmes mariées, des « grandes militantes » et des femmes qui travaillaient aux champs ?

6. Qu'est-ce qui s'est passé entre Mbâ et Elo ? Mbouloukoué était-il au courant ? Expliquez.

7. Elo a eu l'occasion de partir. Dans quelles circonstances ? Qu'est-ce qui est arrivé à la communication entre Elo et Mbâ pendant l'absence de celui-ci ? Comment a-t-elle appris ce qu'Elo était devenu ?

Le narrateur poursuit le retour en arrière. Lisez la fin du texte pour découvrir ce qui arrive aux trois amis et la nouvelle que Mbouloukoué doit annoncer à Mbâ.

Maintenant six ans ont passé sans qu'il ne revienne. Mbâ enseigne dans une école à Bacongo. C'est une institutrice de qualité. Les parents et les élèves l'aiment beaucoup. Certes parce que les enfants aiment avoir de jolies
155 maîtresses, mais aussi parce qu'elle enseigne bien. Souvent les plus jeunes de ses collègues l'invitent à sortir, mais elle refuse toujours. D'ailleurs, comment la rencontrer ? Elle sort si peu. Après ses cours, elle va chaque soir enseigner aux adultes qui ne savent pas lire. Elle s'est ainsi fait des amies de certaines de ses élèves adultes. Auprès d'elles, elle apprend beaucoup. Elle dit à Mbouloukoué
160 que de toute cette expérience, elle compte écrire un livre sur la femme congolaise.

Mbouloukoué est professeur de C.E.G.[20] à Kinkala. Lui non plus ne s'est pas marié. Il consacre tout son temps à l'étude des mathématiques qu'il enseigne à ses élèves et à l'animation des pionniers° dont il a charge pour la région.

animation des pionniers :
*leadership of a communist
youth group*

165 Ce samedi-là, il est venu à Brazzaville voir Mbâ. Il lui annonce qu'il vient d'être désigné pour aller en France à un colloque sur l'enseignement des mathématiques modernes. Ils ont, ensemble, tenté de rencontrer les promotionnaires d'Elo pour avoir son adresse exacte. Mbâ a acheté du poisson salé, de la farine à foufou, des gombos et deux ananas qu'elle remet à
170 Mbouloukoué pour celui qu'elle attend toujours et qui est là-bas. Elle ne songe même pas que la France est grande et qu'Elo ne pourrait peut-être pas rencontrer leur camarade d'enfance. Mbâ a dit à Mbouloukoué tout ce qu'il devrait dire à Elo. Et tout ce qu'elle ne peut pas dire, elle l'a écrit dans une longue lettre de dix pages que Mbouloukoué emporte.

175 À Paris, par Ebon, un de leurs amis communs, Mbouloukoué a pu savoir le nom de l'usine où travaille Elo.

[20]collège d'études générales

Des femmes congolaises

C'est ainsi qu'après des aventures qui n'intéresseront pas mon lecteur, ce vendredi après-midi, Elo et Mbouloukoué marchent sur les quais de la Fosse, à Nantes. Ils parlent en se tapant sur les épaules toutes les dix secondes.
180 Finalement, ils prennent le bus et descendent dans la banlieue où Elo habite.

— Accompagne-moi, frère. Il faut qu'en passant je fasse quelques courses. Ah ! tu sais, dans ce pays, mêmes les hommes, nous devons nous occuper des affaires ménagères.

En effet, Mbouloukoué est étonné de voir Elo passer à l'épicerie acheter du lait,
185 du beurre, des fruits, du pain à la boulangerie, à la boucherie (après avoir demandé à Mbouloukoué ce qu'il aime) des tournedos°. Puis ils vont au bureau de tabac, où il achète des Gauloises[21] et *France-Soir*[22] pour dit-il « jouer au tiercé »°.

— Tu comprends, je suis obligé de faire une partie du marché. Quand ma femme
190 rentre, il est trop tard.

tournedos: tranches de filet de bœuf

tiercé : jeu sur les courses de chevaux

---
[21]marque de cigarettes françaises
[22]journal français

— Ta femme ?

— Comment, tu ne sais pas ? Je suis marié, mon cher.

désarçonné : *shocked, blown away*
engueuler : *yell at* ; lui casser la figure : *hit him*
salopard : (vulgaire) *bastard*

Mbouloukoué est complètement désarçonné°. S'il est franc avec lui-même et s'il veut exprimer ce qu'il ressent, il doit engueuler° Elo, lui casser la figure° même.
195 Il a envie de le traiter de salopard°, de lui dire qu'il n'est plus son ami, qu'il va s'en retourner par le premier train... Au lieu de cela, il ne fait que s'arrêter. Comme ils montent les escaliers, il regarde Elo dans les yeux. Froidement avec hauteur même. Alors que là-bas, Mbâ si belle et si convoitée a mené plusieurs années une vie de recluse...

200 — Et Mbâ ?

— Tiens, entre, je vais t'expliquer cela...

hâbleur : *smooth talker*

Elo, aussi sympathique et hâbleur° que jamais, lui parle de sa solitude en France. De ce qu'Hélène (c'est sa femme) l'a aidé alors. Du fils qu'ils ont
205 ensemble.

bachelier : *graduate*

— Et puis, je ne crois pas que je rentrerai au pays. Ici, un ouvrier qualifié c'est pas un capitaliste, mais ça vit mieux qu'un fonctionnaire bachelier° chez nous. Je me suis renseigné. Au pays avec mon métier je gagnerai 30 000 francs C.F.A.[23] Ici, j'ai plus du triple avec double pouvoir d'achat. Mon cher, toi qui es

dirigeants : leaders politiques

près des dirigeants°, avertis-les : s'ils ne prennent garde, il n'y aura pas que la
210 fuite des cerveaux[24], mais aussi celle des mains habiles[25]...

— Et ta famille ?

— Un jour, si je fais des économies, on ira faire un tour là-bas. Pour le moment, pas question. Je sais comment c'est, le pays. Toute ma solde° pour nourrir mes

solde : argent
ne foutent rien : (vulgaire) ne font rien
coutumièrement : selon les coutumes

neveux et nièces, fils de soi-disant cousins qui ne foutent rien...° Et puis, tu
215 connais mon vieux. Il faudrait que j'accepte une fille mariée coutumièrement°. Hélène ne pourrait pas accepter cela.

∾

Mbâ a entendu frapper à la porte. Elle court ouvrir. Mbouloukoué est debout avec le visage de celui qui vient annoncer une mort.

Que va-t-il lui dire, bon Dieu ?

Henri Lopès, dans *Tribaliques*, © Les Éditions CLE, 1972

Questions de compréhension

A. En général

Que sont devenus les amis depuis le début de l'histoire ? Comment leurs rapports ont-ils changé ?

B. En détail

1. Comment est la vie de Mbâ depuis l'absence d'Elo ?

2. Que Mbouloukoué va-t-il pouvoir faire grâce à son propre métier et que compte-t-il faire en même temps ?

---

[23]franc de la Communauté financière africaine
[24]allusion au départ d'ingénieurs très spécialisés vers des pays plus développés
[25]allusion à l'exode des ouvriers qualifiés

3. Que Mbâ donne-t-elle à Mbouloukoué avant son départ ?

4. Pourquoi Mbouloukoué rend-il visite à Elo ?

5. Comment est la vie d'Elo en France ?

6. Comment Elo explique-t-il ce qu'il a fait ?

7. Pourquoi Elo n'a-t-il pas l'intention de revenir en Afrique ?

8. À quel dilemme Mbouloukoué doit-il faire face en rentrant chez lui ?

Réfléchissez et discutez ensemble

1. L'expression « la main habile » est un exemple de synecdoque où l'on désigne un certain groupe de personnes par cette partie du corps. Expliquez la relation entre l'expression du titre et le groupe représenté. Quel problème est évoqué dans le contexte du monde post-colonial ?

2. À l'heure actuelle, un autre problème se pose dans les pays comme la France et les États-Unis : les ouvriers perdent leur travail. Expliquez ce phénomène.

3. Les paroles d'Elo à la fin du texte, où il parle de « nourrir ses neveux et nièces », marquent un contraste avec la décision prise par Mbâ de devenir institutrice. Expliquez.

4. Mbouloukoué a « le visage de celui qui vient annoncer une mort » en arrivant chez Mbâ à la fin du texte. Comment est un tel visage ? Pourquoi cette image s'applique-t-elle bien à cette situation ?

5. Le personnage de Mbâ semble être celui d'une femme moderne et traditionnelle à la fois. Expliquez.

6. Il y a un changement dans le temps des verbes dans le retour en arrière, du passé au présent, à partir du moment où le narrateur parle des événements qui ont lieu six ans après le départ d'Elo. Comment peut-on expliquer ce changement de temps à ce moment de l'histoire ?

Jouez la scène

1. La vérité. Imaginez une conversation différente entre Elo et Mbouloukoué, où celui-ci décide de dire ce qu'il ressent et ses vraies pensées à son ami d'enfance.

2. Nouvelles du fils. Mbouloukoué doit rendre visite à la famille d'Elo en revenant au Congo pour leur donner de ses nouvelles. Imaginez ce qu'il leur dit et leur réaction.

3. Un moment difficile. Imaginez la conversation entre Mbouloukoué et Mbâ, où celui-ci doit révéler ce qu'il a appris sur Elo.

Présentations

1. Le Congo et la France. Faites des recherches (sur Internet, à la bibliothèque, etc.) sur les rapports économiques et culturels entre la France et le Congo aujourd'hui. Présentez vos résultats à la classe.

2. La réussite. Réfléchissez sur les personnes qui quittent leur patrie pour s'établir dans un autre pays. Comment sont ceux qui réussissent dans un nouveau pays (traits de caractère, âge, famille, études, métier, etc.) ? Présentez vos idées à vos camarades de classe.

Applications grammaticales

Pronoms relatifs

A. Composez une nouvelle phrase à partir de chaque paire donnée au moyen d'un pronom relatif pour éviter la répétition du même nom.

> **Modèle :** Mbâ travaille dans une école. Dans cette école il n'y a que des filles. →
> Mbâ travaille dans une école **où** il n'y a que des filles.

1. Mbouloukoué a mis de côté un paquet. Elo lui avait remis ce paquet pour Mbâ.

2. Il y avait une pâtisserie. Il pourrait prendre un petit déjeuner dans cette pâtisserie.

3. Les filles ne semblaient pas s'intéresser aux études. Ces filles allaient au collège avec Mbâ.

4. La solitude était difficile. Elo parlait de cette solitude.

B. Traduisez les phrases suivantes en français :

1. Mbâ talked to her friends about what interested her, especially politics and women's rights.

2. The other girls wanted everything that would attract the attention of young executives or officers.

3. Mbouloukoué couldn't say everything that was in Mbâ's letter.

4. Mbouloukoué didn't know what he would tell Mbâ.

Les démonstratifs

A. Complétez les phrases données par la forme appropriée de l'adjectif démonstratif :

1. _____ étudiant aimait assister aux matches de football.

2. _____ étudiants parlaient constamment de _____ idées radicales.

3. Mbâ ne comprenait pas _____ comportement chez les femmes de la ville.

4. Mbâ logeait chez _____ vieille femme.

B. Traduisez les phrases suivantes en français en employant un pronom démonstratif :

1. Mbâ liked both her friends but Elo was the one she preferred.

2. Those who studied did well on their exams.

Consultez les pages 224–26 et 227–28 pour une explication des formes et de l'emploi des pronoms relatifs et des démonstratifs.

3. Mbâ and Elo didn't want their friend to feel ill at ease but the latter didn't realize that they were lovers.

4. Life in France was better than that in the Congo.

À l'écrit

1. **Des préparatifs.** Mbouloukoué doit se souvenir de tout ce que Mbâ veut qu'il dise à Elo en le voyant. Il écrit une page à emporter avec lui. Relisez cette partie de la nouvelle (l. 154–176) et imaginez ce qu'elle a dit.

2. **Des réactions.** Après le retour de Mbouloukoué et sa conversation avec Mbâ, elle décide d'écrire une autre lettre à Elo. Écrivez sa lettre. Elle réagit à ce qu'elle a entendu et explique ce qu'elle pense faire de sa vie maintenant.

3. **Un résumé.** Mbouloukoué écrit une lettre à Elo aussi après avoir parlé avec la famille de celui-ci et avec Mbâ. Commencez par remercier Elo pour l'accueil en France, puis parlez de la réaction de sa famille, et puis de celle de Mbâ aux nouvelles de son mariage et de sa décision de rester en France.

Synthèse

Écrivez une suite à cette histoire, en imaginant ce qui se passe dans la vie de chacun des trois personnages. Vous allez inventer les détails, mais ceux-ci doivent correspondre aux personnages tels qu'ils ont été présentés dans le texte. Commencez par écrire ce que vous savez déjà sur chaque personnage : sa personnalité, son attitude (révélée par ses paroles ou par son comportement), sa situation (professionnelle, familiale, etc.), son rapport avec les deux autres. Ensuite, expliquez ce que chacun devient en parlant aussi de ce qu'il/elle pense maintenant de ce qui lui est arrivé. Sont-ils satisfaits ? Ont-ils des regrets ?

Le dénuement° des enfants sans papiers°

dénuement : manque du nécessaire
sans papiers : *illegal immigrants*

Pré-lecture

Quelques notes explicatives sur l'immigration en France

La diversité des cultures représentées dans la population française actuelle, et le problème d'immigration clandestine retrouvent leurs traces dans le passé de la France à la fois colonisatrice et terre d'asile. Plus récemment, les questions relatives à l'immigration se sont compliquées avec l'ouverture des frontières sous l'Union européenne. Selon la Convention européenne des Droits de l'Homme, toute personne, quelle que soit sa nationalité, a le droit de mener une vie familiale normale. Alors depuis 1994 la loi française permet le « regroupement familial » dans le cas des immigrés, c'est-à-dire que les enfants mineurs (de moins de 18 ans)

Pour vous préparer à la lecture, voir SAM, Unité 4 : Les enfants sans papiers.

Quelques lycéens

peuvent accompagner leurs parents, ou, ce qui est plus difficile, les rejoindre une fois qu'ils sont établis en France. Mais ce droit ne peut être exercé qu'en respectant une procédure longue et compliquée et en remplissant certaines conditions : des ressources stables et suffisantes, un logement adapté, le résultat satisfaisant du contrôle médical, l'absence de menace pour l'ordre public. Puisque les démarches sont si complexes et les familles ne savent pas toujours comment régulariser la situation de leurs enfants (ou sont eux-mêmes en situation irrégulière), il arrive que certains enfants restent « sans papiers » bien qu'ils soient à l'école.

Complétez les phrases en employant votre propre expression pour expliquer simplement les conditions indiquées qui permettent le regroupement familial des immigrés et expliquez pourquoi l'État imposerait chaque condition :

1. des ressources stables et suffisantes   Les immigrés doivent … parce qu'on…

2. un logement adapté   Il faut … parce qu'on…

3. le résultat satisfaisant du contrôle médical   Ils ne doivent pas … parce qu'on…

4. l'absence de menace pour l'ordre public   Ils ne doivent pas … parce qu'on…

Lecture dirigée

1. Savoir reconnaître le point de vue d'un auteur (ou des auteurs) peut faciliter la compréhension d'un texte. Lisez les trois premiers paragraphes pour identifier les auteurs et pour découvrir ce qu'ils pensent de la situation des élèves sans papiers.

2. Expliquez les problèmes des élèves sans papiers mentionnés dans le troisième paragraphe en employant votre propre expression pour compléter les phrases suivantes :

Les élèves sans papiers ont peur que...

Ils ne pourront pas...

Le dénuement des enfants sans papiers

Depuis des années, nous apportons en toute illégalité une aide au séjour d'étrangers sans papiers : nos élèves. Enseignants du lycée Jean-Jaurès (Châtenay-Malabry), personnels d'éducation, parents d'élèves, nous sommes déterminés à continuer.

5 Le nombre de jeunes scolarisés° privés de titre de séjour° est bien plus élevé qu'on ne le pense. Sept cas recensés° en 2003–2004 sur le seul lycée Jean-Jaurès (1 200 élèves) : on peut estimer, en extrapolant, qu'ils sont plusieurs milliers en France.

Rien ne distinguerait ces élèves de leurs camarades si leurs vies n'étaient
10 gâchées° par l'obsession de l'interpellation°, la peur d'une expulsion pratiquée dans des conditions souvent honteuses, l'angoisse d'un avenir bouché°, privé du droit de poursuivre des études supérieures, de travailler, d'avoir un logement, de bénéficier de la Sécurité sociale, etc. Bref, d'être condamnés au dénuement et aux conditions indignes° auxquels sont réduits les sans-papiers.

15 Pour la plupart, ces garçons et ces filles vivent dans leurs familles ou au moins avec un de leurs parents lui-même titulaire d'un titre de séjour régulier, parfois même de nationalité française. Mais, peu rompus aux° subtilités du jargon administratif, égarés par la longueur et la complexité des démarches, mis en demeure° de produire des documents impossibles à obtenir, ils se retrouvent
20 exclus des circuits normaux de régularisation, sans papiers, temporairement ou définitivement.

Exemple : nous avons obtenu, en juin 2003, la régularisation d'une élève comorienne[26] (dont le père est français). En attendant de lui établir une carte de séjour d'un an, la préfecture lui a délivré un récépissé provisoire à renouveler
25 tous les trois mois (deux à trois heures de queue à chaque fois). Faute de personnel, son dossier n'a pu être examiné qu'un an plus tard... l'extrait d'acte de naissance de moins de trois mois qui y figurait en juin 2003 n'était plus valable ! Il lui a fallu téléphoner au pays°, demander à un ami de faire établir le document puis, la poste comorienne ne fonctionnant pas, qu'il se rende à
30 l'aéroport et prie un voyageur de poster la lettre en arrivant à Paris !

D'autres élèves sans papiers, les plus nombreux, sont des déboutés° du regroupement familial. Le regroupement doit être demandé alors que la famille se trouve encore au pays. Mais les conditions (logement, ressources) sont strictes, difficiles à remplir et, au total, les délais se comptent souvent en
35 années. Aussi, les raisons pour lesquelles des parents décident de faire venir leur famille « hors regroupement familial » sont multiples... et légitimes !

Lassés° d'attendre un appartement qui ne vient jamais ou ne disposant pas des ressources exigées, certains décident de faire rentrer leurs enfants. La loi

---

scolarisés : à l'école ; **privés de titre de séjour** : sans autorisation de rester en France

recensés : ici, identifiés

gâchées : ruinées ; **interpellation** : *interrogation by the authorities*

bouché : fermé

indignes : odieux

rompus aux : habitués à

mis en demeure : *held legally responsible*

au pays : dans leur pays d'origine

déboutés : *dismissed cases*

lassés : fatigués

---

[26]les Comores, état au nord-ouest de Madagascar, dans l'océan Indien

française est ainsi faite qu'elle interdit de fait aux plus pauvres ou aux plus précaires de vivre avec leurs enfants !

Certaines situations d'urgence ne laissent pas d'autre choix que de faire venir les enfants en France de façon précipitée, y compris hors des cadres prévus par les textes. C'est le cas de ceux que leurs familles arrachent en catastrophe à des pays ou des régions ravagés par les guerres ou la misère extrême. Ou de
45 ceux que la disparition du membre de la famille qui les élevait au pays laisse livrés à eux-mêmes. Devant l'urgence, les parents font ce que tout le monde ferait : ils sautent dans le premier avion ou demandent à un proche de ramener les enfants... quand bien même ils n'ont pas rempli tous les formulaires et obtenu tous les tampons°.

tampons : *official stamps*

50 Entrés en France hors du cadre « normal » du regroupement familial, ces jeunes se retrouvent à 18 ans dans des situations dramatiques : scolarisés en France, souvent depuis des années, ils y ont parfois toute leur famille et toutes leurs attaches qu'ils sont menacés de perdre au premier contrôle de police.

des vues de l'esprit : des théories

Ce ne sont pas des vues de l'esprit°. Nous avons obtenu la régularisation de
55 trois élèves cette année. L'une, congolaise, dont les parents étaient en France, avait été placée par sa grand-mère dans un avion militaire français évacuant les ressortissants français en pleine guerre civile. La seconde, dont la mère est régulièrement en France (et a des enfants nés en France et appelés à devenir français), a été exfiltrée d'Angola, en pleins combats, par un ami de la famille.
60 La troisième, haïtienne, vit avec son père (en situation régulière). Sa sœur est réfugiée politique en France. Au pays, le reste de sa famille est « clandestine », comme elle dit, et menacée.

Il a fallu des mois de démarches, des pétitions, des délégations et, pour finir, une campagne médiatique (France-Info, TF1, France 2[27]) pour faire revenir les
65 autorités sur leur refus d'accorder un titre de séjour à ces filles.

On ne peut pas laisser faire. Quand la situation d'un élève sans papiers est connue dans un établissement°, le traumatisme est profond et atteint toute la communauté scolaire : les personnels, les élèves et leurs parents. Il est inconcevable d'imaginer nos élèves, nos camarades, les copains de nos enfants,
70 menottés, entravés, bâillonnés et scotchés à leurs sièges d'avion[28] pendant que leurs camarades étudieraient paisiblement Éluard (« J'écris ton nom, Liberté ») ou Du Bellay (« France, mère des arts, des armes et des lois »)[29]; et que, sans trembler, on effacerait des listes les noms et les prénoms des bannis.

établissement : ici, école

Il faut agir avec les jeunes eux-mêmes. Qui, s'ils sont associés à des combats
75 justes, renoueront° avec des traditions de solidarité, de combat collectif qui leur permettront peut-être, leur vie durant, de faire en sorte que le monde dans lequel ils sont appelés à vivre soit plus fraternel et ouvert à tous.

renoueront : *will reconnect*

À l'initiative de collectifs d'enseignants et de parents aux prises avec la situation intolérable de jeunes, de la plupart des syndicats d'enseignants, d'une
80 fédération de parents d'élèves et d'un grand nombre d'associations antiracistes

---

[27]France-Info: station de radio; TF1 et France 2: chaînes de télévision française
[28]Quelquefois, quand le gouvernement français expulse de force des « sans papiers », ces gens-là résistent. Alors on les menotte [*handcuff*], entrave [*shackle*], bâillonne [*gag*], et scotche [*attach*] à leur siège d'avion. C'est plutôt l'exception que la règle parce que la plupart des gens expulsés restent calmes.
[29]Paul Éluard (1895–1952) , poète surréaliste qui a fait partie de la résistance pendant la Seconde Guerre mondiale. Le poème « Liberté » date de 1942. Du Bellay (1522–1560), poète de la Renaissance, qui fait l'éloge de la France et de la langue française de son exil en Italie.

et de défense des droits de l'homme, un réseau° baptisé « Éducation sans frontières » s'est constitué. Nous en sommes, évidemment, partie prenante.

Ajoutons, pour tordre le cou à° un certain nombre d'âneries°, que ces jeunes sont une vraie richesse pour le pays qui les accueille. Deux de nos élèves avaient
85 été régularisés en 1997 et 1998 avec la mobilisation de leurs enseignants et de leurs camarades allés en délégation en préfecture puis au tribunal. Le premier, alors mauritanien, est aujourd'hui français, père de deux enfants, et cadre technico-commercial dans l'entreprise où il travaille depuis plusieurs années. Le second, malien d'origine et aujourd'hui français, est chef d'équipe dans une
90 entreprise d'électricité et entraîneur d'une équipe de foot de sa ville.

Nous les remercions d'être parmi nous.

Richard Moyon, Armelle Gardien et Fatiha Al Audat sont enseignants au lycée Jean-Jaurès de Châtenay-Malabry et animateurs du collectif « Éducation sans frontières ».[30]
Le Monde, 1 septembre 2004

Questions de compréhension

A. En général

Quel est le but de cet article ? Pourquoi les auteurs l'ont-ils envoyé au *Monde*, le plus grand quotidien de France ?

B. En détail

1. Dans le troisième paragraphe (l. 10–14), quels mots (adjectifs, noms) soulignent la situation précaire de ces jeunes ?

2. De quels droits ces élèves sont-ils privés ?

3. Pour quelles raisons les parents font-ils venir leurs enfants en France sans papiers, selon l'article ?

4. À quel âge le gouvernement français peut-il expulser ces jeunes ?

5. Qu'est-ce que les auteurs de l'article ont déjà fait pour aider leurs élèves sans papiers ?

6. Pourquoi faut-il « mobiliser » toute une école quand certains élèves sont en situation irrégulière ?

7. Qui sont les membres du réseau « Éducation sans frontières » ? Quel est le but de cette organisation ?

8. Relevez les pays d'origine mentionnés dans l'article. Selon vous, qu'auraient-ils en commun ?

Réfléchissez et discutez ensemble

1. Que veulent dire les auteurs de l'article quand ils prétendent que « ces jeunes sont une vraie richesse pour le pays qui les accueille » ? Qu'en pensez-vous ? Qu'est-ce que la dernière phrase de l'article suggère?

2. Quelles sortes de préjugés a-t-on souvent envers les immigrés qui ont le droit d'entrer dans le pays ? En a-t-on encore d'autres envers ceux qui sont en situation irrégulière ? Expliquez.

---

[30]nom qui rappelle Médecins sans frontières

3. Certaines raisons pour faire venir des enfants sont mentionnées dans l'article. Pourriez-vous en trouver d'autres ?

4. Comment est la vie d'une jeune personne sans papiers ? Quelle sorte de détresse ou de désespoir peut éprouver une personne dans cette situation ?

5. Une situation semblable existe-t-elle dans votre région ou dans votre école (université) ? Décrivez-la.

Jouez la scène

1. **La situation.** Un(e) camarade de classe est en situation irrégulière. Vous lui posez des questions pour savoir comment et pourquoi il/elle est venu(e) dans le pays.

2. **Du soutien.** Une famille sans papiers va être expulsée du pays un mois avant que leur fils aîné/leur fille aînée, qui a passé quatre ans dans votre école, reçoive son diplôme de l'école secondaire. Vous l'accompagnez chez le directeur de l'école pour lui demander d'intervenir auprès des autorités.

Présentations

1. **Et chez nous ?** Faites des recherches sur Internet sur la condition des jeunes en situation irrégulière dans votre pays. Présentez vos résultats à la classe.

2. **Leurs apports.** Réfléchissez à ce que les immigrés ont apporté à votre pays. Choisissez deux ou trois exemples et faites des recherches afin de les présenter à vos camarades de classe.

Applications grammaticales

Consultez les pages 228–31 pour une explication de l'emploi et de la forme du style ou discours indirect.

Vous venez de lire cet article sur les élèves sans papiers. Résumez une partie de ce que vous avez lu pour des amis qui ne suivent pas le même cours de français que vous, en transformant les phrases suivantes au style indirect.

Variez les verbes de déclaration employés dans la première partie des phrases et faites attention à tous les changements nécessaires dans la deuxième partie.

Modèle : « Nous apportons une aide au séjour d'étrangers sans papiers. » →
Ils ont expliqué qu'ils apportaient une aide au séjour d'étrangers sans papiers.

1. « En 2003–2004 il y avait sept élèves sans titre de séjour à notre lycée. »

2. « La plupart de ces jeunes vivent dans leur famille ou avec un de leurs parents. »

3. « Pour des raisons multiples et légitimes ils n'ont pas pu faire venir leurs enfants selon les conditions de la loi. »

4. « Que pourrons-nous faire pour aider nos camarades de classe ? »

5. « Accepterez-vous de participer à notre campagne médiatique ? »

6. « N'abandonnez pas vos camarades ! »

7. « Nos professeurs manifesteront devant l'école demain. »

8. « Ce problème existe dans la plupart des pays riches. »

Une manif de lycéens

À l'écrit

1. **La vie après.** Un(e) jeune sans papiers, expulsé de France un mois avant de pouvoir passer son bac, écrit une lettre à un copain français/une copine française pour lui raconter ce qui s'est passé. Il/Elle explique les difficultés qu'il/elle aura sans son bac français et ce qu'il/elle compte faire maintenant.

2. **Un éditorial.** Écrivez un éditorial dans lequel vous faites appel à la solidarité des étudiants ou des élèves de votre établissement scolaire pour les inciter à faire ce qu'ils peuvent pour aider des camarades en situation irrégulière.

Synthèse

Vous décidez d'envoyer un courrier pour demander l'intervention de votre député à l'Assemblée nationale. La forme de la lettre est aussi importante que le contenu, et il faut respecter certaines formalités de correspondance à la française. Suivez les indications ci-dessous pour la rédaction de cette lettre.

- On écrit **la suscription**, c'est-à-dire le nom et l'adresse du destinataire (celui qui va recevoir la lettre) en haut à droite. Même si vous savez le nom de la personne, vous devez écrire le titre de sa fonction : dans ce cas, **Monsieur/Madame le Député.** (Pour d'autres personnes sans titre, vous devez toujours écrire **Monsieur/Madame** devant leur nom.)

- On met la date en-dessous de la suscription, à droite en haut de la page. On écrit le nom de la ville d'origine de la lettre, suivi d'une virgule, devant la date. N'oubliez pas que le jour précède le mois et qu'il n'y a pas de virgule devant l'année. Exemple : Sète, le 12 janvier 2008.

- **Vous vous adressez directement** à votre destinataire en employant de nouveau son titre **Monsieur/Madame le Député.** (S'il s'agissait d'une personne sans titre, vous écririez **Monsieur/Madame** sans le nom de famille. Quand vous n'avez aucune idée à qui adresser une lettre, vous pouvez employer les expressions : **À qui de droit** ou **À toutes fins utiles**, mais ce ne serait pas approprié ici.)

- **Le contenu de la lettre**

  Une introduction : Les Français ont un style moins direct que les Américains dans leurs lettres. En même temps, une certaine précision et concision sont appréciées dans les lettres administratives. En tout cas, avant d'aborder le problème spécifique, il serait utile ici d'établir un rapport avec la personne pour la rendre susceptible de vous écouter et ensuite de vous aider. Puisque vous ne connaissez pas personnellement cette personne, et par respect pour son autorité politique, il faut bien sûr la vouvoyer et être courtois. Il faut le/la convaincre que vous êtes tous les deux du même côté. Dites-lui qui vous êtes (un électeur, membre du même parti politique) et indiquez la raison pour laquelle vous avez voté pour lui/elle en particulier ; parlez de ses qualités, des principes que vous partagez, de ce qu'il/elle a promis dans ses discours, etc. Vous pourriez terminer avec une phrase comme **C'est pour ces raisons que je vous demande...**

  Exposez la situation précise : Expliquez pourquoi vous demandez son aide. Parlez de l'élève que vous voulez aider, de ses qualités, de ce qu'il peut apporter au pays, de ce qu'elle vous a dit sur son histoire (**Je connais une jeune personne qui... Il/Elle est... Il/Elle m'a expliqué que...**).

- **Formule de conclusion** : En une ou deux phrases vous pourriez exprimer votre espoir général, en ce qui concerne l'intervention de votre destinataire et le remercier de son aide éventuelle (**J'espère que vous... J'apprécie tout ce que vous...** ou **Je vous serais très**

reconnaissant (e) de toute aide que…). Vous pourriez parler aussi de votre contribution ensemble à la cause (**En travaillant ensemble, nous pourrons…**).

- **Formule de politesse** : Il ne suffit pas de terminer une telle lettre en français en écrivant « merci » devant votre signature. Il n'est pas convenable non plus d'employer des expressions d'affection, que l'on réserve à sa famille ou ses amis. Vous pourriez indiquer d'abord que vous voudriez une réponse en commençant votre dernière phrase par **Dans l'attente de…** ou **Espérant que…**, et en la terminant avec une formule de politesse comme **je vous prie d'agréer, Monsieur/Madame le Député, l'expression de ma considération distinguée** ou **je vous prie de croire, Monsieur/ Madame le Député, à l'expression de ma considération distinguée**.

- **N'oubliez pas votre signature !**

Lettre modèle :

M. Jacques Domergue
Palais Bourbon
Assemblée Nationale
126 rue de l'Université
75355 Paris

Montpellier, le 20 janvier 2006

Monsieur le Député,

Je vous écris parce que vous êtes un homme honnête et vous avez promis de défendre les droits de tous les habitants de notre département. Je sais que vous avez déjà beaucoup fait pour aider les jeunes et les plus pauvres parmi nous. Malheureusement, il y a encore des gens qui risquent d'être expulsés. C'est pour cette raison que je vous demande de l'aide.

Je vous parle d'un élève venu du Congo à l'âge de neuf ans. Il a dû quitter son village après la mort de sa grand-mère et rejoindre en urgence ses parents qui se sont établis à Montpellier il y a dix ans. Maintenant il est en terminale au lycée Jean Moulin, a toujours eu de bons résultats (16/20 au bac français en première !), et doit passer son bac (section mathématiques) en juin. Malheureusement, ses parents n'ont jamais pu régulariser sa situation et, ayant atteint l'âge de dix-huit ans, il est menacé d'expulsion. Et pourtant, c'est un élève doué qui veut devenir ingénieur, ce dont notre pays a besoin. Je vous demande d'intervenir auprès des administrations responsables, pour que ce jeune homme obtienne l'autorisation de poursuivre ses études en France.

J'apprécie tout ce que vous pourriez faire pour cette jeune personne. En travaillant ensemble, nous pourrons préserver les libertés fondamentales de notre démocratie.

Dans l'attente de votre réponse, je vous prie d'agréer, Monsieur le Député, l'expression de ma considération distinguée.

Jean Valjean

La Marseillaise

Contexte historique

génie : *engineering*

Rouget de Lisle, officier français et capitaine du génie° compose en 1792 (la France vient de déclarer la guerre à l'Autriche et au roi de Prusse) à Strasbourg, les paroles et la musique d'une chanson qu'il appelle le « Chant de guerre pour l'armée du Rhin ». Les soldats révolutionnaires avaient besoin d'un appel aux armes pour les encourager à se battre. L'hymne se répand vite dans les réunions des officiers de la garnison à Strasbourg et sera bientôt chanté à Lyon, Montpellier et dans toute la France. Les journaux marseillais en publient les paroles et la musique et les volontaires marseillais le chantent en continu en se rendant à Paris, d'où le nom de *Marseillaise*. Elle est décrétée chant national le 14 juillet 1795 mais tous les régimes autoritaires l'interdisent. Une loi votée le 14 février 1879 reconnaît *la Marseillaise* comme hymne national et sous la troisième République elle est chantée dans les écoles. Son statut d'hymne national est de nouveau confirmé dans les constitutions de 1946 (la quatrième République) et de 1958 (la cinquième République).

Contexte contemporain

À partir de la rentrée 2005, l'apprentissage de *la Marseillaise* et de son histoire devient obligatoire dans les écoles primaires en France[31]. Les programmes officiels du primaire comprenaient déjà l'enseignement des grands symboles nationaux de la France et de la République (hymne, drapeau, fête nationale, etc.) depuis 2002. Mais les paroles de l'hymne n'étaient cependant pas systématiquement apprises jusque-là.

Pré-lecture

Dans des chansons, comme dans des poèmes, la syntaxe (l'ordre des mots) ne ressemble pas toujours à celle qui est habituelle, ce qui peut en rendre la compréhension plus difficile. Dans les strophes reproduites ici (il y en a au moins six de plus !), les exemples les plus frappants sont :

(I) Contre nous de la tyrannie

L'étendard sanglant est levé !

L'ordre naturel serait : L'étendard sanglant de la tyrannie est levé contre nous !

(II) C'est nous qu'on ose méditer

De rendre à l'antique esclavage !

Ou : On ose méditer [penser à] nous rendre à l'antique esclavage !

Lecture dirigée

Parcourez les deux premières strophes et le refrain de *la Marseillaise* et relevez les expressions associées à la guerre. Comparez votre liste avec celle de quelques camarades de classe. Qu'est-ce que ces expressions vous disent sur le ton de la chanson ?

I

Allons ! Enfants de la Patrie !
Le jour de gloire est arrivé !
Contre nous de la tyrannie,
L'étendard sanglant° est levé ! *(Bis)*
5 Entendez-vous dans les campagnes
Mugir° ces féroces soldats ?
Ils viennent jusque dans vos bras
Égorger° vos fils, vos compagnes.

étendard sanglant : drapeau couvert de sang

mugir : *roar*

égorger : *cut the throat of*

---

[31]Loi Fillon, circulaire du 31 août 2005.

Pour vous préparer à la lecture, voir SAM, Unité 4 : La Marseillaise.

Qu'un sang impur/Abreuve nos sillons : *May impure blood [of the enemy] drench our fields*

Refrain :
Aux armes, citoyens !
10 Formez vos bataillons !
Marchons, marchons !
Qu'un sang impur
Abreuve nos sillons° !

II

Que veut cette horde d'esclaves,
15 De traîtres, de rois conjurés ?
Pour qui ces ignobles entraves°,
Ces fers dès longtemps préparés ? *(Bis)*
Français ! Pour nous, ah ! Quel outrage !
Quels transports il doit exciter ;
20 C'est nous qu'on ose méditer
De rendre à l'antique esclavage !

ignobles entraves : *unworthy constraints*

Refrain

III

Quoi ! Des cohortes étrangères
Feraient la loi dans nos foyers !
Quoi ! Des phalanges mercenaires°
25 Terrasseraient° nos fiers guerriers ! *(Bis)*
Dieu ! Nos mains seraient enchaînées !
Nos fronts sous le joug se ploieraient° !
De vils despotes deviendraient
Les maîtres de nos destinées !

phalanges mercenaires : *mercenary troops*

Terrasseraient : *would bring down*

Nos fronts sous le joug se ploieraient : *Our heads would bow under the yoke*

Refrain

IV

30 Tremblez, tyrans et vous, perfides,
L'opprobre° de tous les partis !
Tremblez ! Vos projets parricides
Vont enfin recevoir leur prix. *(Bis)*
Tout est soldat pour vous combattre.
35 S'ils tombent, nos jeunes héros,
La terre en produira de nouveaux
Contre vous, tous, prêt à se battre.

L'opprobre : *shame*

Refrain

V

Français, en guerriers magnanimes°
Portons ou retenons nos coups !
40 Épargnons° ces tristes victimes,
À regret, s'armant contre nous ! *(Bis)*
Mais ce despote sanguinaire !
Mais ces complices de Bouillé[32] !
Tous ces tigres qui, sans pitié,
45 Déchirent le sein de leur mère !

Refrain

VI

Amour sacré de la Patrie
Conduis, soutiens nos bras vengeurs !
Liberté ! Liberté chérie,
Combats avec tes défenseurs ! *(Bis)*
50 Sous nos drapeaux que la Victoire
Accoure à tes mâles accents !
Que tes ennemis expirants
Voient ton triomphe et notre gloire !

Refrain

magnanimes : généreux

Épargnons : *Let us spare*

Questions de compréhension

A. En général

Ce chant, est-ce un chant de guerre ou un hymne national ? Expliquez.

B. En détail

1. Strophe I : Comment sont les soldats ennemis ? Que feront-ils ?

2. Strophe II : De quels noms Rouget de Lisle traite-t-il les soldats ennemis ?

3. Strophe III : Si les soldats français ne se battaient pas, qu'est-ce qui se passerait ?

4. Strophe IV : Pourquoi y aura-t-il toujours des soldats français prêts à se battre ?

5. Strophe V : Comment les soldats français doivent-ils se comporter à la guerre ? Quelle distinction fait Rouget de Lisle ici ?

6. Strophe VI : À quels aspects de la Révolution française la chanson fait-elle allusion ici?

---

[32]Bouillé était un général royaliste qui a organisé la fuite de Louis XVI et de sa famille de Paris en 1791. Ils sont arrêtés à Varenne et ramenés à Paris.

Réfléchissez et discutez ensemble

1. De quelles formes verbales Rouget de Lisle se sert-il dans le refrain et dans la sixième strophe ? Quel rôle joue le subjonctif ici (accoure/voient) ? Pourquoi choisit-il ces modes-là ?

2. Relevez les aspects « révolutionnaires » de *la Marseillaise* qui l'ont fait interdire à certaines époques de l'histoire française.

3. Pourquoi serait-il important de remettre cet hymne dans un contexte historique si on veut l'enseigner aux enfants ?

4. Pour quelles raisons, selon vous, les enfants doivent-ils apprendre leur hymne national à l'école ?

5. Peut-on chanter un hymne national dans une langue autre que celle du pays auquel il appartient ? Justifiez votre opinion.

Jouez la scène

1. Un désaccord. Le(s) parent(s) d'un élève et son instituteur ne sont pas d'accord sur l'importance de *la Marseillaise* à l'école. Prenez position et soutenez votre point de vue.

2. Les origines. Un(e) journaliste, avec une machine à remonter le temps, interroge Rouget de Lisle sur *la Marseillaise*—les circonstances, les buts, etc.

Présentations

1. Votre hymne national. Faites des recherches sur les origines de l'hymne national de votre pays. Présentez-les à vos camarades de classe.

2. Au commencement d'un match de football entre la France et l'Algérie en 2001, dans le Stade de France près de Paris, on a sifflé [signe de désapprobation en France ; on siffle quand on trouve quelque chose mauvais] *la Marseillaise*. Faites des recherches sur les rapports entre ces deux pays pour expliquer cette réaction.

3. Des variations. Des musiciens et des chanteurs ont proposé des versions différentes de *la Marseillaise*. Par exemple, Serge Gainsbourg l'a transformée en reggae. Trouvez une de ces variations et présentez-la à votre classe.

Synthèse

Un autre hymne. À votre avis, on doit remplacer l'hymne national de votre pays. Écrivez une lettre à un journal dans laquelle vous proposez une autre chanson pour le remplacer. Étapes proposées :

1. Les problèmes ou difficultés de l'hymne actuel

2. Les avantages de l'hymne que vous proposez

3. Conclusion

Unité 4 Le passé dans le présent
Formes et structures utiles

Pour travailler davantage ces structures, voir SAM, Unité 4.

A. Pronoms relatifs

formes après antécédent = *that, which, who*	fonction	formes sans antécédent = *what*
qui C'est Madame **qui** dégaine la carte de crédit.	(sujet)	**ce qui** **Ce qui** importe, c'est que Nicolas s'épanouisse professionnellement.
que J'ai eu la vie **que** je voulais.	(objet direct)	**ce que** C'est **ce qu'**a ressenti Didier.
dont Un homme **dont** la femme gagne plus ne perd pas toujours son identité masculine.	(objet de la préposition **de**)	**ce dont** Certains restent au foyer parce que c'est **ce dont** ils ont envie.
qui (personne) / **lequel** (chose) C'est le député **à qui** nous nous adressons. Je ne connais pas l'adresse du bureau **auquel** il faut écrire.	(objet d'une préposition)	**ce à quoi** Je ne comprends pas **ce à quoi** pensent les autorités françaises en refusant d'accorder un titre de séjour à ces élèves.

Comme tous les pronoms, le pronom relatif aide à éviter la répétition des noms. Le pronom relatif a une fonction descriptive et suit immédiatement le nom décrit (l'antécédent) ; la forme employée est déterminée par la fonction grammaticale de l'antécédent par rapport au verbe suivant.

1. Qui/Que[33]

- Il faut employer **qui** comme pronom après un nom ou pronom qui est le sujet du verbe suivant :

    Faudel dit que le mec est un feu vif **qui** ne sait pas se contrôler. (**feu vif** = sujet de **savoir**)

- La forme de **qui** ne change pas devant une voyelle en général :

    Les filles **qui** ont envie de sortir sont obligées d'y renoncer.

---

[33]L'adverbe **où** est employé après un antécédent qui indique un lieu ou une unité de temps : La ville **où** j'habitais. Le jour **où** je suis parti.

- Il faut employer **que** comme pronom après un nom ou pronom qui est l'objet direct du verbe suivant ; quand le sujet du verbe est un nom, il est souvent placé après le verbe :

    La situation **que** Faudel décrit est typique. (**situation** = objet direct de **décrire**)

- Il faut toujours faire l'élision si **que** précède un mot commençant par une voyelle :

    Selon Faudel, le sexe est un sujet **qu'**on n'aborde pas en banlieue.

2. Dont

- Si l'antécédent est l'objet de la préposition **de**, on emploie le pronom relatif **dont**[34] :

    Faudel et sa mère ont eu une conversation. Il se souvient des détails **de la conversation**.

    Faudel et sa mère ont eu une conversation **dont** il se souvient des détails.

    Ces jeunes vivent dans une cité en banlieue. Faudel parle **de ces jeunes**.

    Ces jeunes **dont** Faudel parle vivent dans une cité en banlieue.

- S'il s'agit d'une personne, on peut employer **qui** après la préposition **de** :

    Les hommes **de qui** Faudel parle étaient d'une autre génération.

3. Lequel/Qui

- Si l'antécédent est une chose et l'objet d'une préposition autre que **de**, on emploie le pronom relatif **lequel**, qui doit refléter le genre et le nombre du nom qu'il représente :

    La cité **dans laquelle** ils vivent se trouve à l'ouest de Paris. (ils vivent **dans** la cité)

- Si l'objet de la préposition est une personne, on peut employer **qui** :

    C'est souvent la même chose pour les mecs, **à qui** les parents interdisent de sortir.

4. Ce qui/Ce que/Ce dont

- Le pronom relatif est indéfini quand il n'y a pas d'antécédent et il faut employer **ce** devant les formes **qui, que** et **dont**. Les trois formes sont l'équivalent du pronom relatif *what* en anglais, mais chaque forme correspond à une fonction grammaticale différente : sujet, objet direct, objet de la préposition **de** :

    Je me demandais ce qui pourrait se passer avec mes parents. (**ce qui** = sujet de **pouvoir**)

---

[34]On doit employer une forme de **de + lequel** si **de** fait partie d'une préposition composée comme **à côté de**, **près de**, etc.

Faudel ne savait pas **ce que** sa mère dirait. (**ce que** = objet direct de **dire**)

Le sida est **ce dont** les jeunes ont tous peur. (**ce dont** = objet de la préposition **de** dans **avoir peur de**)

- Après le pronom **tout** (*everything*) devant un verbe ou un sujet + verbe, on doit employer **ce qui, ce que** ou **ce dont** selon sa fonction tandis qu'on ne voit pas toujours ces pronoms relatifs en anglais :

  Tout ce qu'il dit est valable pour d'autres cités. (**tout** = objet direct de **dire**)
  Everything he says is valid for other housing projects.

  Il a raconté **tout ce qui** se passait entre ses copains et les femmes. (**tout** = sujet de **se passer**)
  He told about everything that was happening between his friends and women.

B. Faire causatif

Si le sujet du verbe n'accomplit pas lui-même l'action, mais la provoque par l'intermédiaire de quelque chose ou quelqu'un d'autre, on emploie le verbe **faire** + l'infinitif du verbe qui exprime l'action.

- Vous avez déjà vu cette construction dans des lectures précédentes :

  « Le portrait » : On a **fait transporter** sa dépouille. (la mère parlant de Jean à Hélène) *We/they had his body shipped.*

  La Belle et la Bête : La douleur que je sens **me fait voir** que je ne pourrais vivre sans vous voir.
  The pain that I feel makes me see that I couldn't live without seeing you.

  « L'amour au Val-Fourré » : On **faisait** sauter un tabou.
  We were making a taboo go up in smoke.

- Si l'infinitif a un objet exprimé par un nom, le nom est placé après l'infinitif :

  À Orléans, Jeanne d'Arc **fait lever le siège** par les soldats du roi.
  At Orléans, Joan of Arc has the siege lifted by the king's soldiers.

  Elle **fait sacrer le roi** à Reims par l'évêque.
  She has the king anointed in Reims by the bishop.

- Si l'objet de l'infinitif est exprimé par un pronom, on met le pronom objet devant le verbe **faire**, pas à la place habituelle devant l'infinitif :

  Les Anglais **vont la faire juger** par des Français.
  The English are going to have her judged by Frenchmen.

COMPAREZ :
Les Français vont la juger.
The French are going to judge her.

- Comparez **faire** + infinitif avec **rendre** + adjectif :

  Cette histoire **me fait pleurer.**   Cette histoire **me rend triste.**
  This story makes me cry.   *This story makes me sad.*

C. Adjectifs démonstratifs

Vous avez déjà employé les adjectifs démonstratifs, désignant un nom ou pronom comme si on le montrait, qui ont les formes suivantes selon le genre et le nombre du nom ou pronom qu'ils accompagnent :

	singulier	pluriel
masculin	ce, cet[35]	ces
féminin	cette	ces

Ce dernier était chinois.

Ils ont demandé le nom de l'usine à un ami. **Cet** ami s'appelait Ebon.

Elle dit que de toute **cette** expérience elle compte écrire un livre.

Mbâ fuyait **ces** groupes.

Elle ne croyait pas que **ces** femmes de la ville pourraient faire quelque chose.

D. Pronoms démonstratifs

On peut remplacer un nom spécifique pour éviter sa répétition en employant un pronom démonstratif dont la forme indique le genre et le nombre du nom remplacé.

	singulier	pluriel
masculin	celui	ceux
féminin	celle	celles

Ces pronoms se traduisent en anglais par *the one(s)*, *this (one)/that (one)*, *these/those*, *he/she/it* ou *they* selon le contexte.

- Comme tous les pronoms, les pronoms démonstratifs peuvent exercer toutes les fonctions d'un nom : sujet, objet d'un verbe ou objet d'une préposition, mais ces pronoms doivent être suivis d'un pronom relatif, d'une préposition ou d'un suffixe **-ci** ou **-là**. Ces suffixes servent aussi à distinguer entre deux noms mentionnés, comme on fait en anglais avec *the former* (**-là**) et *the latter* (**-ci**) :

  Mbâ a acheté des provisions pour **celui qu**'elle attend toujours.

  *Mbâ bought groceries for **the one** she is still waiting for.*

  Mbouloukoué se rendait compte qu'elle écoutait plus volontiers Elo. **Celui-ci** aimait surtout le football.

  *Mbouloukoué realized that she listened more readily to Elo. **The latter** especially liked soccer.*

  Il n'y aura pas que la fuite des cerveaux, mais aussi **celle des** mains habiles.

  *There will be not only the exodus of minds, but **that of** skilled workers as well.*

---

[35]forme devant un nom masculin qui commence par une voyelle

Elo n'avait pas confiance en l'honnêteté de **ceux qui** utilisaient le plus ce mot.

*Elo had no confidence in the honesty of **those who** used this word the most.*

Ces femmes de la ville ne pourraient rien faire. **Celles qui** étaient mariées étaient trop timorées.

*These city women wouldn't be able to do anything. **Those who** were married were too timid.*

- On doit employer les formes plurielles de ces pronoms après **tous/toutes** (*all*) tandis qu'ils ne sont pas toujours présents en anglais :

  Toutes celles qu'il connaissait étaient moins intelligentes.

  *All (of) **those** he knew weren't as intelligent.*

  Tous ceux qui allaient en France faisaient des stages.

  *All (of) **those who** were going to France were doing internships.*

Pronoms démonstratifs invariables

- **Ce** est employé comme sujet du verbe **être** devant un nom ou pronom pour le présenter :

  C'était comme **une bouffée d'air frais**.

  *It was like **a breath of fresh air**.*

ou pour le mettre en relief :

  La femme moderne, **c'est elle** que je chante.

  *The modern woman, **she is the one** I'm praising.*

ou devant un adjectif pour se référer à toute une idée déjà mentionnée :

  Après six ans, Mbâ attend toujours Elo. **C'est** étonnant ! (**ce** = le fait qu'elle attend depuis six ans)

  *After six years, Mbâ is still waiting for Elo. **That**'s astonishing!*

- **Cela** est employé comme sujet de tous les autres verbes, comme objet direct ou objet d'une préposition pour représenter une idée déjà mentionnée, l'équivalent de *that* en anglais :

  Tout **cela** séduisait Mbouloukoué. (**cela** = ce qui concerne l'émancipation de la femme africaine)

  *All (of) **that** seduced Mbouloukoué.*

  Il faudrait que j'accepte une fille mariée coutumièrement. Hélène n'accepterait pas **cela**. (**cela** = le fait d'accepter une fille mariée coutumièrement)

  *Hélène would not accept **that**.*

E. Style ou discours indirect

Quand on cite exactement les paroles d'une personne, on met ses paroles entre guillemets (« ... ») :

  « J'ai un cadeau qu'Elo m'a remis pour toi. »

1. Style ou discours indirect

- Quand on reprend ce que la personne dit en employant la conjonction **que**, on emploie le style indirect et on n'a plus besoin de guillemets, mais il faut faire les changements nécessaires des éléments suivants: les pronoms (sujets et objets), les possessifs et le verbe :

  Il dit qu'**il a** un cadeau qu'Elo **lui** a remis pour **elle**.

- Si le verbe principal de déclaration (comme **dire**) est au présent ou au futur, le temps du verbe subordonné ne change pas au discours indirect. Mais si le verbe principal est au passé, on doit respecter les changements de temps suivants pour le deuxième verbe :

Discours direct	(verbe de déclaration au passé)	Discours indirect
présent	→	imparfait
futur	→	conditionnel
passé composé	→	plus-que-parfait

  « **J'ai** un cadeau. » → Mbouloukoué a dit qu'**il avait** un cadeau.

  « **Je ne rentrerai pas** au pays. » → Elo a annoncé qu'**il ne rentrerait pas** au pays.

  « **Je me suis renseigné.** » → Elo a ajouté qu'**il s'était renseigné**.

- Ces changements sont logiques si vous pensez à mettre l'action du verbe subordonné dans un contexte passé par rapport au verbe principal :

  imparfait = passé non-accompli

  conditionnel = futur dans le passé

  plus-que-parfait = action avant une autre au passé

- Si le verbe subordonné est déjà à l'imparfait, au conditionnel ou au plus-que-parfait au discours direct, on garde ces mêmes formes au style indirect:

  « Il y **avait** sept élèves sans papiers au lycée ! »
  → Ils ont affirmé qu'il y **avait** sept élèves sans papiers au lycée.

  « Rien ne **distinguerait** ces élèves de leurs camarades. »
  → Ils ont prétendu que rien ne **distinguerait** ces élèves de leurs camarades.

  « Une élève congolaise **avait été** placée dans un avion militaire français. »
  → Ils ont constaté qu'une élève congolaise **avait été** placée dans un avion militaire français.

- Mais, qu'il y ait des changements dans le temps des verbes ou non, il ne faut pas oublier les changements des adjectifs possessifs et des pronoms ainsi que les terminaisons des verbes !

  « Je ne partirais pas sans mes enfants. »
  → Elle a déclaré qu'**elle** ne partirait pas sans **ses** enfants.

- Il y a des changements dans les expressions de temps aussi :

aujourd'hui → ce jour-là	hier → la veille
en ce moment → en ce moment-là	il y a trois jours → trois jours plus tôt
ce matin → ce matin-là	demain → le lendemain
ce soir → ce soir-là	dans trois jours → trois jours après, plus tard
prochain → suivant	

- D'autres verbes ayant la même signification que **dire** :

affirmer que – to *affirm that*
ajouter que – to *add that*
annoncer que – to *announce that*
avertir (qqn) que – to *warn (someone) that*
avouer à qqn que – to *admit, to confess to someone that*
crier que – to *shout that*
déclarer que – to *declare that*
s'exclamer que – to *exclaim that*
expliquer (à qqn) que – to *explain (to someone) that*
jurer (à qqn) que – to *swear (to someone) that*
prétendre que – to *claim that*
promettre (à qqn) que – to *promise (someone) that*
répondre (à qqn) que – to *answer (someone) that*
révéler (à qqn) que – to *reveal (to someone) that*

2. Questions au style indirect

- Les questions auxquelles on peut répondre **oui** ou **non** en français peuvent être formulées de façon différente au style direct :

   a. sujet verbe + intonation montante « Tu es déjà revenu ? »

   b. Est-ce que + sujet + verbe « Est-ce que tu es déjà revenu ? »

   c. inversion : verbe-sujet « Es-tu déjà revenu ? »

- Au **style indirect** une question à laquelle on peut répondre **oui** ou **non** est remplacée par **si** + sujet + verbe (il n'y a plus d'inversion) :

   Elle a demandé **s'**il était déjà revenu.

- Les pronoms interrogatifs **Qu'est-ce qui** (sujet) et **Qu'est-ce que** (objet direct) deviennent **ce qui** et **ce que** respectivement au style indirect.

Direct		Indirect
« **Qu'est-ce qui** arrive aux élèves sans papiers? »	→	Je ne savais pas **ce qui** leur arrivait.
« **Qu'est-ce que** les autorités ont fait ? »	→	On a demandé **ce que** les autorités avaient fait.

- La plupart des autres questions gardent le même mot interrogatif au style indirect sans l'inversion du style direct :

« Pourquoi **expulse-t-on** les élèves sans papiers ? » → On voulait savoir **pourquoi on les expulsait.**

« Où **iront-ils** ? » → Je me demandais **où ils iraient.**

3. Impératif

On emploie la forme impérative du verbe pour donner des ordres au style direct ; au style indirect on emploie la préposition **de** + l'infinitif :

Direct	Indirect
« Aidez ces jeunes ! »	→ Ils nous ont dit d'aider ces jeunes.
« Écrivez une lettre au député. »	→ Ils nous ont conseillé d'écrire une lettre.

Rappel ! Si l'ordre est au négatif, toute la négation précède l'infinitif au style indirect :

« N'acceptons pas cette situation ! » → Ils nous ont priés de **ne pas accepter** la situation.

APPENDICE: VERBES

A. Verbes conjugués avec l'auxiliaire *être* aux temps composés

1. Les temps composés : passé composé, plus-que-parfait, passé du subjonctif, futur antérieur, passé du conditionnel, passé antérieur

aller	Pour vous rappeler certains de ces verbes, vous pouvez les grouper par leur opposé :	Ou : les grouper pour produire ce nom curieux:
arriver		Dr Mrs Vandertrampp
descendre*		
devenir	aller/venir	**Descendre**
entrer	arriver/partir	**Rester**
monter*	entrer/sortir	
mourir	rester/partir	**Mourir**
naître	naître/mourir	**Retourner**
partir	monter/descendre	**Sortir**
passer*		
rentrer*		**Venir**
rester		**Arriver**
retourner*		**Naître**
revenir		**Devenir**
sortir*		**Entrer**
tomber		**Revenir**
venir		**Tomber**
et les composés de ces verbes,		**Rentrer**
par exemple : remonter,		**Aller**
repartir, renaître, etc.		**Monter**
		Partir
		Passer

*Ces verbes peuvent aussi être des transitifs directs, conjugués avec **avoir**. Ils ont alors un sens un peu différent.

Comparez :

Je **suis** monté au deuxième étage.	*I went up to the second floor.*
J'**ai** monté les valises.	*I took the suitcases up.*
Il **est** sorti hier soir.	*He went out last night.*
Il **a** sorti son portefeuille.	*He took his wallet out.*

2. Verbes pronominaux (conjugués avec un pronom personnel « réfléchi » : **me, te, se, nous, vous, se**) et d'autres verbes utilisés à la forme réfléchie ou réciproque (**se parler, se voir, s'aimer**, etc.)

Ils **se sont** mariés.

Vous **vous étiez** couché tôt.

Nous **nous sommes** parlé.   MAIS : Nous **avons** parlé à nos amis.

Elles **se sont** vues au restaurant.   MAIS : Elles **ont** vu leurs enfants.

B. Les conjugaisons

1. verbes réguliers en **-er** : admir**er**

sujet	présent	passé composé	imparfait	futur
je (j')	admir**e**	ai admiré	admir**ais**	admirer**ai**
tu	admir**es**	as admiré	admir**ais**	admirer**as**
il/elle/on	admir**e**	a admiré	admir**ait**	admirer**a**
nous	admir**ons**	avons admiré	admir**ions**	admirer**ons**
vous	admir**ez**	avez admiré	admir**iez**	admirer**ez**
ils/elles	admir**ent**	ont admiré	admir**aient**	admirer**ont**

sujet	conditionnel	présent du subjonctif	passé simple	impératif
je (j')	admirer**ais**	admir**e**	admir**ai**	
tu	admirer**ais**	admir**es**	admir**as**	admir**e**
il/elle/on	admirer**ait**	admir**e**	admir**a**	
nous	admirer**ions**	admir**ions**	admir**âmes**	admir**ons**
vous	admirer**iez**	admir**iez**	admir**âtes**	admir**ez**
ils/elles	admirer**aient**	admir**ent**	admir**èrent**	

participe présent : admirant   **participe passé** : admiré

future antérieur : j'aurai admiré   **conditionnel passé** : j'aurais admiré

plus-que-parfait : j'avais admiré   **passé du subjonctif** : j'aie admiré

2. verbes à changements d'orthographe

  a. en **-eler** : app**el**er

sujet	présent	passé composé	imparfait	futur
je (j')	appelle	ai appelé	appelais	appellerai
tu	appelles	as appelé	appelais	appelleras
il/elle/on	appelle	a appelé	appelait	appellera
nous	appelons	avons appelé	appelions	appellerons
vous	appelez	avez appelé	appeliez	appellerez
ils/elles	appellent	ont appelé	appelaient	appelleront

sujet	conditionnel	présent du subjonctif	passé simple	impératif
je (j')	appellerais	appelle	appelai	
tu	appellerais	appelles	appelas	appelle
il/elle/on	appellerait	appelle	appelas	
nous	appellerions	appelions	appelâmes	appelons
vous	appelleriez	appeliez	appelâtes	appelez
ils/elles	appelleraient	appellent	appelèrent	

participe présent : appelant **participe passé** : appelé

futur antérieur : j'aurai appelé **conditionnel passé** : j'aurais appelé

plus-que-parfait : j'avais appelé **passé du subjonctif** : j'aie appelé

NOTE ! Les verbes en **-ter** changent de la même manière: jeter : je je**tt**e, nous jetons, etc.

  b. en **-yer** : pa**y**er, emplo**y**er, (s')ennu**y**er, envo**y**er*, etc.

sujet	présent	passé composé	imparfait	futur*
je (j')	paie	ai payé	payais	paierai
tu	paies	as payé	payais	paieras
il/elle/on	paie	a payé	payait	paiera
nous	payons	avons payé	payions	paierons
vous	payez	avez payé	payiez	paierez
ils/elles	paient	ont payé	payaient	paieront

sujet	conditionnel*	présent du subjonctif	passé simple	impératif
je	paierais	paie	payai	
tu	paierais	paies	payas	paie
ils/elle/on	paierait	paie	paya	
nous	paierions	payions	payâmes	payons
vous	paieriez	payiez	payâtes	payez
ils/elles	paieraient	paient	payèrent	

participe présent : payant   **participe passé :** payé

futur antérieur : j'aurai payé   **conditionnel passé :** j'aurais payé

plus-que-parfait : j'avais payé   **passé du subjonctif :** j'aie payé

*Le verbe **envoyer** est conjugué comme le verbe **voir** *au futur* et *au conditionnel* : **j'enverrai, j'enverrais**, etc.

c. changement d'accent (**e** → **è**) : se lever*, acheter, mener, etc.

sujet	présent	passé composé	imparfait	futur
je	me lève	me suis levé(e)	me levais	me lèverai
tu	te lèves	t'es levé(e)	te levais	te lèveras
il/elle/on	se lève	s'est levé(e)	se levait	se lèvera
nous	nous levons	nous sommes levé(e)s	nous levions	nous lèverons
vous	vous levez	vous êtes levé(e)(s)	vous leviez	vous lèverez
ils/elles	se lèvent	se sont levé(e)s	se levaient	se lèveront

sujet	conditionnel	présent du subjonctif	passé simple	impératif
je	me lèverais	me lève	me levai	
tu	te lèverais	te lèves	te levas	lève-toi
il/elle/on	se lèverait	se lève	se leva	
nous	nous lèverions	nous levions	nous levâmes	levons-nous
vous	vous lèveriez	vous leviez	vous levâtes	levez-vous
ils/elles	se lèveraient	se lèvent	se levèrent	

participe présent : se levant   **participe passé :** levé

futur antérieur : je me serai levé(e)   **conditionnel passé :** je me serais levé(e)

plus-que-parfait : je m'étais levé(e)   **passé du subjonctif :** je me sois levé(e)

*verbe pronominal, conjugué avec l'auxiliaire **être** aux temps composés

d. changement d'accent (é → è) : préférer, régner

sujet	présent	passé composé	imparfait	futur
je (j')	préfère	ai préféré	préférais	préférerai
tu	préfères	as préféré	préférais	préféreras
il/elle/on	préfère	a préféré	préférait	préférera
nous	préférons	avons préféré	préférions	préférerons
vous	préférez	avez préféré	préfériez	préférerez
ils/elles	préfèrent	ont préféré	préféraient	préféreront

sujet	conditionnel	présent du subjonctif	passé simple	impératif
je	préférerais	préfère	préférai	
tu	préférerais	préfères	préféras	préfère
il/elle/on	préférerait	préfère	préféra	
nous	préférerions	préférions	préférâmes	préférons
vous	préféreriez	préfériez	préférâtes	préférez
ils/elles	préféreraient	préfèrent	préférèrent	

participe présent : préférant   **participe passé** : préféré

futur antérieur : j'aurai préféré   **conditionnel passé** : j'aurais préféré

plus-que-parfait : j'avais préféré   **passé du subjonctif** : j'aie préféré

3. verbes réguliers en **-ir** : réussir

sujet	présent	passé composé	imparfait	futur
je (j')	réussis	ai réussi	réussissais	réussirai
tu	réussis	as réussi	réussissais	réussiras
il/elle/on	réussit	a réussi	réussissait	réussira
nous	réussissons	avons réussi	réussissions	réussirons
vous	réussissez	avez réussi	réussissiez	réussirez
ils/elles	réussissent	ont réussi	réussissaient	réussiront

sujet	conditionnel	présent du subjonctif	passé simple	impératif
je	réussir**ais**	réussi**sse**	réuss**is**	
tu	réussir**ais**	réussi**sses**	réuss**is**	réuss**is**
il/elle/on	réussir**ait**	réussi**sse**	réuss**it**	
nous	réussir**ions**	réussi**ssions**	réuss**îmes**	réuss**issons**
vous	réussir**iez**	réussi**ssiez**	réuss**îtes**	réuss**issez**
ils/elles	réussir**aient**	réussi**ssent**	réuss**irent**	

participe présent : réussissant   **participe passé** : réussi

futur antérieur : j'aurai réussi   **conditionnel passé** : j'aurais réussi

plus-que-parfait : j'avais réussi   **passé du subjonctif** : j'aie réussi

4. verbes réguliers en **-re** : rendre

sujet	présent	passé composé	imparfait	futur
je (j')	rend**s**	ai rendu	rend**ais**	rendr**ai**
tu	rend**s**	as rendu	rend**ais**	rendr**as**
il/elle/on	rend	a rendu	rend**ait**	rendr**a**
nous	rend**ons**	avons rendu	rend**ions**	rendr**ons**
vous	rend**ez**	avez rendu	rend**iez**	rendr**ez**
ils/elles	rend**ent**	ont rendu	rend**aient**	rendr**ont**

sujet	conditionnel	présent du subjonctif	passé simple	impératif
je	rendr**ais**	rend**e**	rend**is**	
tu	rendr**ais**	rend**es**	rend**is**	rend**s**
il/elle/on	rendr**ait**	rend**e**	rend**is**	
nous	rendr**ions**	rend**ions**	rend**îmes**	rend**ons**
vous	rendr**iez**	rend**iez**	rend**îtes**	rend**ez**
ils/elles	rendr**aient**	rend**ent**	rend**irent**	

participe présent : rendant   **participe passé** : rendu

futur antérieur : j'aurai rendu   **conditionnel passé** : j'aurais rendu

plus-que-parfait : j'avais rendu   **passé du subjonctif** : j'aie rendu

Verbes irréguliers :

5. accueillir, cueillir

sujet	présent	passé composé	imparfait	futur
je (j')	accueille	ai accueilli	accueillais	accueillerai
tu	accueilles	as accueilli	accueillais	accueilleras
il/elle/on	accueille	a accueilli	accueillait	accueillera
nous	accueillons	avons accueilli	accueillions	accueillerons
vous	accueillez	avez accueilli	accueilliez	accueillerez
ils/elles	accueillent	ont accueilli	accueillaient	accueilleront

sujet	conditionnel	présent du subjonctif	passé simple	impératif
je (j')	accueillerais	accueille	accueillis	
tu	accueillerais	accueilles	accueillis	accueille
il/elle/on	accueillerait	accueille	accueillit	
nous	accueillerions	accueillions	accueillîmes	accueillons
vous	accueilleriez	accueilliez	accueillîtes	accueillez
ils/elles	accueilleraient	accueillent	accueillirent	

participe présent : accueillant   **participe passé** : accueilli

futur antérieur : j'aurai accueilli   **conditionnel passé** : j'aurais accueilli

plus-que-parfait : j'avais accueilli   **passé du subjonctif** : j'aie accueilli

6. aller*

sujet	présent	passé composé	imparfait	futur
je (j')	vais	suis allé(e)	allais	irai
tu	vas	es allé(e)	allais	iras
il/elle/on	va	est allé(e)	allait	ira
nous	allons	sommes allé(e)s	allions	irons
vous	allez	êtes allé(e)(s)	alliez	irez
ils/elles	vont	sont allé(e)s	allaient	iront

*conjugué avec l'auxiliaire **être** aux temps composés

sujet	conditionnel	présent du subjonctif	passé simple	impératif
je (j')	irais	aille	allai	
tu	irais	ailles	allas	va
il/elle/on	irait	aille	alla	
nous	irions	allions	allâmes	allons
vous	iriez	alliez	allâtes	allez
ils/elles	iraient	aillent	allèrent	

participe présent : allant **participe passé** : allé(e)

futur antérieur : je serai allé(e) **conditionnel passé** : je serais allé(e)

plus-que-parfait : j'étais allé(e) **passé du subjonctif** : je sois allé(e)

7. apprendre (voir : prendre)

8. avoir

sujet	présent	passé composé	imparfait	futur
je (j')	ai	ai eu	avais	aurai
tu	as	as eu	avais	auras
il/elle/on	a	a eu	avait	aura
nous	avons	avons eu	avions	aurons
vous	avez	avez eu	aviez	aurez
ils/elles	ont	ont eu	avaient	auront

sujet	conditionnel	présent du subjonctif	passé simple	impératif
je (j')	aurais	aie	eus	
tu	aurais	aies	eus	aie
il/elle/on	aurait	ait	eut	
nous	aurions	ayons	eûmes	ayons
vous	auriez	ayez	eûtes	ayez
ils/elles	auraient	aient	eurent	

participe présent : ayant **participe passé** : eu

futur antérieur : j'aurai eu **conditionnel passé** : j'aurais eu

plus-que-parfait : j'avais eu **passé du subjonctif** : j'aie eu

9. battre (voir : promettre)

10. boire

sujet	présent	passé composé	imparfait	futur
je (j')	bois	ai bu	buvais	boirai
tu	bois	as bu	buvais	boiras
il/elle/on	boit	a bu	buvait	boira
nous	buvons	avons bu	buvions	boirons
vous	buvez	avez bu	buviez	boirez
ils/elles	boivent	ont bu	buvaient	boiront

sujet	conditionnel	présent du subjonctif	passé simple	impératif
je	boirais	boive	bus	
tu	boirais	boives	bus	bois
il/elle/on	boirait	boive	but	
nous	boirions	buvions	bûmes	buvons
vous	boiriez	buviez	bûtes	buvez
ils/elles	boiraient	boivent	burent	

participe présent : buvant   **participe passé :** bu

futur antérieur : j'aurai bu   **conditionnel passé :** j'aurais bu

plus-que-parfait : j'avais bu   **passé du subjonctif :** j'aie bu

11. comprendre (voir : prendre)

12. connaître (voir : reconnaître)

13. convaincre, vaincre

sujet	présent	passé composé	imparfait	futur
je (j')	convaincs	j'ai convaincu	convainquais	convaincrai
tu	convaincs	as convaincu	convainquais	convaincras
il/elle/on	convainc	a convaincu	convainquait	convaincra
nous	convainquons	avons convaincu	convainquions	convaincrons
vous	convainquez	avez convaincu	convainquiez	convaincrez
ils/elles	convainquent	ont convaincu	convainquaient	convaincront

sujet	conditionnel	présent du subjonctif	passé simple	impératif
je	convaincrais	convainque	convainquis	
tu	convaincrais	convainques	convainquis	convaincs
il/elle/on	convaincrait	convainque	convainquit	
nous	convaincrions	convainquions	convainquîmes	convainquons
vous	convaincriez	convainquiez	convainquîtes	convainquez
ils/elles	convaincraient	convainquent	convainquirent	

participe présent : convainquant **participe passé** : convaincu

futur antérieur : j'aurai convaincu **conditionnel passé** : j'aurais convaincu

plus-que-parfait : j'avais convaincu **passé du subjonctif** : j'aie convaincu

14. courir, parcourir

sujet	présent	passé composé	imparfait	futur
je (j')	cours	ai couru	courais	courrai
tu	cours	as couru	courais	courras
il/elle/on	court	a couru	courait	courra
nous	courons	avons couru	courions	courrons
vous	courez	avez couru	couriez	courrez
ils/elles	courent	ont couru	couraient	courront

sujet	conditionnel	présent du subjonctif	passé simple	impératif
je	courrais	coure	courus	
tu	courrais	coures	courus	cours
il/elle/on	courrait	coure	courut	
nous	courrions	courions	courûmes	courons
vous	courriez	couriez	courûtes	courez
ils/elles	courraient	courent	coururent	

participe présent : courant **participe passé** : couru

futur antérieur : j'aurai couru **conditionnel passé** : j'aurais couru

plus-que-parfait : j'avais couru **passé du subjonctif** : j'aie couru

15. croire

sujet	présent	passé composé	imparfait	futur
je (j')	crois	ai cru	croyais	croirai
tu	crois	as cru	croyais	croiras
il/elle/on	croit	a cru	croyait	croira
nous	croyons	avons cru	croyions	croirons
vous	croyez	avez cru	croyiez	croirez
ils/elles	croient	ont cru	croyaient	croiront

sujet	conditionnel	présent du subjonctif	passé simple	impératif
je	croirais	croie	crus	
tu	croirais	croies	crus	crois
il/elle/on	croirait	croie	crut	
nous	croirions	croyions	crûmes	croyons
vous	croiriez	croyiez	crûtes	croyez
ils/elles	croiraient	croient	crurent	

participe présent : croyant   **participe passé :** cru

futur antérieur : j'aurai cru   **conditionnel passé :** j'aurais cru

plus-que-parfait : j'avais cru   **passé du subjonctif :** j'aie cru

16. découvrir, couvrir, offrir, ouvrir, souffrir

sujet	présent	passé composé	imparfait	futur
je (j')	découvre	ai découvert	découvrais	découvrirai
tu	découvres	as découvert	découvrais	découvriras
il/elle/on	découvre	a découvert	découvrait	découvrira
nous	découvrons	avons découvert	découvrions	découvrirons
vous	découvrez	avez découvert	découvriez	découvrirez
ils/elles	découvrent	ont découvert	découvraient	découvriront

sujet	conditionnel	présent du subjonctif	passé simple	impératif
je	découvrirais	découvre	découvris	
tu	découvrirais	découvres	découvris	découvre
il/elle/on	découvrirait	découvre	découvrit	
nous	découvririons	découvrions	découvrîmes	découvrons
vous	découvririez	découvriez	découvrîtes	découvrez
ils/elles	découvriraient	découvrent	découvrirent	

participe présent : découvrant **participe passé** : découvert

futur antérieur : j'aurai découvert **conditionnel passé** : j'aurais découvert

plus-que-parfait : j'avais découvert **passé du subjonctif** : j'aie découvert

17. détruire, conduire, construire, réduire, reproduire, séduire, traduire

sujet	présent	passé composé	imparfait	futur
je (j')	détruis	j'ai détruit	détruisais	détruirai
tu	détruis	as détruit	détruisais	détruiras
il/elle/on	détruit	a détruit	détruisait	détruira
nous	détruisons	avons détruit	détruisions	détruirons
vous	détruisez	avez détruit	détruisiez	détruirez
ils/elles	détruisent	ont détruit	détruisaient	détruiront

sujet	conditionnel	présent du subjonctif	passé simple	impératif
je	détruirais	détruise	détruisis	
tu	détruirais	détruises	détruisis	détruis
il/elle/on	détruirait	détruise	détruisit	
nous	détruirions	détruisions	détruisîmes	détruisons
vous	détruiriez	détruisiez	détruisîtes	détruisez
ils/elles	détruiraient	détruisent	détruisirent	

participe présent : détruisant **participe passé** : détruit

futur antérieur : j'aurai détruit **conditionnel passé** : j'aurais détruit

plus-que-parfait : j'avais détruit **passé du subjonctif** : j'aie détruit

18. devoir

sujet	présent	passé composé	imparfait	futur
je (j)	dois	ai dû	devais	devrai
tu	dois	as dû	devais	devras
il/elle/on	doit	a dû	devait	devra
nous	devons	avons dû	devions	devrons
vous	devez	avez dû	deviez	devrez
ils/elles	doivent	ont dû	devaient	devront

sujet	conditionnel	présent du subjonctif	passé simple	impératif
je	devrais	doive	dus	
tu	devrais	doives	dus	dois
il/elle/on	devrait	doive	dut	
nous	devrions	devions	dûmes	devons
vous	devriez	deviez	dûtes	devez
ils/elles	devraient	doivent	durent	

participe présent : devant   **participe passé :** dû
futur antérieur : j'aurai dû   **conditionnel passé :** j'aurais dû
plus-que-parfait : j'avais dû   **passé du subjonctif :** j'aie dû

19. dire, interdire*, prédire*

sujet	présent	passé composé	imparfait	futur
je (j')	dis	ai dit	disais	dirai
tu	dis	as dit	disais	diras
il/elle/on	dit	a dit	disait	dira
nous	disons	avons dit	disions	dirons
vous	dites	avez dit	disiez	direz
ils/elles	disent	ont dit	disaient	diront

*Au présent, à la deuxième personne du pluriel (**vous**), ces verbes se conjuguent : vous inter**disez**, vous pré**disez**.

sujet	conditionnel	présent du subjonctif	passé simple	impératif
je	dirais	dise	dis	
tu	dirais	dises	dis	dis
il/elle/on	dirait	dise	dit	
nous	dirions	disions	dîmes	disons
vous	diriez	disiez	dîtes	dites
ils/elles	diraient	disent	dirent	

participe présent : disant   **participe passé** : dit

futur antérieur : j'aurai dit   **conditionnel passé** : j'aurais dit

plus-que-parfait : j'avais dit   **passé du subjonctif** : j'aie dit

20. dormir (voir : partir)

21. écrire, décrire, récrire

sujet	présent	passé composé	imparfait	futur
je (j')	écris	ai écrit	écrivais	écrirai
tu	écris	as écrit	écrivais	écriras
il/elle/on	écrit	a écrit	écrivait	écrira
nous	écrivons	avons écrit	écrivions	écrirons
vous	écrivez	avez écrit	écriviez	écrirez
ils/elles	écrivent	ont écrit	écrivaient	écriront

sujet	conditionnel	présent du subjonctif	passé simple	impératif
je (j')	écrirais	écrive	écrivis	
tu	écrirais	écrives	écrivis	écris
il/elle/on	écrirait	écrive	écrivit	
nous	écririons	écrivions	écrivîmes	écrivons
vous	écririez	écriviez	écrivîtes	écrivez
ils/elles	écriraient	écrivent	écrivirent	

participe présent : écrivant   **participe passé** : écrit

futur antérieur : j'aurai écrit   **conditionnel passé** : j'aurais écrit

plus-que-parfait : j'avais écrit   **passé du subjonctif** : j'aie écrit

22. émouvoir

sujet	présent	passé composé	imparfait	futur
je (j')	émeus	ai ému	émouvais	émouvrai
tu	émeus	as ému	émouvais	émouvras
il/elle/on	émeut	a ému	émouvait	émouvra
nous	émouvons	avons ému	émouvions	émouvrons
vous	émouvez	avez ému	émouviez	émouvrez
ils/elles	émeuvent	ont ému	émouvaient	émouvront

sujet	conditionnel	présent du subjonctif	passé simple	impératif
je (j')	émouvrais	émeuve	émus	
tu	émouvrais	émeuves	émus	émeus
il/elle/on	émouvrait	émeuve	émut	
nous	émouvrions	émouvions	émûmes	émouvons
vous	émouvriez	émouviez	émûtes	émouvez
ils/elles	émouvraient	émeuvent	émurent	

participe présent : émouvant **participe passé :** ému

futur antérieur : j'aurai ému **conditionnel passé :** j'aurais ému

plus-que-parfait : j'avais ému **passé du subjonctif :** j'aie ému

23. être

sujet	présent	passé composé	imparfait	futur
je (j')	suis	ai été	étais	serai
tu	es	as été	étais	seras
il/elle/on	est	a été	était	sera
nous	sommes	avons été	étions	serons
vous	êtes	avez été	étiez	serez
ils/elles	sont	ont été	étaient	seront

sujet	conditionnel	présent du subjonctif	passé simple	impératif
je	serais	sois	fus	
tu	serais	sois	fus	sois
il/elle/on	serait	soit	fut	
nous	serions	soyons	fûmes	soyons
vous	seriez	soyez	fûtes	soyez
ils/elles	seraient	soient	furent	

participe présent : étant   **participe passé** : été

futur antérieur : j'aurai été   **conditionnel passé** : j'aurais été

plus-que-parfait : j'avais été   **passé du subjonctif** : j'ai été

24. faire

sujet	présent	passé composé	imparfait	futur
je (j')	fais	ai fait	faisais	ferai
tu	fais	as fait	faisais	feras
il/elle/on	fait	a fait	faisait	fera
nous	faisons	avons fait	faisions	ferons
vous	faites	avez fait	faisiez	ferez
ils/elles	font	ont fait	faisaient	feront

sujet	conditionnel	présent du subjonctif	passé simple	impératif
je	ferais	fasse	fis	
tu	ferais	fasses	fis	fais
il/elle/on	ferait	fasse	fit	
nous	ferions	fassions	fîmes	faisons
vous	feriez	fassiez	fîtes	faites
ils/elles	feraient	fassent	firent	

participe présent : faisant   **participe passé** : fait

futur antérieur : j'aurai fait   **conditionnel passé** : j'aurais fait

plus-que-parfait : j'avais fait   **passé du subjonctif** : j'aie fait

25. lire

sujet	présent	passé composé	imparfait	futur
je (j')	lis	ai lu	lisais	lirai
tu	lis	as lu	lisais	liras
il/elle/on	lit	a lu	lisait	lira
nous	lisons	avons lu	lisions	lirons
vous	lisez	avez lu	lisiez	lirez
ils/elles	lisent	ont lu	lisaient	liront

sujet	conditionnel	présent du subjonctif	passé simple	impératif
je	lirais	lise	lus	
tu	lirais	lises	lus	lis
il/elle/on	lirait	lise	lut	
nous	lirions	lisions	lûmes	lisons
vous	liriez	lisiez	lûtes	lisez
ils/elles	liraient	lisent	lurent	

participe présent : lisant **participe passé :** lu
futur antérieur : j'aurai lu **conditionnel passé :** j'aurais lu
plus-que-parfait : j'avais lu **passé du subjonctif :** j'aie lu

26. mentir (voir : partir)

27. mettre (voir : promettre)

28. mourir*

sujet	présent	passé composé	imparfait	futur
je	meurs	je suis mort(e)	mourais	mourrai
tu	meurs	es mort(e)	mourais	mourras
il/elle/on	meurt	est mort(e)	mourait	mourra
nous	mourons	sommes mort(e)s	mourions	mourrons
vous	mourez	êtes mort(e)(s)	mouriez	mourrez
ils/elles	meurent	sont mort(e)s	mouraient	mourront

*conjugué avec l'auxiliaire **être** aux temps composés

sujet	conditionnel	présent du subjonctif	passé simple	impératif
je	mourrais	meure	mourus	
tu	mourrais	meures	mourus	meurs
il/elle/on	mourrait	meure	mourut	
nous	mourrions	mourions	mourûmes	mourons
vous	mourriez	mouriez	mourûtes	mourez
ils/elles	mourraient	meurent	moururent	

participe présent : mourant **participe passé :** mort(e)(s)

futur antérieur : je serai mort(e) **conditionnel passé :** je serais mort(e)

plus-que-parfait : j'étais mort(e) **passé du subjonctif :** je sois mort(e)

29. naître (voir : reconnaître)

30. offrir, ouvrir (voir : découvrir)

31. partir*, sortir*, servir, dormir, s'endormir*, sentir, se sentir*, ressentir, pressentir, mentir

sujet	présent	passé composé	imparfait	futur
je	pars	suis parti(e)	partais	partirai
tu	pars	es parti(e)	partais	partiras
il/elle/on	part	est parti(e)	partait	partira
nous	partons	sommes parti(e)s	partions	partirons
vous	partez	êtes parti(e)(s)	partiez	partirez
ils/elles	partent	sont parti(e)s	partaient	partiront

sujet	conditionnel	présent du subjonctif	passé simple	impératif
je	partirais	parte	partis	
tu	partirais	partes	partis	pars
il/elle/on	partirait	parte	partit	
nous	partirions	partions	partîmes	partons
vous	partiriez	partiez	partîtes	partez
ils/elles	partiraient	partent	partirent	

participe présent : partant **participe passé :** parti(e)(s)

futur antérieur : je serai parti(e) **conditionnel passé :** je serais parti(e)

plus-que-parfait : j'étais parti(e) **passé du subjonctif :** je sois parti(e)

*conjugués avec l'auxiliaire **être** aux temps composés

32. peindre, craindre, joindre, plaindre, atteindre

sujet	présent	passé composé	imparfait	futur
je (j')	peins	ai peint	peignais	peindrai
tu	peins	as peint	peignais	peindras
il/elle/on	peint	a peint	peignait	peindra
nous	peignons	avons peint	peignions	peindrons
vous	peignez	avez peint	peigniez	peindrez
ils/elles	peignent	ont peint	peignaient	peindront

sujet	conditionnel	présent du subjonctif	passé simple	impératif
je	peindrais	peigne	peignis	
tu	peindrais	peignes	peignis	peins
il/elle/on	peindrait	peigne	peignit	
nous	peindrions	peignions	peignîmes	peignons
vous	peindriez	peigniez	peignîtes	peignez
ils/elles	peindraient	peignaient	peignirent	

participe présent : peignant **participe passé :** peint
futur antérieur : j'aurai peint **conditionnel passé :** j'aurais peint
plus-que-parfait : j'avais peint **passé du subjonctif :** j'aie peint

33. pouvoir

sujet	présent	passé composé	imparfait	futur
je (j')	peux	ai pu	pouvais	pourrai
tu	peux	as pu	pouvais	pourras
il/elle/on	peut	a pu	pouvait	pourra
nous	pouvons	avons pu	pouvions	pourrons
vous	pouvez	avez pu	pouviez	pourrez
ils/elles	peuvent	ont pu	pouvaient	pourront

sujet	conditionnel	présent du subjonctif	passé simple
je	pourrais	puisse	pus
tu	pourrais	puisses	pus
il/elle/on	pourrait	puisse	put
nous	pourrions	puissions	pûmes
vous	pourriez	puissiez	pûtes
ils/elles	pourraient	puissent	purent

participe présent : pouvant   **participe passé** : pu

futur antérieur : j'aurai pu   **conditionnel passé** : j'aurais pu

plus-que-parfait : j'avais pu   **passé du subjonctif** : j'aie pu

34. prendre, apprendre, comprendre, entreprendre, reprendre, surprendre

sujet	présent	passé composé	imparfait	futur
je (j')	prends	ai pris	prenais	prendrai
tu	prends	as pris	prenais	prendras
il/elle/on	prend	a pris	prenait	prendra
nous	prenons	avons pris	prenions	prendrons
vous	prenez	avez pris	preniez	prendrez
ils/elles	prennent	ont pris	prenaient	prendront

sujet	conditionnel	présent du subjonctif	passé simple	impératif
je	prendrais	prenne	pris	
tu	prendrais	prennes	pris	prends
il/elle/on	prendrait	prenne	prit	
nous	prendrions	prenions	prîmes	prenons
vous	prendriez	preniez	prîtes	prenez
ils/elles	prendraient	prennent	prirent	

participe présent : prenant   **participe passé** : pris

futur antérieur : j'aurai pris   **conditionnel passé** : j'aurais pris

plus-que-parfait : j'avais pris   **passé du subjonctif** : j'aie pris

35. promettre, mettre, admettre, commettre, compromettre, omettre, permettre, soumettre, transmettre; abattre*, batter*, combattre*, débatter*

sujet	présent	passé composé	imparfait	futur
je (j')	promets	ai promis	promettais	promettrai
tu	promets	as promis	promettais	promettras
il/elle/on	promet	a promis	promettait	promettra
nous	promettons	avons promis	promettions	promettrons
vous	promettez	avez promis	promettiez	promettrez
ils/elles	promettent	ont promis	promettaient	promettront

sujet	conditionnel	présent du subjonctif	passé simple	impératif
je	promettrais	promette	promis	
tu	promettrais	promettes	promis	promets
il/elle/on	promettrait	promette	promit	
nous	promettrions	promettions	promîmes	promettons
vous	promettriez	promettiez	promîtes	promettez
ils/elles	promettraient	promettent	promirent	

participe présent : promettant   **participe passé :** promis
futur antérieur : j'aurai promis   **conditionnel passé :** j'aurais promis
plus-que-parfait : j'avais promis   **passé du subjonctif :** j'aie promis

*participes passés : abattu, battu, combattu, débattu

36. recevoir, apercevoir, décevoir

sujet	présent	passé composé	imparfait	futur
je (j')	reçois	ai reçu	recevais	recevrai
tu	reçois	as reçu	recevais	recevras
il/elle/on	reçoit	a reçu	recevait	recevra
nous	recevons	avons reçu	recevions	recevrons
vous	recevez	avez reçu	receviez	recevrez
ils/elles	reçoivent	ont reçu	recevaient	recevront

sujet	conditionnel	présent du subjonctif	passé simple	impératif
je	recevrais	reçoive	reçus	
tu	recevrais	reçoives	reçus	reçois
il/elle/on	recevrait	reçoive	reçut	
nous	recevrions	recevions	reçûmes	recevons
vous	recevriez	receviez	reçûtes	recevez
ils/elles	recevraient	reçoivent	reçurent	

participe présent : recevant   **participe passé** : reçu

futur antérieur : j'aurai reçu   **conditionnel passé** : j'aurais reçu

plus-que-parfait : j'avais reçu   **passé du subjonctif** : j'aie reçu

37. reconnaître, connaître, naître*

sujet	présent	passé composé	imparfait	futur
je (j')	reconnais	ai reconnu	reconnaissais	reconnaîtrai
tu	reconnais	as reconnu	reconnaissais	reconnaîtras
il/elle/on	reconnaît	a reconnu	reconnaissait	reconnaîtra
nous	reconnaissons	avons reconnu	reconnaissions	reconnaîtrons
vous	reconnaissez	avez reconnu	reconnaissiez	reconnaîtrez
ils/elles	reconnaissent	ont reconnu	reconnaissaient	reconnaîtront

sujet	conditionnel	présent du subjonctif	passé simple	impératif
je	reconnaîtrais	reconnaisse	reconnus	
tu	reconnaîtrais	reconnaisses	reconnus	reconnais
il/elle/on	reconnaîtrait	reconnaisse	reconnut	
nous	reconnaîtrions	reconnaissions	reconnûmes	reconnaissons
vous	reconnaîtriez	reconnaissiez	reconnûtes	reconnaissez
ils/elles	reconnaîtraient	reconnaissent	reconnurent	

participe présent : reconnaissant   **participe passé** : reconnu

futur antérieur : j'aurai reconnu   **conditionnel passé** : j'aurais reconnu

plus-que-parfait : j'avais reconnu   **passé du subjonctif** : j'aie reconnu

*s'emploie surtout au passé composé, conjugué avec l'auxiliaire **être** aux temps composés, participe passé : **né(e)(s)**

38. rire, sourire

sujet	présent	passé composé	imparfait	futur
je (j')	ris	ai ri	riais	rirai
tu	ris	as ri	riais	riras
il/elle/on	rit	a ri	riait	rira
nous	rions	avons ri	riions	rirons
vous	riez	avez ri	riiez	rirez
ils/elles	rient	ont ri	riaient	riront

sujet	conditionnel	présent du subjonctif	passé simple	impératif
je	rirais	rie	ris	
tu	rirais	ries	ris	ris
il/elle/on	rirait	rie	rit	
nous	ririons	riions	rîmes	rions
vous	ririez	riiez	rîtes	riez
ils/elles	riraient	rient	rirent	

participe présent : riant   **participe passé** : ri
futur antérieur : j'aurai ri   **conditionnel passé** : j'aurais ri
plus-que-parfait : j'avais ri   **passé du subjonctif** : j'aie ri

39. savoir

sujet	présent	passé composé	imparfait	futur
je (j')	sais	ai su	savais	saurai
tu	sais	as su	savais	sauras
il/elle/on	sait	a su	savait	saura
nous	savons	avons su	savions	saurons
vous	savez	avez su	saviez	saurez
ils/elles	savent	ont su	savaient	sauront

sujet	conditionnel	présent du subjonctif	passé simple	impératif
je	saurais	sache	sus	
tu	saurais	saches	sus	sache
il/elle/on	saurait	sache	sut	
nous	saurions	sachions	sûmes	sachons
vous	sauriez	sachiez	sûtes	sachez
ils/elles	sauraient	sachent	surent	

participe présent : sachant **participe passé :** su
futur antérieur : j'aurai su **conditionnel passé :** j'aurais su
plus-que-parfait : j'avais su **passé du subjonctif :** j'aie su

40. sentir, servir (voir : partir)

41. suivre, poursuivre

sujet	présent	passé composé	imparfait	futur
je (j')	suis	ai suivi	suivais	suivrai
tu	suis	as suivi	suivais	suivras
il/elle	suit	a suivi	suivait	suivra
nous	suivons	avons suivi	suivions	suivrons
vous	suivez	avez suivi	suiviez	suivrez
ils/elles	suivent	ont suivi	suivaient	suivront

sujet	conditionnel	présent du subjonctif	passé simple	impératif
je	suivrais	suive	suivis	
tu	suivrais	suives	suivis	suis
il/elle/on	suivrait	suive	suivit	
nous	suivrions	suivions	suivîmes	suivons
vous	suivriez	suiviez	suivîtes	suivez
ils/elles	suivraient	suivent	suivirent	

participe présent : suivant **participe passé :** suivi
futur antérieur : j'aurai suivi **conditionnel passé :** j'aurais suivi
plus-que-parfait : j'avais suivi **passé du subjonctif :** j'aie suivi

42. venir, devenir, intervenir, parvenir, revenir, se souvenir; appartenir*, obtenir*,
retenir*, soutenir*, tenir*

sujet	présent	passé composé	imparfait	futur
je	viens	suis venu(e)	venais	viendrai
tu	viens	es venu(e)	venais	viendras
il/elle/on	vient	est venu(e)	venait	viendra
nous	venons	sommes venu(e)s	venions	viendrons
vous	venez	êtes venu(e)(s)	veniez	viendrez
ils/elles	viennent	sont venu(e)s	venaient	viendront

sujet	conditionnel	présent du subjonctif	passé simple	impératif
je	viendrais	vienne	vins	
tu	viendrais	viennes	vins	viens
il/elle/on	viendrait	vienne	vint	
nous	viendrions	venions	vînmes	venons
vous	viendriez	veniez	vîntes	venez
ils/elles	viendraient	viennent	vinrent	

participe présent : venant   **participe passé** : venu(e)(s)

futur antérieur : je serai venu(e)   **conditionnel passé** : je serais venu(e)

plus-que-parfait : j'étais venu(e)   **passé du subjonctif** : je sois venu(e)

*conjugués avec l'auxiliaire **avoir** aux temps composés

43. vivre, revivre, survivre,

sujet	présent	passé composé	imparfait	futur
je (j')	vis	ai vécu	vivais	vivrai
tu	vis	as vécu	vivais	vivras
il/elle/on	vit	a vécu	vivait	vivra
nous	vivons	avons vécu	vivions	vivrons
vous	vivez	avez vécu	viviez	vivrez
ils/elles	vivent	ont vécu	vivaient	vivront

sujet	conditionnel	présent du subjonctif	passé simple	impératif
je	vivrais	vive	vécus	
tu	vivrais	vives	vécus	vis
il/elle/on	vivrait	vive	vécut	
nous	vivrions	vivions	vécûmes	vivons
vous	vivriez	viviez	vécûtes	vivez
ils/elles	vivraient	vivent	vécurent	

participe présent : vivant **participe passé** : vécu
futur antérieur : j'aurai vécu **conditionnel passé** : j'aurais vécu
plus-que-parfait : j'avais vécu **passé du subjonctif** : j'aie vécu

44. voir, prévoir, revoir

sujet	présent	passé composé	imparfait	futur
je (j')	vois	j'ai vu	voyais	verrai
tu	vois	as vu	voyais	verras
il/elle/on	voit	a vu	voyait	verra
nous	voyons	avons vu	voyions	verrons
vous	voyez	avez vu	voyiez	verrez
ils/elles	voient	ont vu	voyaient	verront

sujet	conditionnel	présent du subjonctif	passé simple	impératif
je	verrais	voie	vis	
tu	verrais	voies	vis	vois
il/elle/on	verrait	voie	vit	
nous	verrions	voyions	vîmes	voyons
vous	verriez	voyiez	vîtes	voyez
ils/elles	verraient	voyaient	virent	

participe présent : voyant **participe passé** : vu
futur antérieur : j'aurai vu **conditionnel passé** : j'aurais vu
plus-que-parfait : j'avais vécu **passé du subjonctif** : j'aie vu

45. vouloir

sujet	présent	passé composé	imparfait	futur
je (j')	veux	ai voulu	voulais	voudrai
tu	veux	as voulu	voulais	voudras
il/elle/on	veut	a voulu	voulait	voudra
nous	voulons	avons voulu	voulions	voudrons
vous	voulez	avez voulu	vouliez	voudrez
ils/elles	veulent	ont voulu	voulaient	voudront

sujet	conditionnel	présent du subjonctif	passé simple	impératif
je	voudrais	veuille	voulus	
tu	voudrais	veuilles	voulus	veuille
il/elle/on	voudrait	veuille	voulut	
nous	voudrions	voulions	voulûmes	veuillons
vous	voudriez	vouliez	voulûtes	veuillez
ils/elles	voudraient	veuillent	voulurent	

participe présent : voulant
futur antérieur : j'aurai voulu
plus-que-parfait : j'avais voulu

participe passé : voulu
conditionnel passé : j'aurais voulu
passé du subjonctif : j'aie voulu

46. Cas particuliers

a. valoir : s'emploie surtout à la troisième personne et dans les expressions impersonnelles : **valoir mieux** (Il vaut mieux), **valoir la peine** (Cela vaut la peine)

sujet	présent	passé composé	imparfait	futur
il/elle/cela	vaut	a valu	valait	vaudra
ils/elles	valent	ont valu	valaient	vaudront

sujet	conditionnel	présent du subjonctif	passé simple
il/elle/cela	vaudrait	vaille	valut
ils/elles	vaudraient	vaillent	valurent

participe présent : valant
futur antérieur : il/elle aura valu
plus-que-parfait : il/elle avait valu

participe passé : valu
conditionnel passé : il/elle aurait valu
passé du subjonctif : il/elle ait valu

b. falloir : conjugué seulement à la troisième personne au singulier

sujet	présent	passé composé	imparfait	futur
il (impersonnel)	faut	a fallu	fallait	faudra

sujet	conditionnel	présent du subjonctif	passé simple
il (impersonnel)	faudrait	faille	fallut

participe passé : fallu

futur antérieur : il aura fallu **conditionnel passé :** il aurait fallu

plus-que-parfait : il avait fallu **passé du subjonctif :** il ait fallu

c. coûter : s'emploie surtout à la troisième personne

sujet	présent	passé composé	imparfait	futur
il/elle/cela	coûte	a coûté	coûtait	coûtera
ils/elles	coûtent	ont coûté	coûtaient	coûteront

sujet	conditionnel	présent du subjonctif	passé simple
il/elle/cela	coûterait	coûte	coûta
ils/elles	coûteraient	coûtent	coûtèrent

participe présent : coûtant **participe passé :** coûté

futur antérieur : il/elle aura coûté **conditionnel passé :** il/elle aurait coûté

plus-que-parfait : il/elle avait coûté **passé du subjonctif :** il/elle ait coûté

LEXIQUE FRANÇAIS-ANGLAIS

A

abaisser   to bring down
abattre   to cut down, to fell (tree)
  s'~ sur   to descend on
aborder   to approach a topic or person
aboutir   to succeed, lead to
abreuver   to water (garden, field)
abri *m*   shelter
abroger   to repeal
abstrait, e   abstract
acclamer   to cheer
accomplir   to accomplish
accord *m*   agreement
accoucher   to give birth
accourir   to rush up, to hurry toward
accoutumer (s')   to get used to
accrocher   to hang (on a wall)
accroissement *m*   increase, growth
  accroître   to increase something
  s'~   to increase; to grow
accueil *m*   welcome, reception
accueillir   to welcome, receive
achever   to finish
acquérir   to acquire
acquitter   to discharge, to release from
actualité *f*   current event, news
actuel, elle   present, current
  actuellement, à l'heure actuelle
     at present
admettre   to admit, to acknowledge
adoucir   to soften, to make milder
adroit   skillful, clever
affaire *f*   business, matter, case, deal
affectif, ive   emotional, affective
affectueux, euse   affectionate
affliger   to distress, to grieve
affoler   to throw into a panic; to terrify
  s'~   to panic
affreux, euse   awful, dreadful, horrible
agir   to act, to behave
agréer   to accept, to approve
aider   to help

aigu, uë   high-pitched, sharp, acute
aiguiser   to sharpen
aile *f*   wing
ailleurs   elsewhere
aimable   kind, nice
aîné, e   elder, older
ainsi   thus, in the same way
aise *f*   ease, comfort
ajouter   to add
alène *f*   awl
alimenter   to feed, to supply
allée *f*   lane, path, avenue
alléger   to lighten, to reduce
allégresse *f*   elation
allonger (s')   to stretch (out), to extend
allouer   to allocate
allumer   to light, to switch on, to turn on
allure *f*   look, appearance
alors   then, so, well, in those days
amant, e   lover
amateur *m*   admirer, lover of
ambassade *f*   embassy
ambiance *f*   mood
ambisé, e   light (skin)
âme *f*   soul
amener   to bring (along)
Amérindiens *m pl*   American Indians,
   Native Americans
ameuter   to incite, to stir up
amitié *f*   friendship
ammolir   to soften
amoureux, euse (de)   in love (with)
ample   roomy, full, wide
ampoule *f*   lightbulb, blister
amuser   to entertain, to amuse
  s'~   to have fun, to have a good time
ananas *m*   pineapple
ancêtre *m/f*   ancestor
ancien, ienne   old, antique, former
ancre *f*   anchor
anémique   anemic
ânerie *f*   stupid action or statement

angoisse *f* anxiety, distress, anguish
  angoissé, e anguished, anxious
animer to animate, to lead
anneau *m* ring, hoop
antédiluvien, ienne before the biblical flood, ancient
antérieur, e previous, earlier
apaisant, e soothing
apercevoir to see, to catch sight of, to perceive
apparaître to appear, to come to light
apparenté, e related
appartenir to belong
appel *m* call
apporter to bring, to supply
apprendre to learn
apprêter (s') to get ready for
approbation *f* approval
approfondir to deepen, to go deeper into
appui *m* support
  appuyer to lean, to press, to support
aquarelle *f* watercolor
arbitraire arbitrary
arbre *m* tree
arbuste *m* bush, small shrub
arc *m* arch
archevêque *m* archbishop
aréopage *m* assembly of the learned
argent *m* money; silver
argenté, e silver, silvery
argileux, euse like clay
armée *f* army
arracher to pull up or out, to tear off
arranger to arrange, to organize, to fix
  s'~ to work out
arrestation *f* arrest
arrêt *m* stop, stopping
  arrêter to stop, to cancel, to arrest
arrière *m* back, rear, behind
arrivée *f* arrival, coming
arrondir to make round, to polish
  s'~ to become round
asile *m* asylum, refuge
assécher to dry, to drain
asseoir (s') to sit down
assiéger to besiege
assuré, e certain, sure, insured
  assurément most certainly, assuredly
  assurer to assure, to insure, to maintain

astiquer to polish, to shine
atelier *m* studio, workshop
attaché, e attached to, tied to
attaquer to attack, to assault
atteindre to reach, to achieve
attendre to wait (for)
  s'~ à to expect
  attente *f* expectation
attentif, ive attentive, careful
attentionné, e thoughtful, considerate
attester to vouch for
  attestation *f* certificate
attirance *f* attraction
  attirer to attract, to appeal
  attrait *m* attraction, appeal
attraper to catch, to get
attribuer to grant, to award, to attribute
auberge *f* hostel, inn
aucun, e no, none
au-delà beyond
au-dessus above
augmenter to increase, to raise
aujourd'hui today, nowadays
auparavant before, first, previously
auprès de next to, close to, by
auriculaire heard, told
aussitôt straightaway, immediately
autant as much
auteur *m* author, writer, composer
autonome autonomous, self-governing
autorisation *f* permission, authorization
  autoriser to authorize, to give permission
  autorité *f* authority
autour around, about
autre other
avantage *m* advantage
avant-garde in the forefront, before its time
avenir *m* future
aventureux, euse adventurous, bold
  aventurier, ère adventurer/ess
avérer (s') to turn out, to prove to be
avertir to tell, to inform, to warn
avide greedy, avid
  avidité *f* eagerness, greed
avis *m* opinion, notice
aviser to advise, inform
avocat, e lawyer
avoine *f* oat
avouer to confess, to admit

B

baby-foot *m* table football, foosball
bachelier *m* person who passed the **baccalauréat**
bagage *m* luggage, bag
bague *f* ring
baguette *f* bread, stick, baton
bahut *m* chest; school (*fam*)
bâiller to yawn
baiser *m* kiss
bal *m* dance, ball
bandeau *m* strip of cloth
banlieue *f* city outskirts, "inner city" projects
bannir to prohibit, to banish, exclude
barbe *f* beard
barda *m* responsibility, stuff
baron *m* baron, lord
barreau *m* bar (of cage or prison)
barrer to block, to barricade, to cross out
bas low; bottom
   tout ~ softly (in speaking)
baser to base
bassin *m* pond, pool, basin
bataille *f* battle, fight
bâtard, e illegitimate child
bateau *m* boat, ship
battre to beat, to hit
bavarder to chat, chatter
bave *m* drool, spit
   baver to drool
belliqueux, euse warlike, combative
bénéfice *m* profit, advantage
   bénéficiaire *n* beneficiary
berceau *m* bower, cradle
   bercer to rock, to cradle
   berceuse *f* rocking chair
berger *m* shepherd
besogne *f* work, chore
besoin *m* need
bête stupid, silly; *nf* animal
   bêtise *f* stupidity, foolishness
betterave *f* beet
beur *m* second-generation North African living in France
beurre *m* butter
bibliothèque *f* library
biche *f* doe
bien well, properly
bien(s) *m* material good, property

bienfait *m* kindness, benefit
bientôt soon
bile *f* anger, worry
blafard pale, pallid
blague *f* joke, trick
blanchir to whiten, to lighten
blé *m* wheat
blesser to hurt, to injure
blottir (se) to curl up, huddle up
blouse *f* overalls, blouse
bœuf *m* ox, steer, beef
boghey *m* buggy
bohémien, enne bohemian, gypsy
boire to drink
bois *m* wood
boîte *f* box
bond *m* leap, jump
   bondir to jump, to leap
bonheur *m* happiness, joy
bonhomme *m* guy
bonté *f* kindness, goodness
bord *m* edge, side, bank, shore, brink
bosser to work hard, to slog away
bouc émissaire *m* scapegoat
bouche *f* mouth
   bouchée *f* mouthful
boucherie *f* butcher's shop
boucler to buckle, to finish
boudineux, euse like a sausage
bouffée *f* puff of air, outburst
bouger to move
   bougeotte (avoir la bougeotte) to always be on the move
bougonner to grouch, to grumble
bouillonner to bubble, foam
boulangerie *f* bakery
bouleverser to move deeply, to shatter, to disrupt
boulot *m* work, job (*fam*)
bourgeois, e middle class
bourgeon *m* bud
bourreau *m* torturer, executioner
bourse *f* money, purse, scholarship
bousculer to jostle, to rush, to hurry
boussole *f* compass
bout *m* end, tip, (little) piece
bouteille *f* bottle
boutique *f* store
bouton *m* button
boy *m* servant (Africa)

braise *f* embers
bras *m* arm
brebis *f* ewe
bridé, e slanted (eyes)
brièvement briefly, concisely
brillant, e shiny, bright
  briller to shine, to sparkle
brin *m* bit
brise *f* breeze
briser to break, to ruin
brousse *f* bush
bruit *m* noise, sound
brûler to burn
brusquer to do abruptly
bûcher *m* stake
buisson *m* bush
bulle *f* bubble
bureau de tabac *m* tobacco shop
  (selling stamps and newspapers)
but *m* aim, goal, purpose

C

cabrer to rear up
cacher to hide, to conceal
  se ~ to hide (oneself)
cachette *f* hiding place, hideout
  en ~ secretly
cadet, ette younger, youngest; youngest child
cadre *m* frame, setting; executive
cajolerie *f* coaxing; flattery
câliner to cuddle; make a fuss over
  câlin *m* caress
calquer to trace, to copy exactly
camelote *f* junk, rubbish
camionneur *m* truck driver
canal *m* canal, TV channel
cannelle *f* cinnamon
canoniser to declare a saint
caoutchouc *m* rubber
capétien, enne of the Capetian dynasty
capote *f* condom (*fam*); top, hood
captiver to fascinate, to captivate
capturer to catch, to capture
capucin *m* type of monkey
car for, because
caractère *m* nature, character
carmin *m* crimson
carrément bluntly, decidedly, clearly
cartable *m* satchel, book bag

carte *f* map, card
carton *m* cardboard, box
cas *m* case, occurrence
case *f* hut; box (on a form)
casser (se) to break
  casser la figure à quelqu'un to hit someone
    in the face
  se casser la figure (*fam*) to fall down
catin *f* (*vieilli, québécois*) doll
causer to chat, to talk, to cause,
    to bring about
cave *f* cellar, basement
céder to give up, to yield to
célèbre famous
céleste celestial, heavenly
celle/celui this/that one
cependant however, nevertheless
cercle *m* circle
cerner to surround, to outline, to figure out
certes certainly, of course
certificat d'études *m* certificate obtained at the
    end of primary school
cerveau *m* brain
cesser to stop, to cease
chacun, e each one, everyone
chagrin *m* grief, sorrow
  chagriner to grieve, upset
chair *f* flesh
chaise *f* chair
chaleur *f* heat
chambre *f* bedroom
champ *m* field
chance *f* luck
changer d'avis to change one's mind
chant *m* song, singing
chanter to sing
  chanteur, euse singer
chapeau *m* hat
chaque each, every
charbon *m* coal
charge *f* load, burden, responsibility
  charger to load
charpentier *m* carpenter
charrette *f* cart
charrier to cart, to carry
chasser to hunt, to chase away
château *m* castle
chatterie *f* playful attention or caresses
chauffer to heat up, to warm up
chaussure *f* shoe

chef *m* head, boss, leader

   chef d'œuvre *m* masterpiece

chemin *m* path, track

   chemin de fer *m* railroad

chemise *f* shirt

cher, chère dear, expensive

chercher to look for, to search for

chétif, ive puny, sickly, meager

cheval *m* horse

chevalerie *f* knighthood, chivalry

chevet *m* head of the bed

cheveux *m pl* hair

cheville *f* ankle

   chevillé, e linked to, tied to

chèvre *f* goat

chignage *m* (*québécois*) complaint

choix *m* choice

chômage *m* unemployment

choyer to cherish, to pamper

chuchoter to whisper, to murmur

chute *f* fall, collapse

cicatrice *f* scar

ci-dessous below, hereunder

ciel *m* sky

cierge *m* candle

cime *m* peak

cimetière *m* cemetery

cinéaste *m* filmmaker, movie director

circonstance *f* occasion, circumstance

citer to quote, to cite

citoyen, enne citizen

civique civic

clair, e bright, light, clear

clandestin, e secret, underground, illegal

   clandestinité *f* secret nature, underground

clapotis *m* lapping (of waves)

classer to classify, to file

clavecin *m* harpsichord

clochette *f* bell

coaliser to unite

cœur *m* heart

coffre *m* chest, trunk

cohabiter to live together, to cohabit

coiffer to put something on a head

   coiffure *f* hairstyle

coin *m* corner, area

colère *f* anger

collaborer to work with, to collaborate

colle *f* glue

   coller to stick to, to glue

collectif, ive collective

collectionner to collect

   collectionneur *m* collector

collège *m* school, middle school

   collégien, enne schoolboy/schoolgirl

collier *m* necklace

colline *f* hill

colloque *m* colloquium, conversation

colon *m* colonist

colonisateur *m* colonizer

combien how much, how many

combinaison *f* combination, combining, scheme

combler to fill in, to make up, to fulfill

commémoratif, ive memorial

commencer to start, to begin

commenter to comment on, to make comments

commettre to commit, to make

commode convenient

commun, e in common

communauté *f* community

communiquer to communicate, to convey

compagne *f* female companion

compagnon *m* male companion

complaisance *f* kindness, accommodating attitude

complet, ète complete, full, total

complicité *f* unspoken understanding between two people

comportement *m* behavior

comporter to be composed of

   se comporter to behave

compositeur *m* composer

compréhensif, ive understanding

comprendre to understand

compte *m* account, count

compter to count

comte *m* count, earl

concernant concerning, relating, regarding

concevoir to imagine, to conceive, to design

concision *f* conciseness

conclure to conclude, to end

concours *m* competitive exam

concurrence *f* competition

concurrent, e competing, rival

conduite *f* behavior, driving

confectionner to prepare, to make

confiance *f* trust, confidence

confidence *f* secret

confier to confide

confiture *f* jam
conflit *m* conflict, dispute
congé *m* holiday, vacation
conjoncture *f* situation, circumstances
connaissance *f* knowledge
   connaître to know, to be acquainted with
conquérir to conquer, to win
conquête *f* conquest
consacrer to devote, to dedicate
conseil *m* advice
conséquent : par ~ therefore, consequently
consolider to strengthen, to reinforce
constituer to set up, to form
construire to build, to construct
contenir to contain, to hold, to control
contourner to skirt, to bypass
contraindre to force, to compel, to restrain
contraire contrary, opposite
contre against
contre-attaque *f* counterattack
contrecœur : à ~ reluctantly
contredire to contradict, to refute
contrôleur *m* inspector
convaincre to convince, to persuade
convenable suitable, fitting, acceptable
convenir to suit, to be convenient for
convoiter to covet, to lust after
copain, copine *m, f* friend, buddy
corde *f* rope
corne *f* horn
corniche *f* decorative edge
cornichon *m* pickle
corps *m* body
corriger to correct
corrompre to corrupt, to bribe
corsage *m* blouse
costume *m* costume, dress
côte *f* coast
côté *m* side
cou *m* neck
coucher to lay down
   se ~ to go to bed, to lie down
   coucher avec to sleep (with)
coudre to sew
couler to run, to flow, to leak
coup *m* blow, punch
coupable guilty
couper to cut
coupole *f* dome
cour *f* courtyard, court

courant, e everyday, standard, ordinary, common
courir to run
couronne *f* crown
   couronner to crown
courriel *m* e-mail
courrier *m* mail, letters
courroucé, e very angry
cours *m* academic course
course *f* running, race
court, e short
courtois, e courteous
coûter to cost
coutume *f* custom, habit
coutumièrement customarily
couvert, e covered, overcast
couvre-pieds *m* quilt
couvrir to cover
cracher to spit
craindre to fear, to be afraid of
   crainte *f* fear
cravate *f* tie
créateur, trice creative
   créer to create
crépuscule *m* twilight
cri *m* scream
   crier to scream, to shout
crise *f* crisis, outburst, fit
crispation *f* tensing, contraction
croc *m* fang
croire to believe
croiser to cross, to fold, to run into
croissant, e increasing, growing
croître to increase, to grow
cru, e raw, glaring
cruel, elle cruel, ferocious
   cruellement cruelly
cueillir to pick, to gather
cuir *m* leather
cuire to cook
   faire ~ to cook something
cultiver to cultivate, to farm
cure : n'avoir ~ de to care little about
curieux, euse curious

D

daba *f* type of hoe
dame *f* lady
damné, e damned, cursed

darder to strike (with sunrays)
dauphin *m* successor to the throne
débarquer to unload, to land
débarrasser (se) (de) to get rid of
débile sickly, weak, stupid
débloquer to release
déborder to overflow
debout standing (up)
débouté *m* dismissed case
début *m* beginning
  débutant, e beginner, novice
décadence *f* decline, decadence
décamper to clear out
déception *f* disappointment
décerner to give, award
décès *m* death
décevoir to disappoint
déchaîner to rage, go wild
décharger to unload
  déchargeur *m* unloader
déchirer to tear up
déclencher to launch, to release
décor *m* scenery, decor
décourager to discourage
découverte *f* discovery
  découvrir to discover
décrire to describe
décrocher to unhook, to take down, to get
décroître to decrease, decline
dédaigner to disdain, to scorn
dedans inside
déesse *f* goddess
défaire to undo, to dismantle, to take down
défaut *m* flaw, fault
défectueux, euse defective
défendre to defend, to forbid
  défense *f* defense, protection
  défenseur *m* defender, advocate
défi *m* challenge, defiance
  défier to challenge
définir to define
définitif, ive final, permanent
dégager to free, to extricate, to release
dégainer to take out
dégarni, e bare
dégoûté, e disgusted
dehors outside
déjà already
délabré, e dilapidated, ramshackle
délai *m* time limit

délices *m pl* delights
délier to untie, to unbind
délinquance *f* criminality
  délinquant, e delinquent
délivrer to set free
démarche *f* gait, walk, step, procedure,
  reasoning
démêler to disentangle, to untangle
demeurer to stay, to live somewhere, to remain
demi, e half
démission *f* resignation
démodé, e old-fashioned
demoiselle *f* young lady
dénatter to unplait hair
dénicher to unearth, to discover
dentelle *f* lace
dénué, e devoid of
dénuement *m* impoverishment, destitution
départ *m* departure, start
dépasser to pass, overtake
dépêcher (se) to hurry
dépendre (de) to be dependent on
dépense *f* expense
  dépenser to spend
dépit *m* pique, vexation
  en ~ de in spite of
déplacement *m* moving, displacement
déplaire to be disliked, to displease
dépossédé, e deprived, dispossessed
dépouille *f* remains
dépourvu, e lacking, without, devoid of
déprime *f* depression
depuis since
déranger to disturb
dérogation *f* dispensation
déroutant, e disconcerting
derrière behind
dès as soon as, from
désaffecter to withdraw, to close down
désarçonné, e baffled, thrown
descendance *f* descendants
déséquilibré, e unbalanced
désespérant, e despairing
désespéré, e in despair
désespoir *m* despair
déshabiller (se) to undress
déshonorer to disgrace, dishonor
désigner to point out, to indicate, to appoint
désireux, euse (de) eager to do, desirous of
désormais from now on

desséché, e dried out, withered
dessein *m* intention, plan
dessin *m* drawing
  dessiner to draw
dessus on top, above, over
destin *m* destiny
destinataire *m* addressee
destiner (à) to be intended
détacher (se) (de) to free oneself from, to
  renounce
détenir to hold, to have
déterrer to dig up
détresse *f* distress
détricoter to unravel knitting
détruire to destroy
dette *f* debt
devenir to become
dévergondé, e shameless, loose, wild
deviner to guess, to foresee
dévoué, e devoted
dévoyé, e depraved
diable *m* devil
diamant *m* diamond
diapositive *f* photographic slide
dicton *m* saying
différend *m* difference
digne dignified
dilaté, e dilated, distended
diminuer to decrease, to reduce
dirigeant, e leader, ruling
  diriger to lead
discours *m* speech, discourse
disparaître to disappear
  disparition *f* disppearance
disponible free, available
disposition *f* arrangement, layout
disputer (se) to fight
dissemblable dissimilar, different
disserter to speak on
dissimuler to conceal, to hide
distraire to distract, to entertain, to amuse
divers, e diverse, varied
divorcer (d'avec quelqu'un) to get a divorce
dodu, e plump
doigt *m* finger
dolent, e mournful
domaine *m* estate, property, field
dommage *m* harm, injury; too bad
dompter to tame (wild animal)
don *m* gift, talent

donc thus, so, therefore
doré, e golden, gilded
dorloter to pamper, to fuss over
dormir to sleep
dorure *f* gilt, gilding
dos *m* back
dossier *m* file
douleur *f* pain, grief
  douloureux, euse painful
doute *m* doubt, uncertainty
doux, douce soft, smooth, sweet, gentle
doucement gently, softly, slowly
draguer to flirt and try to pick someone up
  dragueur, euse someone who tries to pick
    someone up
dramaturge *m* playwright
drap *m* sheet, woolen cloth
dresser to draw up, to make up, to put up
drogue *f* drug
droit *m* right, duty
  droit, e straight, right
duc *m* duke
duper to dupe, to deceive, to fool
dur, e hard
durant for, during, in the course of
durée *f* duration, length, period
dysfonctionnement *m* dysfunction

E

eau *f* water
éblouir to dazzle
ébouillanté, e scalded
écarter (s') to move apart, to move away, to part
ecclésiastiques *m pl* church authorities
échange *m* exchange
  échanger to exchange
échantillon *m* sample
échapper to escape, to evade
échec *m* failure
écheveau *m* skein, hank
échouer to fail
éclat *m* flashiness, glare, brightness
  éclatant, e bright, glaring
éclore to bloom, open up
écouter to listen to
écrier (s') to exclaim, to cry out
écriture *f* writing
écuelle *f* platter, bowl
écurie *f* stable

édicter to enact, to decree
effacer to erase
effectivement actually, really, effectively, indeed
effeuiller to pull the leaves or petals off
effilé sharpened
effondrer (s') to collapse
efforcer (s') (de) to try hard
effrayant, e frightening, alarming
   effrayer to frighten, to scare
égal, e equal, even
égard *m* consideration
égarer (s') to scatter, disperse
égorger to slit the throat of
élaborer to develop, to work out the
   details of
élan *m* surge, rush, burst of
élargir to stretch, to widen, to enlarge
électeur *m* voter
élever to raise, to bring up, to rear, to erect
élire to elect
éloge *f* praise
éloigner (s') to move away, to remove,
   to take away
élu, e elected, chosen
embarquer (s') to embark, to get on board
embaucher to hire, to employ
embêter to bother, to annoy, to worry
emblée d'~ at once, right away
embrasser to kiss
embrouillé, e muddled, confused, mixed up
   embrouiller to confuse, to tangle, to muddle
émerveillement *m* wonder, marvel
   émerveiller to fill with wonder
émigré, e expatriate, émigré worker
emmener to take away, to take along
émoi *m* emotion, excitement
émouvant, e moving, touching
   émouvoir to move, to stir, to arouse
emparer (s') to seize, to grab
empêcher to prevent, to stop
empiler to pile up, to stack up
emporter to take away, to sweep away
emprisonner to imprison
emprunter to borrow
enceinte pregnant
encombre : sans ~ without mishap or incident
encontre : à l'~ de against, counter to
encourir to incur, to bring upon
encre *f* ink
en-dessous below

endormir (s') to fall asleep
endroit *m* place, spot
énerver to get on one's nerves, to irritate
   s'~ to become irritated
enfermer to shut up, to lock in
enfin at last, finally
enfouir (s') to bury
enfuir (s') to flee, to run away
engagement *m* commitment, involvement,
   promise
   engager (s') to commit to, to become
   involved
engloutir to swallow up
engraisser to fatten up, to get fatter
engueuler to bawl someone out
   s'~ to have a big argument
enlever to remove, to lift
ennemi *m* enemy
ennui *m* boredom
ennuyer to bore, to weary
   ennuyeux, euse boring
enquête *f* inquiry, investigation
enrichir to enrich, to make rich
enrouler to roll up, to wind
ensemble together
ensoleillé, e sunny
ensuivre (s') to follow, to ensue
entamer to pick up, begin
entendre to hear
   s'entendre (avec) to get along (with)
enterrer to bury
entier, ère entire, whole
entortillage *m* twisting, winding
entourer to surround
entraîner to carry, to drag along
entrée *f* entrance, entry
entreprendre to begin, to start, to set about
   entreprise *f* firm, company
entretenir to maintain, to support
entrouverte half-open, ajar
envahir to invade, overrun
envelopper to wrap, to envelop
envers toward, to; *m* wrong side, inside, back
envie *f* desire, craving
   envier to desire, to be envious of
   envieux, euse envious
environ about, approximately; *m pl* surroundings
envoi *m* sending
   envoyer to send
envoler (s') to take off, to fly away

épanouir (s') to blossom, to find something
  satisfying
épargne *f* savings
  épargner to save, to spare
éparse scattered
épaule *f* shoulder
éphémère ephemeral, short-lived
épine *f* thorn
  épineux, euse thorny, prickly
épopée *f* epic
époque *f* time, age, era
épouser to marry, to wed
  époux, ouse husband, wife
épouvantable terrible, dreadful
épreuve *f* test, ordeal
éprouver to feel, experience
épuisement *m* exhaustion
  épuiser to exhaust, to wear out
équipe *f* team
escalader to climb
escalier *m* stairs
escapade *f* fling, escape
esclavage *m* slavery
espace *m* space
  espacer (s') to space out
espèce *f* species
espérance *f* hope, expectation
espoir *m* hope
esprit *m* wit, spirit
essai *m* attempt, trial, testing
estomac *m* stomach
esquisse *f* sketch
  esquisser to sketch
établir to establish, to set up, to erect
  établissement *m* establishment,
    school
étape *f* stage, leg
état *m* state, condition
étau *m* vise, shaper
éteindre to switch off, to put out
étendard *m* banner, standard
étendre (s') to spread out, stretch out
étendue *f* area, expanse
ethnie *f* ethnicity
étoffe *f* material, fabric
étoilé, e starry, starlit
étonnant, e surprising, amazing
  étonnement *m* surprise, astonishment
  étonner to surprise, to amaze
étouffer to suffocate, to stifle

étrange strange
étranger, ère foreign, foreigner
être to be; *m* being
étroit, e narrow, confined
étude *f* study
évanouir (s') to faint, to pass out
événement *m* event
évêque *m* bishop
évidemment of course, obviously
éviter to avoid, to dodge
évoluer to evolve, to develop
évoquer to evoke, to recall
exaucer to fulfill, to grant
excès *m* excess, surplus
exciter to arouse, to stimulate, to stir
exclu, e excluded
exclusion *f* expulsion, exclusion
exemplaire *m* copy
exercer to fulfill, to exercise, to exert
exhorter to exhort, to urge
exigence *f* requirement, strictness
  exiger to demand, to require
exil *m* exile
expérience *f* experience, experiment
explicatif, ive explanatory
exposer to display, to exhibit
exprès on purpose
exprimer to express
expulsion *f* expulsion, deportation,
  eviction
extase *f* ecstasy

F

fabrication *f* manufacture, making
fabuleux, euse mythical, legendary
face *f* side
fâcher (se) to get angry
  facheux, euse unfortunate, regrettable
facile/difficile à vivre easy/difficult to get
  along with
faciliter to facilitate, to make easier
façon *f* way, manner
facteur *m* postman
faible weak, soft
  faiblir to weaken, to get weaker
faillir to almost do something
familier, ère familiar, informal
fané, e faded, withered, wilted
fantaisiste fanciful, whimsical

farce *f* joke
farine *f* flour
fatma *f* a Muslim woman
faufiler (se) to slip through
faux, fausse fake, false
faveur *f* favor
féconde fertile
fée *f* fairy
fendre to split
féodal, e feudal
fer *m* iron
    fer à friser *m* curling iron
ferme firm
féroce ferocious, fierce
fête *f* feast, holiday, fair, celebration, party
    fêter to celebrate
féticheur *m* African priest
feu *m* fire
feuille *f* leaf, petal
    feuillage *m* foliage, greenery
fiacre *m* cab, carriage
fiançailles *f pl* engagement
    fiancé, e engaged to be married
    fiancer (se) to get engaged
        to be married
fiche *f* card, sheet, slip, form
fier, fière proud
    fierté *f* pride
fièvre *f* fever
figure *f* face, picture, figure
filer to spin
filière *f* channels, procedures
fin *f* end
financier, ère financial
fiston *m* (*fam*) son
fixer to set, to arrange, to fasten
flanc *m* side, flank
flattant, e flattering
    flatter to flatter
    flatterie *f* flattery
fléau *m* calamity, scourge
fleuve *m* river
flotter to float
foi *f* faith
foin *m* hay
fois *f* time (once)
folie *f* madness, insanity
fonctionnaire *m* state employee
fond *m* bottom, back, far end
fonder to found, to set up

fondre sur to swoop down on
forêt *f* forest
formule de politesse *f* polite phrase
fort very
fort, e strong, stout, large
fortifié, e fortified
fou (fol), folle crazy
foudre *f* lightning
    coup de ~ *m* bolt of lightning, love at
        first sight
fougue *f* spirit, fieriness
fouille *f* searching, frisking
    fouiller to rummage through
foule *f* crowd
foulée *f* stride
fourchette *f* fork
fournaise *f* blaze, fire
fournir to supply, to provide
foutre (se) (de) (*fam*) to not give a damn
foyer *m* home, fireplace, hearth
fraîcheur *f* coolness
frais, fraîche fresh, cool
fraise *f* strawberry
franchir to clear, to get over, to cross
frapper to hit, to strike
frayeur *f* fright
frémir to tremble, to shudder
    frémissement *m* quivering, shivering
fréquenter to frequent, to go around with
frêle frail
friser to curl
frissonner to tremble, to shudder
frôler to brush against, to skim
froment *m* wheat
front *m* forehead
frontalier, ère related to the border
    frontière *f* border
frotter to rub
fuir to flee, to evade, to avoid
fuite *f* escape, leak
fumée *f* smoke
funeste disastrous, grievous

G

gâcher to spoil, to ruin
gadjo *m* gypsy
gage *m* proof, guarantee
gaillard *m* a strong man
galeriste *m* gallery owner

gant *m* glove

  relever le ~ to take up the challenge

garde-champêtre *m* rural policeman

garder to look after, to keep, to guard

garni, e (de) well-stocked, well-filled, covered with

garnison *m* place where troops are based

gâté, e spoiled

gaz *m* gas

geler to freeze

gémissant, e moaning, creaking

gêner to bother, to hamper

génie *m* genius, genie; engineering

genou *m* knee

genre *m* type, style, gender

gitan, e gypsy

glace *f* ice; ice cream; mirror

glauque blue-green

glisser to slide along, to slip

gombos *m pl* tropical garden vegetable

gorge *f* throat

  en faire des gorges chaudes to scorn

gosse *m* kid, brat

gourmand, e greedy

  gourmandise *f* greed; delicacy

goût *m* taste

goûter to taste

gouttelette *f* droplet

grâce *f* grace, charm

gracieux, euse gracious

graine *f* seed, grain

graisse *f* grease, fat

grandeur *f* size, greatness

grandir to grow, to increase

grange *f* barn

grave very serious, solemn

gravir to climb

gré *m* liking

grenier *m* attic

grève *f* strike

  gréviste *m* striker

griffe *f* claw

grimper to climb

griot *m* African bard

grossesse *f* pregnancy

guenille *f* rag

guère hardly, scarcely

guerre *f* war

guetter to watch, to lie in wait for

guillemet *m* quotation mark

H

habile skillful, clever

  habileté *f* skill, dexterity

habit *m* suit, piece of clothing

habitude *f* habit

  s' habituer à to become accustomed to

hâbleur, euse bragging, boasting

haine *f* hatred

hanche *f* hip

hanter to haunt

hardi, e bold, daring

hâter to hasten, to hurry

haut, e high

hautain, e noble, haughty

hauteur *f* height

hein ? huh?

hennir to neigh, to whinny

herbe *f* grass

herbeux, euse grassy

héréditaire hereditary

héritage *m* inheritance

hermine *f* ermine

hésiter to hesitate

heurter (se) to hit, collide, bump into

hideux, euse hideous

hirondelle *f* swallow (bird)

HLM *f* (**Habitation à Loyer Modéré**) public housing project

hommage *m* tribute

honte *f* shame

horaire *m* schedule

horloge *f* clock

hors except, apart from, outside

hospitalier, ère hospital, hospitable

hotte *f* basket carried on the back

huile *f* oil

humeur *f* mood, temper

humour *m* humor

hurlement *m* howl, howling

hurler to howl, to scream, to yell out

I

igname *f* yam

ignorer to ignore, to not be aware of

imbattable unbeatable

immensément immensely, tremendously

immigré, e immigrant

immoler to sacrifice

immuable unchanging, immutable
imprévisible unpredictable
inanimé, e unconscious, lifeless
inciter to encourage
incompréhensif, ive unsympathetic
inconnu, e unknown
inconscience *f* unconsciousness
incrédule incredulous, unbelieving
inculpé *m* accused
indéchiffrable incomprehensible
indicible inexpressible, unspeakable
indien, enne Indian
indigne unworthy, disgraceful
indigène *m* indigenous, native
individu *m* individual
inébranable unshakable, firm
inefficace ineffective
inépuisable inexhaustible
infirme disabled, crippled
   infirmité *f* disability
informaticien, enne computer scientist
information *f* piece of information,
   news
infranchissable impassable
infructueux, euse fruitless, unsuccessful
ingénieur *m* engineer
ingénieux, euse ingenious, clever
   ingéniosité *f* ingenuity, cleverness
ingrat, e ungrateful, thankless
inique inequitable, unjust
injure *f* abuse, insult
inquiet, ète worried, anxious
insensé, e insane
insolite unusual, out of the ordinary
instituteur, trice elementary-school
   teacher
instruire to teach, to educate
insupportable unbearable
interdire to forbid
internement *m* internment, confinement
interpeller to hold for questioning
interrogatoire *m* questioning,
   interrogation
   interroger to interrogate, to question,
     to ask
interrompre to break, to interrupt
intervenir to intervene
intransitif, ive intransitive, having no
   direct object
inutile useless

inverser to invert, to reverse
invraisemblable improbable, unlikely
issu, e born of, result
ivresse *f* drunkness, intoxication

J

jadis formerly, long ago
jalousie *f* jealousy
   jaloux, ouse jealous
jamais never
jérémiade *f* moaning, whining
jeter to throw
jeunesse *f* youth
joindre to join, to put together
joue *f* cheek
jouet *m* toy
jongler to juggle
joug *m* yoke
jumeau *m*, **jumelle** *f* twin
jupe *f* skirt
jurer to swear, to vow
juridiquement legally
jusque up to, as far as
juste fair, right, just
   justement exactly, precisely
justifier to justify, to prove

K

kilo *m* kilogram
kilomètre *m* kilometer

L

labourer to plow
lâcher to let go, to leave alone
là-dessus on that
laid, e ugly, unattractive
   laideur *f* ugliness
laine *f* wool
lait *m* milk
lancer to throw, to hurl, to begin
langue *f* tongue, language
large wide, broad
   largeur *f* width
larme *f* tear
las, lasse weary, tired
laurier-rose *m* oleander

lavoir *m* washing place, washhouse
léger, ère light
léguer to hand down, to bequeath
légume *m* vegetable
lendemain *m* following day, next day
lenteur *f* slowness
lequel which, who, whom
lever to lift, to raise, to levy
   se ~ to get up, to rise
lèvre *f* lip
lexique *m* glossary
liaison *f* liaison, affair, connection
libérer to free, to release, to discharge
   liberté *f* freedom
   libre free
lien *m* link, bond, connection
lier to bind up, to tie up
lieu *m* place, scene
lignée *f* descendants, posterity
ligoter to tie up
lire to read
lirer (*québecois*) to cry
   lires *f pl* (*québécois*) tears
livrer to deliver, to hand over
logement *m* housing
   loger to live, to stay in lodgings
   logis *m* dwelling, abode
loin far, a long way
lointain, e faraway, distant
loi *f* law
lors at the time of
lorsque when
lot *m* burial plot
louange *f* praise
loup *m* wolf
lourd, e heavy
loyauté *f* loyalty, faithfulness
lueur *f* glimmer, light
lumière *f* light
lune *f* moon
lunettes *f pl* glasses
lutte *f* struggle, fight
   lutter to fight, to struggle

M

mâcher to chew
machinalement mechanically,
   automatically
machiste chauvinist

macho *m* macho, male chauvinist
madeleine *f* small soft cookie
magasin *m* store
magazine *m* magazine
maghrébin, e from the Maghreb,
   North Africa
main *f* hand
maintenir to hold, to support, to keep, to
   maintain
maître *m* master
mal *m* evil, harm, sorrow
malade sick
malaise *m* ill-being, feeling of general
   discomfort
malgré despite, in spite of
malheur *m* misfortune, ordeal
   malheureux, euse unhappy,
    unfortunate
malhonnête dishonest, crooked
malice *f* mischievousness
malin, igne cunning, shrewd
mander to command
manière *f* way, manner
manifestation *f* demonstration, expression
   manifester to express, to show,
    to demonstrate
manquer to miss, to fail, to lack
marais *m* swamp, marsh
marbre *m* marble
marchand, e dealer, shopkeeper,
   tradesman
marchandise *f* commodity, merchandise
   marché *m* deal, market
marche *f* walking, march, progress
   marcher to walk
marelle *f* hopscotch
mari *m* husband
marier (se) (avec) to get married
marmite *f* large pot
matière *f* matter, material
maudit, e cursed, damned
méandre *m* twists and turns
mec *m* guy
méchant, e mean, nasty, malicious
médaille *f* medal
médiatisant, e covered by the media
méfait *m* ravages, damaging effect,
   wrongdoing
meilleur, e better
mélancolique melancholy

mélange *m* mix
  mélanger to mix
mémère *f* granny, grandma
ménage *m* housekeeping, housework
mener to take, to lead
mensonge *m* lie
  mentir to lie
méprendre to make a mistake, to be mistaken
mépriser to despise, to look down on
mer *f* sea
mériter to deserve
métier *m* occupation, job, profession
mettre to put
  ~ en cause to question, to implicate
meublé, e furnished
midi noon
miel *m* honey
mignon, onne cute, handsome, sweet
mijoter to simmer, to brew
milieu *m* middle, environment
militant, e activist, militant
  militer to be a militant, an activist
milliers *m pl* thousands
mince slim, thin, slender
ministère *m* ministry, department
  ministre *m* minister, secretary
minutieusement meticulously
misanthrope hating mankind
mode *f* fashion; *m* form, mode, method
modeler to model, to shape
mœurs *f pl* morals, habits
moindre lesser, slightest
moitié *f* half
môme *m* kid, brat
moment *m* time, moment, instant
  momentanément for the moment, at present
mondial, e world
monnaie *f* change (money)
monotone monotonous, dull
monseigneur *m* Your Grace
montage *m* assembly, setting, editing
montagne *f* mountain
montant rising
monter to go up, to climb
montre *f* watch
moquer (se) (de) to make fun of
  moqueur, euse mocking

morbidesse *f* softness, delicacy in portraying flesh
morceau *m* piece, bit
mosquée *f* mosque
mou (mol), molle soft, limp, flabby, lifeless
mouchoir *m* handkerchief
mouiller to make wet, to dampen
moule *m* shape, mold
moulin *m* mill
mourir to die
mouton *m* sheep
moyen *m* means, way
  moyen, enne medium, average, middle
muet, ette dumb, silent
mugir to roar
mur *m* wall
mûr, e ripe, mature
mutation *f* transfer, transformation

N

naïf, ïve innocent, naive
naissance *f* birth
  naître to be born
natte *f* braid, pigtail
  natter to braid
navire *m* ship, vessel
néanmoins nevertheless, yet
neige *f* snow
netteté *f* neatness, clearness
nettoyer to clean
neveu *m* nephew
nez *m* nose
ni ... ni neither ... nor ...
nid *m* nest
niveau *m* level, floor, standard
noces *f pl* wedding
noircir to blacken
noise : chercher ~ to pick a fight, quarrel
nommer to appoint, to nominate
normand, e Norman, from Normandy
nouer to tie, to knot
nu, e naked
nuage *m* cloud
nuée *f* thick cloud, horde

nuire à to harm, to injure, to damage
nul, nulle no, useless, hopeless

O

obsédé, e obsessed
obtenir to get, to obtain
occidental, e western
occupé, e busy
occuper (s') (de) to take care of
occurrence : en l'~ in this case
odeur f smell, odor
odorat m sense of smell
œuvre f work (artistic or literary)
offenser to offend
offre f offer
offrir to give, to offer
oignon m onion
oiseau m bird
ombre f shadow
oncle m uncle
ondulation f wave
opérer to implement, carry out
opprobre m disgrace
or m gold
orage m storm
orageux, euse stormy
ordre m order, command
oreille f ear
oreiller m pillow
orgueil m pride, arrogance
orgueilleux, euse proud, arrogant
oriental, e Oriental, eastern
original, e original, eccentric
orner to adorn
orthographe f spelling
os m bone
oser to dare
ôter to take away, to remove
oublier to forget
ouest m west
ouïe m hearing
outil m tool
outre as well as, besides
en ~ moreover
ouverture f opening
ouvrage m work, piece of work

ouvrier m worker
ouvrir to open, to unlock

P

pagne m skirt, loincloth
paille f straw
pair m peer
paisible peaceful, quiet
palais m palace
palette f palette, range
panier m basket
pantalon m pants
panthère f leopard, panther
pape m pope
papier m paper; pl identity papers
Pâque f Passover
Pâques f pl Easter
paquet m package, packet
paradis m paradise, heaven
paraître to seem, to appear, to show
parcelle f parcel, plot
parcourir to skim, to cover, to travel
parcours m distance, journey
pareil, eille similar, the same
paresseux, euse lazy
parfait, e perfect
parfois sometimes
parmi among
parole f spoken word, lyrics
part f share, portion, slice
partager to share
parti m political party
particularité f particularity, characteristic
particulier, ère peculiar, particular
en particulier in particular, especially
partie f part, amount
partir to leave, to go
partisan m supporter
partout everywhere
parvenir (à) to get to, to reach, to succeed in
passer to spend (time), to pass, to go, to get through, to take (an exam)
passe-temps m hobby, pastime
passionné, e passionate
patiemment patiently
pâtisserie f cake shop, pastry
patte f leg, paw (animal)
patrimoine m inheritance, heritage

pauvreté *f* poverty
payer to pay
pays *m* country
paysage *m* landscape, scenery
  paysagiste *m* landscape architect
peau *f* skin
peindre to paint
peine *f* sorrow, sadness, trouble, difficulty
peintre *m* painter
peinture *f* painting, picture, paint
peler to peel
pèlerin *m* pilgrim
peluche *f* stuffed animal, false fur
penchant *m* tendency, propensity
pencher to tilt, to lean
pendant while, during
pendre to hang, to hang up
pénible hard, difficult, painful
pensée *f* thought
pension *f* pension, allowance
pépé *m* grandpa
percer to pierce, to be successful
percevoir to perceive, to detect, to feel
perdre to lose
pérenne permanent, durable
perfectionner to perfect
périr to perish, to die
permettre to allow, to permit
perruque *f* wig
perte *f* loss, waste
pesant, e heavy
pétrole *m* oil, petroleum
peu little, not much
peuple *m* people, nation
peur *f* fear
phacochère *f* warthog
physique physical
pictural, e pictorial
piège *m* trap
pierre *f* stone
pieux, euse pious, devoted
piment *m* red pepper
pinceau *m* brush
pincer (se) to pinch (oneself)
pire worse
piste *f* track, trail, course
plage *f* beach
plaie *f* wound
plaindre to pity, to feel sorry for
  se ~ (de) to moan, to complain (about)

plaine *f* plain
plainte *f* moan, groan
plaire to please
plaisanterie *f* joke
plaisir *m* pleasure
planche *f* board, plank
plaquer (*fam*) to dump
plat, e flat, smooth, still
platane *m* plane tree
plateau *m* plateau, stage
plein, e full
pleur *m* tear, sob
  pleurer to cry, to weep
  pleureur (arbre) weeping willow
plier to bend, to fold
plongeur, euse dishwasher (person)
ployer to bend, to give way
pluie *f* rain
plume *f* feather, pen
plupart *f* most of
pluriel, elle plural
plus more
  ne … plus no longer, not any more,
    no more
plutôt rather, instead
poche *f* pocket
poids *m* weight
poignée *f* handful, fistful, handle
poil *m* hair, coat
poing *m* fist
poisson *m* fish
poitrine *f* chest, breast
polir to polish
pomponner to doll up
pont *m* bridge
portée *f* range, reach, scope
porte-parole *m* spokesperson
poser to pose, to lay down, to ask (a question)
poste *m* post, station, job; *f* post office
pot *m* jar, can; (*fam*) luck
poudre *f* powder, dust
poule *f* hen
poulet *m* chicken
poupée *f* doll
poursuite *f* pursuit, chase
  poursuivre to chase, to pursue, to seek
pourtant yet, nevertheless, even so
pourvu que let's hope that, provided that
pousser to grow
  ~ un soupir to sigh

poussière *f* dust
pouvoir to be able to, can, may
préalablement first, beforehand
précipitation *f* haste, hurry
précipiter (se) to hasten, to speed up, to hurry
précisément precisely, accurately, exactly
  préciser to specify, to make clear, to clarify
prédire to predict
préfecture *f* prefecture, headquarters
préjugé *m* prejudice
prendre au sérieux to take seriously
prendre parti to take a side
préservatif *m* condom
presque almost
pressé, e in a hurry, hurried, urgent
pressentir to sense, to have a premonition
prêt *m* loan, advance
  prêter to lend
prétendre to claim, to maintain, to assert
prêtre *m* priest
prévenir to warn, to inform
prier to pray, to beg
  prière *f* prayer
priser to prize, to value
prisonnier, ère captive, prisoner
privation *f* deprivation, loss
  priver to deprive
prix *m* price, cost, prize
procès *m* legal proceeding, legal action, lawsuit
proche close to, near
prodigieux, euse prodigious, incredible
profiter (de) to take advantage of, to make the most of
profond, e deep
  profondément deeply, intensely
  profondeur *f* depth
proie *f* prey
promener to take for a walk
  se ~ to go for a walk
promesse *f* promise, word
  promettre to promise
propos *m* words
  à propos de about, concerning
propre clean
  proprement cleanly, neatly
  propreté *f* cleanliness

prouver to prove
provençal, e of Provence
provincial, e provincial, outside Paris
provision *f* supply, stock
prunelle *f* pupil (eye)
pucelle *f* maiden, virgin
puis then, next
puisque since
puissance *f* power, strength
  puissant, e powerful, potent
punir to punish
  punition *f* punishment

Q

quai *m* platform, wharf, bank
quartier *m* neighborhood, area, district
québécois, e of Quebec
quelconque some, any, ordinary
quelque some, any
quelquefois sometimes
quelques-uns, unes some, a few
quereller (se) to quarrel
quérir to seek
queue *f* tail, line
quitter to leave, to give up
quoi what
quoique although, though
quotidien, enne daily

R

raccourcir to shorten, to cut
raccrocher to hang up (phone), to hang back up
racine *f* root
raconter to tell
radieux, euse radiant with happiness
rafraîchir to cool, to freshen
raï *m* Arab music
raide stiff, straight
  raidir to stiffen, to harden
raison *f* reason
  (avoir) raison to be right
  raisonnement *m* reasoning, argument
rajeunir to rejuvenate, make someone feel younger
rallier to rally, to unite
ramasser to pick up, to gather
ramener to bring back, to restore

ramper to crawl, slither

rangé, e orderly, settled, steady

    ranger to tidy, to put away; to categorize

ranimer to revive

rappeler to call back, to remind

rapport *m* connection, relationship, ratio, report

rapporter to bring back, to retrieve, to report

raser to graze

rassembler (se) to gather, to assemble, to collect

rassurer (se) to reassure

rater to miss

rattacher to attach again, to link

raviser (se) to change one's mind, to decide otherwise

raviver to revive, to bring back to life

rayon *m* ray, beam

    rayonnement *m* influence, radiance

    rayonner to shine forth, to be radiant

réagir to react, to respond

réaliser to make real, achieve, realize

    réalisateur, trice director, filmmaker

rebondir to bounce back

récemment recently

recensement *m* inventory, census

recette *f* recipe, formula

recevoir to receive, to get, to welcome

recherche *f* research, pursuit

rechigner to balk

réciproque mutual, reciprocal

réclamer to claim, to demand, to complain

récolte *f* harvest

    récolter to harvest, to collect

récompense *f* reward, award

reconnaissance *f* gratitude, gratefulness

    reconnaître to recognize

recours *m* resort, recourse, appeal

recouvrer to recover, to regain

recrutement *m* recruiting

recueil *m* collection, book, anthology

    recueilli, e collected, recollected

reculer to step back, to move back, to retreat

récupérer to get back, to recover

rédacteur, trice editor

    rédiger to write, to compose

redoutable formidable, dreadful, tough

    redouter to dread, to fear

réel, elle real, true

référant à referring to

réfléchir to think, to reflect

refléter to reflect, to mirror

réfréner to curb, to hold in check

regard *m* look, glance

regimber to rebel, to protest

règle *f* rule

règne *m* reign

    régner to reign

regretter to miss, to regret

régularisation *f* regularization, sorting out

réhabiliter to rehabilitate, to discharge

reine *f* queen

rejeter to reject, to refute

réjouir (se) to be delighted or thrilled to

relancer to restart

reléguer to relegate, to consign

relever to lift up, to raise

religieux, euse religious

remercier to thank

remettre to put back, to put off, to postpone, to deliver

remise *f* shed

remonter to come back, to pull up, to go up

remplir to fill (up), to fulfill

remporter to take back, to win, to take away

remuer to shake, to move, to stir

renchérir to add to

rencontre *f* meeting, encounter

    rencontrer to meet, to run into, to find

rendez-vous *m* appointment

rendormir (se) to go back to sleep

rendre to give back, to return, to make

    se ~ compte to realize

renfermer to contain, to hold, to lock in

renier to renounce, to disown

renoncer to give up, to renounce

renouer to tie again, to resume

renseigner to give some information

    se ~ to make inquiries

rentrée *f* start of the school year

rentrer to go back

renverser to turn over, tip over

réparation *f* repairing, fixing

    réparer to repair, to fix, to mend

repartie *f* retort, repartee

repartir to start off again, to get going again

repas *m* meal
repentir (se) to repent
repère *m* bearing, line, marker
répit *m* respite, rest
replier (se) to retreat, withdraw
répliquer to reply
replonger to dive back in
repos *m* rest, pause
   reposer (se) to rest, to rely on
repousser to push out of the way, to repel
reprise *f* resumption, renewal
requête *f* request, petition
réseau *m* network
résoudre to solve, to resolve
respectueux, euse respectful
respirer to breathe
ressentir to feel
resserrer to tighten up, to narrow
ressortir to go out again, to stand out,
   to release
ressortissant, e (français, e) (French)
   national, citizen
ressources *f pl* resources, means
restant *m* remainder
reste *m* rest, leftover
rester to stay, to remain
retailles *f pl* scraps, remnants
retenir to hold back, to retain
retentir to ring out, to reverberate
retirer to take off, to remove,
   to withdraw
retomber to fall again, to come down,
   to collapse
retour *m* return, way back
   ~ en arrière *m* flashback
retraite *f* retreat, retirement
retrouvailles *f pl* reunion, return
retrouver to find (again), to meet
   (up with) again
réunion *f* meeting, collection, gathering
   réunir to gather, to collect
réussite *f* success
rêve *m* dream
réveiller (se) to wake, to awaken, to rouse
révélateur, trice revealing, telling
   révéler to reveal, to disclose, to discover
revenant *m* ghost
revenir to come back, to come again,
   to return
rêver to dream

revêtu, e dressed
revivre to live again, to come alive again
révolté, e rebellious, outraged
revue *f* review, magazine
richesse *f* wealth, richness
ride *f* wrinkle, ripple
rideau *m* curtain
ridicule ridiculous, ludicrous
rigoler to laugh, to have fun
rigoureusement rigorously, harshly
   rigueur *f* harshness, stringency, rigor
rire to laugh, to be joking; *m* laugh,
   laughter
rivière *f* river
rôder to roam, to wander about
roi *m* king
romain, e Roman
roman-photos *m* photo romance
rompre to break off, to break up
ronchonner to grumble, to grouch
rond, e round
roseau *m* reed
rougir to blush, to turn red
rouler to roll, to trick
route *f* road
royaume *m* kingdom, realm
   royauté *f* royalty
ruban *m* ribbon
ruisseau *m* stream, brook
rusé, e cunning, crafty, sly

S

sable *m* sand
sac *m* bag, sack
sacrer to crown, to consecrate
sacrifier to sacrifice, to give up
sain, e healthy
sainteté *f* saintliness
Saint-Siège *m* Catholic church, papacy
salé, e salty, salted
salir to make dirty, to mess up,
   to corrupt
salon *m* exhibition, show; living room
salopard *m* bastard
saluer to greet, to say good-bye,
   to salute
sang *m* blood
   sanglant, e bloody
sangloter to sob

sans papiers *m* immigrant(s) without proper
identity papers
santé *f* health
sapin *m* fir tree
sauf except, but
sauter to jump
~ à la corde to jump rope
sauvage wild, primitive, savage
sauver to rescue
saveur *f* savor, flavor
savane *f* savanna, swamp
savon *m* soap
savourer to savor
scandaleux, euse scandalous, outrageous
scélérat *m* scoundrel, evildoer
séance *f* meeting, session, sitting
sec, sèche dry
sécher to dry
sécheresse *f* dryness
secouer to shake
secours *m* help, aid, assistance
secousse *f* jolt, bump
sédentaire sedentary, settled
séduire to charm, to appeal to
seigneur *m* lord
sein *m* bosom, breast
séjour *m* stay, living room, lounge
sel *m* salt
selon according to, in accordance with
semer to sow, to spread, to scatter
sens *m* meaning, sense
sensibilité *f* sensitivity, sensitiveness
sensible sensitive, appreciable, noticeable
sensiblement considerably
sentir to sense, to smell, to taste
se ~ to feel
septième art *m* cinema
serpent *m* snake
serrer to hold tight; put away
se ~ la main to shake hands
serti, e set (jewelry)
serveur, euse waitperson
servir to serve, to wait on
seuil *m* threshold, doorway
seulement only, alone, solely
sida *m* AIDS
siècle *m* century
siège *m* siege, seat, chair
sifflement *m* whistling, hissing
siffloter to whistle

significatif, ive significant, revealing
signification *f* significance, meaning
sillon *m* furrow (field)
simplette *f* simple-minded, ingenuous
singe *m* monkey, ape
sinon exept, other than, if not
sinueux, euse winding, meandering
site *m* setting, site
sitôt as soon as, immediately
sœur *f* sister
soi-disant so-called
soif *f* thirst
soigneusement carefully, neatly
soin *m* care, tidiness
soir *m* evening
sol *m* ground, floor, soil
soldat *m* soldier
solde *m* pay
soleil *m* sun
solennellement solemnly, formally
sombre dark
sombrer to sink, to founder
somme *f* sum, amount
sommeil *m* sleepiness, drowsiness, sleep
sommet *m* summit, top, crown
sondage *m* poll, survey
songe *m* dream
songer to dream, to reflect,
to consider
sonner to ring, to sound
sonnerie *f* doorbell, ringing
sorcellerie *f* witchcraft, sorcery
sorcier, ère sorcerer, witch
sort *m* lot, fate
sot, sotte silly, foolish, stupid
sottise *f* stupidity, foolishness
sou *m* cent, penny
souci *m* worry, concern
soucier (se) to care about
soucieux, euse concerned, worried
soudain suddenly, all of a sudden
soudeur *m* solderer, welder
souffle *m* blow, puff, breath
souffler to blow, to get one's
breath back
souffrance *f* suffering
souffrir to suffer, to bear
soufre *m* sulfur
souhaitable desirable
souhaiter to wish for

souiller to soil, to dirty, to pollute
soulagement *m* relief
soulever to lift, to raise
soulier *m* shoe
souligner to underline, to accentuate
soumettre to subject, to subjugate, to submit
souper to dine, to have supper
soupir *m* sigh
  soupirer to sigh
sourcil *m* eyebrow
sourd, e deaf
  sourd-muet, sourde-muette
    m, f deaf-mute
sourire *m* smile
sous under, underneath, beneath
soutenir to support, to hold up
souvenir *m* memory, recollection,
  remembrance
  se ~ de to remember
souvent often
souverain sovereign, supreme
spectacle *m* show
spectre *m* ghost
spontanément spontaneously
squelette *m* skeleton
stade *m* stadium
stagiaire *m/f* trainee, intern
stopper to stop, halt
stupéfaction *f* amazement, astonishment
subir to be subjected to, to suffer
subtilité *f* subtlety
subvenir aux besoins to provide for,
  to meet
subventionner to subsidize
sucre *m* sugar
sueur *f* sweat
suffisant, e sufficient, enough, satisfactory
suite *f* continuation, following, result
suivant, e following, next
suivre to follow
supplice *m* torture
supporter to put up with, to stand
supprimer to delete, to remove, cancel
sûr, e certain, sure, safe
  sûreté *f* safety, reliability
surgir to appear suddenly, to loom up
surmonter to surmount, to overcome
surprenant, e surprising
  surprendre to surprise, to discover,
    to overhear

sursaut *m* start, jump
  sursauter to jump, to start
surtout above all, especially, particularly
surveillance *f* watch, surveillance,
  monitoring
  surveiller to watch, to keep an eye on,
    to supervise
susceptible touchy, thin-skinned, excessively
  sensitive
susciter to arouse, incite
suscription *f* address (on letter)
sympathiser to get along (well)

T

table rase *f* clean slate
tableau *m* painting, picture
tablier *m* apron
tâche *f* task, work
  tâcher to try, to endeavor
taille *f* waist, size
  tailler to cut, to hew, to carve
  tailleur *m* women's suit; tailor
taire (se) to be silent, to keep quiet
tambour *m* type of door
tampon *m* (rubber) stamp
tandis que while, as, whereas
tant so much, so
tante *f* aunt
tapage *m* row, racket, scandal
taper to beat, to slap, to smack
tarder to delay
tas *m* pile, heap
teindre to dye
teinte *f* shade, hue, tint
  teinture *f* dye, dyeing
tel, telle such, like
témoignage *m* testimony, evidence
  témoigner to testify
  témoin *m* witness
tendresse *f* tenderness, affection
tenir to hold, to keep
tentative *f* attempt
  tenter to tempt, to try, to attempt
terrain *m* ground, piece of land, soil
terrasser to bring down, to floor
terroir *m* soil, land
testament *m* will
tiède lukewarm, tepid
tiers *m* third

timoré, e fearful

tirer d'affaire (se) to get oneself out
  of a mess

tiret *m* dash

tiroir *m* drawer

toile *f* cloth, canvas, web

toilette *f* cleaning, outfit, clothes

toit *m* roof

tombeau *m* tomb

tomber to fall, to drop

tordre to wring, to twist

tort *m* fault, wrong

tortiller to twist

tortue *f* tortoise

tour *f* tower; *m* trip, outing,
  round, turn

tourbillon *m* whirlwind

tournedos *m* steak

tournée *f* tour, round

tournesol *m* sunflower

toxicomanie *f* drug addiction

tracasser (se) to worry, to bother

traduire to translate

trahir to betray

  trahison *f* betrayal, treachery,
    treason

traîner to pull, to drag

trait *m* stroke, feature, line

traité *m* treaty

traiter to treat, to deal with

traître treacherous, traitorous

  transmettre to pass on, to hand down,
    to transmit

trappeur *m* trapper, fur trader

travers width, breadth

  à ~ across, through

traversée *f* crossing, going through

  traverser to cross, to traverse

tremper to soak, to drench

trépigner to stamp (one's feet)

  trépignement *m* stamping

trésor *m* treasure

tressaillir to quiver, to shudder

tresser to braid

tribu *f* tribe

tribunal *m* court

tricoter to knit

trompe *f* trunk (of an elephant)

tromper to deceive, to trick, to fool

  se ~ to make a mistake

  tromperie *f* deception, deceit, trickery

  trompeur, euse deceitful, deceptive

tronc *m* trunk (of a tree)

trône *m* throne

trou *m* hole, burrow

tube *m* hit record

tubercule *m* root vegetable

tuer to kill, to shoot

tunique *f* tunic, gown

U

urgence *f* emergency, urgency

  urgent, e urgent, pressing, emergency

usine *f* factory

utile useful, helpful

utiliser to use

V

vague *f* wave

vaincre to defeat, to beat

vainqueur *m* victor, conqueror, winner

vainement vainly, in vain

vaisseau *m* vessel

vaisselle *f* dishes

valeur *f* value, price

valise *f* suitcase

valoir to be worth

vanité *f* vanity, conceit

vaquer à to attend to, to see to

veille *f* wakefulness, watch; night before

  veiller to stay up, to sit up, to watch over

velouté *m* smoothness, softness

venger to avenge

ventre *m* belly, stomach

verlan *m* backslang

verre *m* glass, drink

vers toward, around; *m* line, verse

verser to pour, to heap

verset *m* verse

vertu *f* virtue, power

vêtement *m* item of clothing, garment

  vêtir to clothe, to dress

  vêtu, e clothed, dressed

viande *f* meat
victoire *f* victory
vide empty, vacant
   vider to empty, to drain, to clear
vieillesse *f* old age, age
   vieillir to grow old, to age
vierge *f* virgin
vieux (vieil), vieille old, ancient
vif, vive lively, vivacious,
   sharp, bright
vilain, e ugly, nasty, wicked
vinaigre *m* vinegar
visage *m* face
viser to aim at, to target
vite fast, quickly
   vitesse *f* speed, rapidity
vitrine *f* (shop) window

vivant, e alive, live, lively
vivre to live, to be alive
vœux *m pl* wishes, vows
voie *f* way, road
voire or even, indeed
voisin, e neighbor
voiture *f* car, automobile
voix *f* voice, vote
volée *f* flight, flock
voler to fly, to steal
voleur, euse robber
volonté *f* will, wish
volontiers gladly, willingly
vouer to dedicate, to vow, to devote
vouloir to want
vouvoyer to address someone as **vous**
voyager to travel

CREDITS

Text, Charts

4–5 *Les chroniques de l'ingénieur Norton* de Christine Kerdellant © Belfond, 1997; **5** « La première destination mondiale », G. Mermet, *Francoscopie*, 2005, Larousse 2004; **6** « Les Français et la culture », Ifop, 2000; **24–26** « La cathédrale » dans *Pour un piano seul*, A. Maurois, 1960?]; **36** « pour faire le portrait d'un oiseau », Prévert, *Paroles*, Éditions Gallimard, Jeunesse (Folio junior); **44–47** « Le portrait » dans *L'île introuvable*, Montréal, Editions du Jour, 1968 (édition originale); Montréal. Bibliothèque québécoise, 1996 (édition de poche) p. 153–158. Reproduction autorisée par la Succession Yves Thériault; **57** Avec l'aimable autorisation de *l'Officiel des Spectacles, guide de l'actualité des spectacles et des loisirs parisiens* **96–97** Aidalai, 1991, Mecano, *Hijo de la luna (Dismoi, lune d'argent)* par J.M. Cano; **100–106** *Le pagne noir*; Présence africaine, 1955; **110** Véronique Tadjo, extrait de *Latérite*, Collection Monde Noir Poche, © Hatier, Paris; **124** Nathalie Sarraute, *Enfance*, Éditions Gallimard; **128–138** Gabrielle Roy, *La route d'Altamont*, © Flammarion; **146–149** « L'amour au Val Fourré », Faudel, *Le Nouvel Observateur*, No 1733, 22–28 janvier 1998; **153** Malick Fall, « Mère Awa », *Reliefs*, 1964; **157–159** « Quand il gagne moins qu'elle », Élodie Cheval, *L'Express*, 31 janvier 2005; **182** *C'est quoi le patrimoine?*, Dominique Irvoas-Dantec Fabienne Morel, Collection Junior/Arts, © Autrement Jeunesse, 2004; **187–188** *La langue de chez nous*, paroles et musique: Yves Duteil ©1977 Les Éditions de l'Écritoire; **190–196** « La Guerre de cent ans, Au cours des âges », Colette Dubois Brichant 1973, pp. 143–147, © McGraw-Hill, 1973. Reproduced with permission of the McGraw-Hill Companies; **199–206** « La fuite de la main habile », Henri Lopez, dans *Tribaliques*, Les Editions CLE, 1972; **211–213** « Le dénuement des enfants sans papiers », *Le Monde*, 01.09.2004

Photographs

2–3 *top right* Hulton Getty/Archive Photos; **3** *left* Dan Nelken/Liaison Agency, Inc.; **3** *bottom* © DAVE BARTRUFF/DanitaDelimont.com; **10** Buddy Mays/Corbis; **13**, Eric Meacher (c) Dorling Kindersley; **18** *left* Quinn/Liaison Agency, Inc.; **18** *right* (c) Sterling and Francine Clark Art Institute, Williamstown, Massachusetts; **18–19** *top right* Charles & Josette Lenars/Corbis; **21** Corbis; **25** Sammlung Oskar Reinhart; **30** Corbis; **32** Sami Sarkis/PhotoDisc, Inc.; **43** John Elk III; **50** Tony Souter/Dorling Kindersley; **54** Erich Lessing/Art Resource, NY; **68** *center* Stock Montage, Inc./ Historical Pictures Collection; **68–69** *bottom* SuperStock, Inc; **69** *top* M. Huet/Liaison Agency, Inc.; **74** Art Resource, N.Y.; **79** Kobal Collection; **82** Kobal Collection; **84** Photofest; **87** Photofest; **89** Photofest; **91** Photofest; **101** SuperStock. Inc.; **105** Paul Almasy/Corbis; **110** Michele Burgess/ SuperStock, Inc.; **118** *inset* The Stock Market; **118** Steve Mason/PhotoDisc, Inc.; **119** Charles Nes/Liaison Agency Inc.; **124** Suzanne & Nick Geary/Getty Images Inc.—Stone Allstock; **126** Nina Furry; **129** Stone; **143** SuperStock, Inc.; **147** Marc Garanger/Corbis; **148** Bordas/SIPA Press; **154** Michel Renaudeau/Liaison Agency, Inc.; **160** Corbis; **176–177** *bottom* Nina Furry; **176** *top* Michel Euler/AP/Wide World Photos; **177** *right* SuperStock, Inc.; **181** Air France; **189** Sherri Zann Rosenthal; **195** The Granger Collection; **203** Alain Nogues/Corbis/Sygma; **205** Getty Images Inc.-Hulton Archive Photos; **210** David R. 160.00 E Frazier; **215** Jean-Jacques Gonzalez The Image Works; **218** Musee de la Revolution Francaise, Vizille, France/The Bridgeman Art Library; **223** Jules Motte/SIPA Press

Illustration

36, 124, 187, 188 Eileen Hine; **87, 102, 103, 104** ICC Macmillan

Maps

192, 199 Ortelius Design

Cartoons

35 Maurice Henry, "Portrait of Jacques Prevert", © 2007 Artists Rights Society (ARS), New York/ADAGP, Paris; **59** « Vieilles dames », Jacques Faizant; **162** Sempé, *Beau temps*, Editions Denoël, 1999

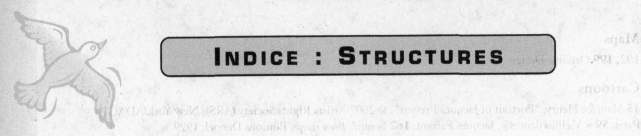

INDICE : STRUCTURES

adjectifs
  comparaison   112
  démonstratifs   227
  formation   63
  position   63–64
  superlatif   113

adverbes
  comparaison   112
  emploi   28, 174–175
  formation   174–175
  position   174–175
  superlatif   113

articles
  définis   168
  indéfinis   168–169
  partitifs   169

bon/bien   112

cela   228

celui, celle, etc.   227–228

ce qui, ce que, ce dont   224–226, 230

comparaison
  adjectifs   112
  adverbes   112
  noms   112
  verbes   113

conditionnel passé   116

conditionnel présent   62, 114–115

conjonctions vs prépositions   28, 172

conjonctions + subjonctif   171–172, 173

de   169

depuis   15

devoir   66–67

dictionnaire : comment s'en servir   8–12

discours indirect   228–231

dont   224–225

en   165–166

expressions
  de quantité   169
  pour marquer un contraste   28
  pour situer les actions dans le temps   28

faire causatif   226

futur   113–114

futur proche   114

imparfait   61

imparfait et passé composé   60–61

infinitifs
  + préposition   28, 171–173
  vs participe présent   65
  + devoir   66–67
  dans des expressions du futur   113
  vs subjonctif   171–172, 173

lettres : formules et expressions   27, 34, 155, 216–217

lequel   117, 224–225

négations   15–17

participe présent
  emploi   64–65
  forme   64
  vs l'infinitif   65

passif   66

phrases de condition   115–116

phrases avec si   115–116

passé composé   60–61

passé simple   60–61

plus-que-parfait   62

prépositions vs conjonctions   28, 65, 172

présent   14–15

pronoms
   démonstratifs   227–228
   en   165–166
   objets directs   164–167
   objets indirects   164–167
   ordre   166–167
   relatifs   224–226
   sujets   164, 166
   toniques   167
   y   165

quel, quelle   117

questions   116–117
   au style indirect   230–231

que
   pronom interrogatif   117
   pronom relatif   224–225

qui
   pronom interrogatif   117
   pronom relatif   224–225

rendre   62, 226

résumés : comment les écrire   29

si, phrases avec   115–116

style indirect   228–231

subjonctif
   avec des conjonctions   171–172
   passé   172–173
   présent   169–173
   vs l'infinitif   171–173

superlatif   113

tout   226, 228

venir de   14

verbes
   intransitifs   9
   pronominaux   9
   transitifs   9

voix passive   66

y   165–166